冯苓植文集

散文随笔集

"新时期文学"代表作家作品选

忆沪上

Yi Hushang

文匯出版社

图书在版编目(CIP)数据

忆沪上 / 冯苓植著. —上海：文汇出版社，2017.12
(新时期文学代表作家作品选；第十二卷.冯苓植文集)
ISBN 978-7-5496-1946-7

Ⅰ.①忆… Ⅱ.①冯… Ⅲ.①散文集－中国－当代 Ⅳ.①I267

中国版本图书馆 CIP 数据核字(2016)第 302439 号

· "新时期文学"代表作家作品选 ·

《冯苓植文集》（散文随笔集）

忆沪上

文集总序：	钱谷融
出 版 人：	桂国强
作　 者：	冯苓植
责任编辑：	张　涛
装帧设计：	王　翔

出版发行：文匯出版社
　　　　　上海市威海路 755 号　邮政编码：200041
经　　销：全国新华书店
印刷装订：上海宝山译文印刷厂

版　　次：2017 年 12 月第 1 版
印　　次：2017 年 12 月第 1 次印刷
开　　本：787×1092　1/16
字　　数：266 千
印　　张：17.5

ISBN：978-7-5496-1946-7
定　　价：30.00 元

· 版权所有　侵权必究 ·

总　序

□ 钱谷融

　　这是一位久居偏远地区的作家,不求闻达,甘于寂寞,大半辈子都跋涉于茫茫的戈壁和荒原之间。
　　疲累了,写作便是他喘息的港湾。
　　我和他的相识始于文学,是他的中篇小说《驼峰上的爱》使我知道了远方尚有这么一位作家。他似不太注意文字的技巧,却绝不乏内在的淳朴和真诚。为此,我曾写过一篇推介文章,曾转载于多种文摘报刊上。后来,在中篇小说《虬龙爪》的讨论会上,我们终于得以在上海会面了。并且还在《文汇报》上有过一次笔谈,进而便形成了一种颇为特殊的相知相亲的关系。
　　他给我留下的第一印象是:似乎很难见得一丝作家的派头,倒很像个远方归来的行者。拘谨中不乏野性,疲惫中略带不羁。文如其人,这或许就是他一系列作品的一个侧面写照。他好像很不关注人际关系,而只是在埋头写作中寻找乐趣。
　　听说,他曾调到北京又返回去了,调到天津他还是没有前往。我问他为什么?他说,或许茫茫的戈壁荒原更有助于找到自我。也有人问他怎么能甘于寂寞?他说,有书,即使是在沙漠里也会张起一片浓荫。是这样!他是在古人和今人张起的浓荫中寻找自己的位置的。但回首看来,他留在起伏沙丘上的足迹也是很不规则的。为此,也很难谈及他的小说一贯风格。举例说,中篇小说《驼峰上的爱》和《虬龙爪》就不像同一作家同一时期所为。而长篇小说《出浴》和《神秘的松布尔》也是如此,从选材到语言也不像出自一人之手。同样,散见于各大报刊的散文随笔也不例外,《克隆皇帝》的治学精神和《天地大舞台》的自我调侃也似判若两人。是的！他笔触涉猎很广，除散文随笔之外，曾写过草原小说、市井小说、山野小说、推理小说以及现代派小说。语言似乎也很不统一，有京韵京味的、土腔土调的，还有类似翻译语言的。有人也曾问过他这是为什么？他回答说，这说明我绝对成不了大作家，因为我总找不到自我。依我看，这或许就是他的"自我"，或许就是他！多侧面、立体化，是一个完完整整的冯苓植。

1999年他退休了，我本以为他为文学行者生涯也该结束了……

谁料传来的消息却是，为了回报草原，冯苓植又苦行僧般的为苦研《元史》钻进了中外古今相关的史籍之中。而且一钻就是十四五年，甘愿离群索居自得其乐。但我深知，这是冯苓植仍在寻找冯苓植，仍在延续他那行者风格。腿脚不行了，就伏案神游于古代草原上奔腾的金戈铁马之间。果然，最近听说他相关的长篇历史小说《忽必烈大帝》与长篇读史随笔《大话元王朝》等均先后出版了。

不蹚浑水，甘于寂寞，永远在寻找自我……

最近听说，上海文汇出版社正在筹划出版他的文集，我为这位十几年未见的老朋友感到高兴。冯苓植曾向我介绍过，他虽遥居草原，但相关文学创作的"社会大学"却是在上海完成的。从少年时期在《儿童时代》《少年文艺》发稿，直到在《上海文学》《小说界》以至《收获》发表作品。上海编审们的"点化"令他终生难忘，故而出文集也算对师友们的一种回报。而他却又称，这毕竟又纯属一种"天苍苍、野茫茫，风吹草低见牛羊"的现象……但我却不这样认为，反而认为文汇出版社能为这样一位远天远地特立独行的作家出文集是很有意义的，也不失为一种别具特色的选择。步履蹒跚，往往更有助于认识一个时代的特点。多方探索，更有助于了解一个作家的心路历程。那就让我们打开这套文集吧，去了解"在那遥远的地方"还有这么一位行者似的作家。

路就在足下，路也在远方……

不见苓植已有十好几年了，遥望北国，不胜思念之至！就让我在上海以此序为这位远方朋友深深地祝福吧！

目　录

总　序（钱谷融）/ 1

第一辑　文字苦旅

我从荒漠来 / 1

天地大舞台 / 4

我的恩师，我的文学引路人 / 7

亦师亦友，助我更上一层楼 / 15

关于我…… / 18

第二辑　沪上情缘

在上海，我也有个窝…… / 31

文化素养，都市的风采 / 35

上海有个修晓林 / 38

在上海，有那么个夜晚 / 41

第三辑　史海偶得

"了不起"的阿斗 / 45

也说《一代廉吏于成龙》/ 46

克隆皇帝 / 48

浴池史话 / 55

第四辑　亲情如山 / 59
　　祖父 / 59
　　悠悠慈母情 / 65
　　坎坷严父路 / 67
　　叔父 / 70

第五辑　回顾半生 / 75
　　话说"走西口" / 75
　　我，代州人 / 79
　　启蒙 / 85
　　话说塞外"新城" / 87
　　照片中找回的往事 / 90
　　羊年话妻 / 93
　　有孙万事足 / 96
　　四世同堂 / 99

第六辑　科技随笔 / 103

　　把天戳了个窟窿 / 103

　　假若生命无限 / 105

　　也说克隆 / 106

　　针尖上的狂舞 / 108

　　当代的"勒德"分子 / 110

　　高科技下的文学 / 111

第七辑　草原思友 / 115

　　天津卫，奇逢袁世海 / 115

　　敖德斯尔和他的小狗 / 118

　　小活佛与洋老乡 / 121

　　背猎枪的作家 / 124

　　代州有个任秉友 / 136

　　苏莉！来自远天远地的女作家 / 138

　　苏荣巴图！艺苑的游牧人 / 140

纳穆吉勒！好样的 / 142

诗，一首静静流逝的诗 / 143

写给《永远的情书》/ 145

人间自有真情在 / 148

史志奇人刘映元 / 150

第八辑　萍踪拾旧 / 157

粤海有感，天下真小 / 157

在湘西，猴儿向我致敬 / 159

结缘津门 / 160

戏说酒友 / 164

名山拾絮 / 166

"百花"缘 / 170

铁杆友邦 / 171

第九辑　动物趣谈 / 189

话说骆驼 / 189

戏说驴子 / 192

羊城羊话 / 193

山野鹿语 / 195

说马 / 198

道狼 / 200

聊猫 / 202

侃狗 / 204

猴文化的困惑 / 206

第十辑　艺苑拾穗 / 215

漫谈动物小说 / 215

蛰居呓语 / 217

文如其人 / 219

择木《落凤枝》 / 222

笼子里的鸟和笼子外的人 / 223

《轭下》话旧 / 225

为青年作家之成就而欢呼 / 227

好友力格登其人其文 / 232

第十一辑　老牛反刍 / 237
　　干杯！为我熬到退休 / 237
　　蛰居顶楼，忙着呢 / 239
　　心尖儿朝下长 / 241
　　老笔杆蜕变为新文盲 / 243
　　为防痴呆，衰年读史 / 245
　　老眼昏花看球 / 248

第十二辑　大漠忧思 / 251
　　遥远的阿拉善 / 251

第一辑　文字苦旅

我 从 荒 漠 来

骑驴、骑马、骑骆驼……

现在我已经迁居到草原青城呼和浩特市了,而且还到过北京、天津、南京、上海,甚至还出过国。所见甚多,五光十色,但于我却收效甚微,始终是土头巴脑儿的。

我从荒漠来,身上沙子多。

我曾经给自己起过个蒙汉合璧的笔名:冯·土莫沁,意即:姓冯的放骆驼的人。据说有僭越德国贵族名号的嫌疑,吓得赶紧扔了。但苍天在上,我绝无这样的野心!我只是说:我爱荒漠,我爱骆驼,我差点成了个土莫沁!

公元一九五九年,我从大学毕业了,自愿申请到内蒙古西部的荒僻地区。当时,我已经在全国一些刊物上发表过几篇小说,并且中国少年儿童出版社还为我出版过一个小集子。完全可以说我是怀着一个文学梦主动要求深入生活的,谁料却被分配到一所以治沙为主的林业学校当教员。从此,开始涉足于乌兰布和、巴丹吉林等大沙漠,和荒漠结下了不解之缘。随后,我又莫名其妙地由基层下放到基层,干脆来到腾格里大沙漠畔长期无条件地劳动锻炼。腾格里,蒙语是天的意思。好家伙!天大的沙漠……

就这样,海海漫漫的戈壁荒原就成了我的家,我开始和一些沉默的朋友打交道:牛、马、羊、骆驼,还有那些沙原兔、沙原狐、沙原跳鼠,以及遍地乱窜的沙原蜥蜴……当然,我的老师还是那些剽悍奔放的牧马人、美丽纯真的牧羊姑娘,更重要的还有那些魁梧深沉的土莫沁——放驼人。

沙海周围的戈壁荒漠,统称为阿拉善草原,集中着全国近一半的骆驼。这些放驼人可称为戈壁滩上的骄子,茫茫瀚海上的水手。他们整日里驾驭着沙漠之舟,冒着烈日酷暑,在风沙的狂涛恶浪里来去无踪。我发现,他们话少、心中的牢骚更少,仿佛正因为这样,胸怀里就为他人留的地方那么多。在墨绿色的骆驼刺丛旁,我虽然只能和他们挤在一顶小小的篷帐里,却觉得心里分外的舒畅和坦荡。这期间,我还学会了一种特殊的洗衣服方法。一件衬衣洗干净后,直接就摊开在明沙上,片刻就干了,一抖沙尘,即洁白无比。但我当时并不懂得沙子还有净化人们心灵的作用。

初到荒漠,我很幼稚,耐不得寂寞,也不甘于寂寞……

一开始,我骑马,从马背上摔下来;骑驴,让驴子掀翻在地;骑牛,又觉得有失身份。骆驼虽高,却很老实,而且背有双峰,抱一个、靠一个,跨在其间,其乐无穷。马善让人骑,人善受人欺,骆驼也不例外。当时我年仅二十岁,高高在上,自我感觉良好,颇有骑士风度。

但有一次穿过沙漠去驮盐,这种风度就随着沙漠的温度,发生了彻底的变化……

广袤的大漠,死寂的沙海。雄浑,静穆,板着个脸,总是给你一种颜色看:黄沙、黄沙、永远是灼热的黄沙。仿佛大自然在这里把汹涌的波涛、排空的怒浪,刹那间凝固了起来,让它永远静止不动。浩浩渺渺,起伏不断,人在其间,顿时显得那么渺小,我感到自己只不过是一粒沙。沙丘、沙丘,眼前总是走不断的沙丘!一个比一个高,一个比一个陡。伙计,北京香山那鬼见愁算什么鬼见愁,来这儿试试!我跨在驼峰间在沙海里晃荡着,茫然间突然感到:骆驼才真正是大漠的主人!我这大个子朋友要是一发脾气把我扔了,我将会陷入什么处境?天哪!一种恐惧感,使我的骑士风度霎时化为烟尘。我赶忙反过头来谦逊地对骆驼表示友好,捧着炒米请它吃,捧着咸盐让它舔,甚至有点拍马屁——不,不不!拍驼屁之嫌。

烈日炙烤,汗水刚刚流出来就蒸发掉了,身上只留下一层沙尘。太阳就像在贴着沙丘滚动,挨着你的嘴唇就撕掉层皮儿。舌干口燥,昏昏欲睡,骆驼变成了摇篮,骑士变成了婴儿。突然,我从驼峰间栽了下来,顺着高耸的沙脊飞流直下……好险!幸亏大漠的胸怀是柔软的,我才安然无恙,但心很惶恐。我望着沙丘上昂首屹立的骆驼,顿时产生了一种敬畏的心情,我一边往上爬,一边往下滑,还一边哀求地呼唤着:

"等等我!等等我!……"

后来,我偶尔翻开历史,总觉得一页页上仿佛都有骆驼的足迹。是它们连起了举世闻名的古丝绸之路,但它们却永远保持着沉默,心甘情愿地待在戈壁荒漠上,吃着带针刺的柴草。我似乎明白了什么,话少了,却和沙原上那些土莫沁的心贴得更紧了,甚至自己也想做个放驼人。

就这样,在寂寥的荒原上,我又想起了写作,而且也试着动了笔。但是,我再不满足于捕捉沙漠里的各种奇幻景象,更不满足于猎取荒原上的各种奇风异俗。

我看到了沙原人从深井里打水……

茫茫的戈壁荒原上是多么缺水啊!方圆几十里才能见到一眼井,而且是那么深,石头的井台上被井绳磨下了一道道深深的沟。据说过去打水是用马拽的,水斗子放下去了,猛地一鞭,骏马便拉着井绳跑去,跑啊,跑啊,跑出了老远,水斗子才从井里拉出来了。但这水是清的、纯的、甘洌的。

我喝到了,久久地品尝过……

但在当时那种特殊孤寂的情况下,沙海是无边无垠的,戈壁是人迹罕至的。除了我居住的那户善良的蒙古族人家外,我几乎和外界断绝了一切来往。由于语言不通,再加之没有书更没有报刊,我似乎在大漠中变成了一个"孤魂野鬼"。我恐惧那无边无际的空寂,竟总抢着和牧人们一起去劳动。渐渐地,我那文学梦彻底消失了。甚至在走出荒漠后,不但好些个字不认识了,甚至就连语言似乎也退化了!

我根本没想到我也从中受益匪浅……

后来,我带着一身沙子,调回了这个地区的一个歌舞团从事写作,但茫茫的大漠仍在我的胸怀中延伸着。除了演出时而来到这里,我还不断单独去探望那些土莫沁,只是在那场噩梦中中断了……我写了长篇小说《神秘的松布尔》、中篇小说《驼峰上的爱》《沉默的荒原》等等,写了沙原人、沙原驼,还有探索沙原奥秘的科学工作者。这一切都是沉默的沙原给我的。

我在蘸着沙子写作,艰难、苦涩,总写不好,但《文学报》仍发了一篇有关我的专访以资鼓励。我很感激,也很惶然,因其中确有一些误记或溢美之处。如我从来就没当过内蒙古作协主席,只当过一个盟文联的副主席,而且不管事儿。我知道,骆驼的绒毛再密再美,一到盛夏必定脱得精光!我就是我。特附一笔,立此存照。

写作真难呀!而黄浦江边的楼又是那么高……

我从荒漠来,还要回到荒漠去!我想念那浩浩渺渺的沙海,也想念那坦坦荡荡的荒漠,还有那些漫漫戈壁滩上丛生的沙蒿、沙柳、冬青、芨芨草和骆驼刺。我要回去,掘取那甘洌的清泉。

生活中更深的,也就更美!

啊!骆驼……

天 地 大 舞 台

我从事专业文学创作前,曾在草原上的一个歌舞团工作过近20年,不可不谓和艺术有缘。但最终还是被逐出了这神圣而迷人的圣殿,眼巴巴地望着我的伙伴们,比如电影演员斯琴高娃、女中音歌手德德玛等,成了闻名中外的艺术家。

但我绝不敢埋怨无人赏识……

在我初进这个歌舞团接触文学创作时,年方二十出头。加之当时舞蹈演员暂缺,当即被一位舞蹈编导慧眼相中,被选定在民族舞剧《哈力布的传说》中扮众青年之一。我当时颇为认真,但编导却暗示我大可无须努力,只要基本功动作尚可凑合就行。但在关键时刻——即魔王蟒古斯刮过一阵妖风,姑娘们纷纷落难扑倒之后,我虽只是众青年之一,但其中竟有一位会是我的情人!按规定,我必须不顾一切地扑上将她揽入怀内,眼含柔情默默进行抚慰。但我却只敢用两根手指慌乱地牵着她的衣角,目光却再不敢接触对方的炽热的眼睛,表现出一副典型的无情无义模样。当即把那姑娘气得半死,决心和我立刻一刀两断,声称不替她另选舞伴就不再跳了。而编导则颇为婉转,声称不能影响我的创作,终于剥夺了我学习和姑娘们亲热的好机会。

从此我便和舞蹈"断情"了。

据说这是我缺乏主动进入角色的素质,那就搞点客观的吧。恰好当时我被拔了"白旗",被分配到后台搞效果——专门负责枪声(瞧,我成了一个"火枪手")。这种事可怠慢不得,必须跟着枪声砸响器,高度紧张地躲在幕后瞧着演员的打枪动作。记得当时演出的是歌剧《三月三》,枪声是在最后响起。但我却越看越入神,根本忘记了自己的优点是"客观",竟迷迷怔怔地分析起剧本来了。当台上的角色连连开枪时,我却仍在想入非非,致使场上开枪者百发不响,挨枪者百晃不倒。一时间台上竟出现了罕见的"国共合作"局面,齐向侧幕条后悄声大骂:他妈的!但我还是茫然不知。最后,直逼得开枪者手开枪、嘴发响,才总算勉强把对方击倒。台下颇为高兴,我却大倒其霉,似有破坏之嫌。

这样,我这个幕后的火枪手又被"缴了械"。

需主观进入时,我太客观;需客观冷静时,我又在主观进入。看来此后是和舞台艺术"绝缘"了。但却不然,还有柳暗花明又一村的时候。在团里排练大型舞剧《农奴戟》时,由于人员奇缺,领导便决定给我一个"改造"的机会,让我重新出场登台。根据分配给我的角色来看,我才知领导之用心良苦。这些角色既无须主观,又无须客观。说白了,不过是导演手中的活道具而已。群众甲乙丙丁、匪兵甲乙丙丁、战士甲乙丙丁等都够不着,但各行各界里又都必须有我。

得,我出场了。

一会儿我穿着农民服装上场了,一会儿我又穿着匪丁衣服在冲锋,一会儿我又穿着军装去打仗,热闹得不亦乐乎。更有趣的是,我还要一次次地死死活活——听到枪响就猛地一挣扎,然后是一个翻滚滚入后台,然后死而复生再次上场。我的妻子一开始还在台下痛苦地统计过我怎样"九死一生",后来就发现自己的丈夫竟如此坚强，永生不死，跌倒了再爬起来，俨然人世间一条响当当的好汉，便喜笑颜开习以为常了。可她哪里知道，至今我仍留有后遗症，一听枪响，便总爱下意识地猛然挣扎一下，还有几回竟接着来了几个翻滚。可悲！

但最可悲的还不在这里。

有一次，报社决定为团里拍剧照，当然人人颇为激动，个个争露英姿，我也不甘落后，力争在艺苑留下一个身影。但拍剧照确实艰苦，又对灯光，又摆场面，足足忙了一整夜。过几天剧照便印出来了，全团欢欣鼓舞，竞相争看。我总认为自己满台飞，怎么也会占有一角。但翻遍了三十几张照片，看过了十几个群众场面，竟丝毫也找不到自己的踪影。最后还是一位好心的同志指给我看，在一张群众场面照片中，倒数第二行，紧靠边的一组人物造型里，影影绰绰地伸出一只手，他说：老弟，别难过，大概就是你……当时，我愤愤不平，口口声声怒斥摄影师有眼无珠。但当我晚上拿起了笔，便骤然发现了稿纸下也没有了我自己。我愕然长叹了：

主观啊！客观啊！我自己在哪里？

也正由于没有了我自己，团里用我的时候就更多了，最后发展到器乐合奏也让我上场了。弦乐、键盘乐我是会一点，可比起乐手纯属胡混账，但领导却要的就是这种滥竽充数式的壮大声势。我拿着一把二胡上场了，起先尚能自觉地扮演南郭先生，但随着乐声的起伏，我就难免也有点激昂悲壮了，竟朦朦胧胧地想起了摊开的稿纸，想起了自己的笔。乐曲演奏的是《巫山云》。我越听就越觉得悲愤，弓弦也下意识地失控了。我只觉得心里悲愤地呼喊：巫山云！巫山云！我到底在哪里？！但未觉得几乎与此同时，我那弓子已经狠狠拉响了。顿时台上大乱，台下大哗，领导叫苦不迭，我自己也瞠目结舌了。事后我的处境可想而知，但却不知为什么，恍惚间我倒有点暗里沾沾自喜：天哪！音儿虽然难听，但总算从里头找到了自己。

我又作为一个不和谐音，永远被乐队逐出来了。我也有成功的时候。1975年我刚刚被从牛棚放出，由于人员奇缺，让我戴罪立功演出《沙家浜》中的邹寅生。邹寅生引申含义：走狗也。我战战兢兢地出场了，没想此一炮顿时打红。在和著名演员李小春的剧团同台同剧会演中，竟引起有关名流好评。领导赞曰：

歌舞团学演革命样板戏值得赞扬,虽然各个角色均不如京剧团,但那个走狗翻译官就演得比他们强嘛。刹那间,我身价十倍,就连自己也暗暗自喜,大有在舞台上再创奇迹的雄心。但也就在这时,妻子却暗暗垂泪告诉我说:他们说这是由你的阶级本性决定的。我惊觉了,又惶然,又悲哀,再战战兢兢也演不好了。领导发现后,勃然大怒了。但任我如何挣扎,却似乎永远再难找回那失去的"本性"了。甚至在晚上铺开稿纸,也觉得隐隐闪现的自己又消失得无影无踪了。

要知道,我找的绝不仅仅是什么阶级本性。

就这样,我在艺苑里度过了我那青年时代的蹉跎岁月。虽然我跳舞太主观,搞效果又不客观,搞乐队爱发出噪音,扮演群众角色又找不到自己,演配角成功后还能失掉本性,但我一直留恋着我那草原上的歌舞团。我总觉得是在这艺术的沃土里培养出了我自己。当我写第一部长篇小说《阿力玛斯之歌》时,我就把它当作自己心目中的一座舞台,尽情地想在这座舞台上展现我心目中人物的风貌。直至我最近写的中篇小说《狐幻》,还是我从文艺团体里汲取的营养,让人生在我的小说里尽情变幻着。

常言说得好:天地大舞台,舞台小天地。

一年拖过一年,虽然调令一下再下,我还是赖着不走,赖到有点死皮赖脸。直到1982年,我才恋恋不舍地告别了歌舞团,我是被柔情脉脉逐出艺苑的,无限惆怅。我懊悔当年为什么没勇敢地抱起那位姑娘,更懊悔在《巫山云》里拉出那刺耳的声响。但文学和艺术毕竟是连理枝,直到现在我虽然已专门从事写作了,但我仍从艺苑里汲取着营养、寻找着自己、探索着人生的奥秘。

啊,艺苑的青春时光。

我的恩师,我的文学引路人

在当前这"物欲横流"的浮躁环境里,就连文学界似乎也越来越"功夫俱在文章外"了。面对种种文化腐败的现象,曾有很多年轻的作者这样问过我:"像老人家所说的那种——一个高尚的人、一个纯粹的人、一个有道德的人、一个脱离了低级趣味的人——现在还有吗?"我总会稍稍迟疑后回答:"中华文化几千年!有,肯定有!"

随之,我便会向他们讲起王笠耘先生的故事……

主要是讲我自己的切身感受,讲笠耘先生是如何将我从一个浑浑噩噩的荒漠小镇引导出来而成为一个作家的。非亲非故,纯属偶然,而且尚须冒一定风险。须知,那时尚在"四人帮"甚嚣尘上的阶段,大约在1973年前后。而我的家庭出身是如此可怕,父辈的社会关系又是如此复杂。再加上我从少年时代起便好舞文弄墨,偏又有一篇儿童小说被苏联译了过去。而当时已开始反修,我早已成为被怀疑对象。后来我又曾在"文革"初期受过残酷的批斗,在这绝少文化的荒漠小镇上早被批得体无完肤臭不可闻。似被一次次极"左"的运动注入了政治艾滋病毒,早已沦落入"不可接触贱民"的阶层。

王笠耘先生很可能接触到的就是这种人……

这不仅仅需要勇气,需要胆识,似更需要一种别具中国传统的"文人风骨"。而可悲之处还在于,我虽身处绝境却仍在做着文学梦。后来终因不是"走资派"而成为"可教育好的子女",得以重归歌舞团打杂并接受群众的监督改造。虽然窗户外门头上依然贴满了"在拿枪的敌人被消灭之后,不拿枪的敌人依然存在"等大字报,但在黑压压的小屋内我却又偷偷地开始了创作。上面覆以"我的认罪检查"种种做掩盖,其实是在为长篇小说《阿力玛斯之歌》打草稿。这里我必须说明,在荒漠小镇中早被封闭得目光短浅呆头傻脑,而北京又距我们太过于遥远了,似天宫,似圣地,故竟视人民文学出版社如太虚幻境一般,当然对王笠耘先生就更不可能有丝毫了解了。

机缘,纯属一次偶然性的机缘巧合……

当时,我根本不可能知道人民文学出版社已经开始恢复工作,也不可能知道社里已经派编辑到内蒙古来组稿,更不知道王笠耘和谢明清先生已经来到了巴彦淖尔盟新迁的盟府所在地——临河市。须知,我们歌舞团尚来不及搬迁,仍浑浑噩噩地暂留在荒漠小镇里。而此刻我却越创作越看不到出路,情绪极度消沉几近崩溃。眼见得就要年近三十依旧两眼茫茫,罢!罢!罢!只想就此搁笔彻底了断这文学梦了。而就在此时上级通知歌舞团赴临河市有"政治演出任务",作为打杂的我当然也得应命随行了。说来也怪,我仿佛是受鬼使神差一般,竟莫名其妙地把那堆破稿子也装进了个小尼龙丝网兜里。说"破"绝非虚言,只缘于当时稿纸极为稀缺,而我又是在偷写。故有的写在信纸上,有的写在旧公文纸上,有的写在废稿纸的背面。大小不一,乱七八糟,称"破稿子"还算得客气。但带到临河市说怪也不怪,纯属一种绝望幻灭之举。只为求几个爱好文学的挚友看看,如没什么看头就代我烧了吧!实在下不了狠心亲自动手,而留在家里又一见必然生烦。幸亏来到临河市之后,当即便得知王笠耘和谢明清先生到来的消息。显然,他们的到来已在巴彦淖尔引起极大的反响,顿使我如久旱逢甘霖一般也产生了"冒险一搏"的冲动。

典型的自不量力,而且也置他人的安危不顾……

经过一夜的苦苦挣扎,第二天趁大伙儿午睡我还是一咬牙偷偷溜向了巴盟宾馆。提着那个装满破稿子的小网兜,在走廊里几经反复徘徊最后还是硬着头皮推门进去了。说老实话,仅看到他们的背影就给我留下了极深的印象:在整个临河均在习惯性的"歇晌"时,他们却仍在孜孜不倦地阅读着众多作者送来的稿件。还必须指出,由于我的诚惶诚恐与神迷智乱,第一眼的正面印象却又是特别朦胧的。似乎只记住了王笠耘先生那副学者型的眼镜,还有谢明清先生那张相对年轻的脸。好像交谈也不太多,一方面是因为我高度神经紧张导致的语无伦次,一方面是因为"捷足先登者"的稿件太多已使我感到"前途渺茫"了。但王笠耘先生还是亲手接过了我那个小网兜,竟颇为认真地对我说:"我们会尽快阅读您的稿件,请明天中午再来一次。"这么快?难道仅仅是一种客气的应付么?

我不知道自己是怎么退出来的……

但我的这种可笑之举到当天下午便再难遮难掩了,一些人竟斥责我,"明为检查,暗写小说"是如此狡猾!更重要的是直到这时我才知道,早有一些功成名就久领风骚的革命作家已送来了一部部业已成熟的大作。还有一批批根红苗正的青年才俊也送来了一部部与时俱进的书稿。而我呢?想到这里,我似乎也只能懊悔不迭叫苦连天了!难道老天爷赐我这种巧合只不过是一种戏弄吗?难道

《冯苓植文集》(散文随笔集)：忆沪上

受鬼使神差作弄带来这堆破稿子只不过是让我自暴其丑吗？但这绝不是抱怨从首都前来的两位编辑，而是在深深谴责自己这种不知深浅的冒失。要知道，熬到快三十岁了才好不容易熬成个"可以教育好的子女"，而我这种为了文学梦的冒失之举很可能使我"前功尽弃"。绝对的缺乏自信，绝对的心灰意冷。好在我已经被颠三倒四的批斗谩骂惯了，似也只能准备经受一次铺天盖地嘲笑的再次袭击。

长话短说，没想到结果却大出意料……

而当时似乎只顾了欣喜若狂，只顾了泪流满面，却似乎忘却了王笠耘和谢明清先生为我所冒的风险和付出的辛劳。事后我才知道，从昨天中午我退出之后，这两位从首都来到穷乡僻壤的编辑就一直审阅着我那堆"破烂"。由于初具规模，宾馆里的条件特差，他们是把稿子铺在板床上阅读的。你看完一页再传给他，就这样一页一页传阅完了的。从我走后的中午一点钟，一直看到了深夜的将近十二点。所幸当时我只杂乱无章地写了十余万字，要不然我这堆破玩意儿肯定会把二位累趴下不可。还必须说明，由于我自知浅薄从未涉足过内蒙古文学界，直到这时才知道王笠耘先生在各民族作家中极具声望。由于他高尚的人品，渊博的学识，"点石成金"的编辑成就，总是谦和微笑并平等对待作者的种种特点，早就被许多亲受教诲的作家公认为：守候在内蒙古文学摇篮旁恪尽职守的"保姆"了。似乎和内蒙古当代文学早已浑然一体，许多蒙古族的文学老前辈一提到自己的处女作，往往就会首先提到他……他们是如何力排众议？是如何为我艰难地做着说服工作？我不太清楚。但有一点我还是特别明白的：或许我正是沾了王笠耘先生这种崇高威望的光，后来不但代我请创作假等等均特别顺利，而且在自治区也引起了一定的关注。完全可以这样说，没有王笠耘和谢明清先生37年前那趟巴彦淖尔破天荒之行，或许我的文学梦早已幻灭，只留下了浑浑噩噩苦度残生的一条路。

把这称之为"恩"能算过分吗？……

而在激动之余，当时我也似乎只顾在想：先生这是不是也算一种冒险？要知道，只有我自己最了解自己的底细，我那堆破初稿根本还算不得一部成形的小说。只不过是因为我下放在荒漠草原生活久了，似乎只是在用笔回忆我在牧区生活的几个牧人朋友：他们的坦荡，他们的真诚，以及他们豪迈的大笑和如诗的民族语言。并以我们共同经历的一场暴风雪为背景，写了他们那种"爱畜如子"的一个个动人小故事……东一榔头，西一棒子，想到哪里写到哪里，根本没准儿。就连我自己也不知会怎么发展，该怎么收场。更不知道主题是什么，该怎么为政治服务。乱七八糟，一盘散沙，根本就和当时所喧嚣的"三突出""批走资派"等均不合拍……笠耘先生对我这样一个完全陌生的作者如此尽职尽责，我又怎忍心拖着人家也跟自己蹚浑水去呢？我把我的顾虑对先生说了，谁料他竟语重心长地对我说："文学就是文学，无论在任何情况下都不能主题先行。你的作品是尚未成形，但里面却有人物、有生活、有自己独特的感受，有对牧民深挚的感情。这就够了，作为一个一生从事文学出版事业的老编辑，我相信你能写出一部好作品来。"（大意如此）天哪！这是在那"阶级斗争要天天讲、月月讲、年年讲"的岁月里，我第一次听到这样真挚的充满人性和人情味的语言。虽前景尚难预卜，但有这几句话已经足够了。促使我彻底抛弃了自怨自艾而准备经受考验了。

还是长话短说，我终于完成初稿来到了北京……

环境是陌生的，条件是艰苦的，等待审阅稿件的日子也是漫长难熬的。但也就在这阶段，我终于有机会得以近距离地观察人民文学出版社。果不愧是冯雪峰、楼适夷、唐弢等著名学者工作过的地方，在那样政治高压的情况下每个编辑却仍然力图保持着学术良知。绝少听得到标语口号，更罕见以政治形势压人。即以韦君宜先生为例，作为最高层的总编对我稿件初审后的评语也仅是："似用文学翻译语言写成，但作为写少数民族题材的作品也无不当。"（大意）而下面的文学编辑大体也均如此，绝对地尊重作家的创作自由，尊重作家在政治上的取向。如谢明清先生当时尚算个年轻编辑，但作为我这部小说的责任编辑也绝对是如此。我俩同年，至今仍保持着情同手足的友谊。他当时就曾这样对我解释韦君宜先生的批示："这就算初审过了嘛，你可以放心留在社里进一步改稿！"似在委婉地告诉我说，别多想了，这就是变着法子在保护作家。

随之，我便得到了王笠耘先生更多的教诲……

当时先生为小说北组两组长之一，负责中审。据说总编室对他的意见特别尊重，一些稿件往往只要他通过就算一锤定音了。但这阶段先生似乎对我一反常态,变得特别"严苛",竟一连三年对我"反复折腾",稿子就是不予通过。就像非把我领上文学的漫漫长征路,不历经万水千山和冰天雪地绝不罢休!从人物的塑造、情节的设置、故事的发展、布局的起承转合,以至错别字的改正和象声字的恰当应用等等,他总是不厌其烦地一遍遍让我反复修改。我记得清清楚楚,从头至尾的大改就改了六次!全稿约三十六万字,那就是说他戴着深度的眼镜反反复复地跟着看了近二百多万字啊!而且他还从不为你"出谋划策",更不为你"动笔修改",似乎总在强调一个"悟"字,让你自己在生活基础上去"解悟"。遇到我实在"顽固不化"的时候,他才会用一些名家名著的故事对我进行"点化"。我苦得很,他也苦得很,实在是纠缠不清了。至今仍有两个细节令我难以忘怀:其一,原小说稿中曾有过一场"雪崩"的情节,写得颇为"惊心动魄"乃我"得意之笔"。谁料他看后竟罕见严肃地建议我"删了"!并对我说:"我怎么就不记得内蒙古发生过雪崩呢?切记!小说创作一戒猎奇,更戒哗众取宠!只图一时尽兴,可让小说中那些人物怎么往下发展呢?只能是造假,只能是拔高!这可是昙花一现和成为一个真正作家的分水岭,对待文学如对待人生一样,最需要的是真诚!"(大意)而当时正是大肆宣扬"三突出"的年代,说这样的话是需要冒风险的。其二,是他那甘冒风险却又绝不肯"顺手帮忙"的行事风格。比如一些错别字完全可以顺手替我指出,一些象声字的运用也完全可以顺手代我纠正。但他可好,临到结稿之前,他又亲自为我搬来一部厚厚的大字典,要求我从头至尾再把全稿阅读一遍检查一遍。"字"责自负,就连"啊、呵、吗、嘛"等等的恰当使用也绝不允许我轻易放过……当时确令我叫苦不迭,但却促使我重新认识中国文字至今仍"享用不尽"。这一切对于现代的青年作家或许很难理解,难道当时的文学爱好者就是那么粗俗、那么浅薄?他们哪知道,历经反右、阶级斗争为纲,以至"文革"中严酷的封闭和禁锢,早使神州大地变成了一片文化的荒漠。似乎除了罕见的几株骆驼刺外,剩下的便大多是狗尾巴草。就连大学也敢一停办就是十好几年,人们不回到蒙昧状态那才怪了!

毫无疑问,他这是在引领着一个"文学婴儿"学步……

经过近三年的相处,我已渐渐体会到王笠耘先生对我的良苦用心:假以时日,我或许尚可由草根型向思想型作家有所转化。但由于基层组织的一再催促和我承受的经济压力,《阿力玛斯之歌》似也只能就此付印了。胳膊拗不过大腿,更何况人民文学出版社还派驻有军代表。而更重要的原因还在于我自己,由于自身的"先天不足"所养成的习惯,现在看来这部小说还有一定的"趋时性"。文责自负,至今仍使我深感惭愧。多亏了有韦君宜先生、王笠耘先生、谢明清先生那崇高的文学道德操守,才使这部小说尚保留了那么多充满人性和民族性的东西。小说总的"内容提要"似只为"障人耳目",其实书中并没有那么玄乎。故在1977年出版之后,小说还是颇受欢迎,短时间内即发行120万册。当时大多老百姓尚不知电视机为何物,而中央广播电台也将小说配乐做了长篇连播。似可向基层组织"交差"了,我甚至还得了两千多元钱稿费及时还清了几年来的欠债。但随着改革开放的逐步深入我渐渐感到不安了,再次与王笠耘先生见面时我曾对他这样说:"真后悔当时没听您的话,竟只顾了急于求成摆脱困境,愣把一堆二好的精白面捏成了几个粗糙的窝窝头!"似乎先生也若有所想,竟回答我说:"你可以恢复小说的原有面貌,你也可以进行加工修改重新写过。我们可以为你重新出,再版一部真实的《阿力玛斯之歌》!"

我的恩师啊!竟为学生有这点"觉悟"而激动不已……

但后来我没有恢复也没有改。在他为我编辑《草原,悲欢离合》时,我把自己不打算改动的原因告诉了先生:"伟大的鲁迅先生尚知保存穿开裆裤的照片,'丑'或许也是自己历史的一个组成部分。就把它当作一部被'文革'扭曲的小说保留吧,我不准备再嚼已经嚼过的馒头了。"他也表示理解,表示肯定,唯对我把他称为"老师"严正地表示反对。他说:"我们只是编辑和作者的关系,充其量也只是朋友关系。师生之说让我感到不舒服,和作家打交道纯属我的本职工作!"似乎和季羡林先生一样,只承认自己是个"编书匠"。我只好唯唯,从此竟不敢当面称他为老师,更不敢当着其他人面以他的学生自居。天哪!到这时我才从旁知道,由于他的学贯中西,国学功力之深厚,当时的许多文学大师都愿由他来编辑自己的著作,就连郭老对他的意见也特别尊重……似乎也只能君子之交淡如水,但他对我的关心却依然无微不至。记得他在读过中篇小说《虬龙爪》之后,竟特意对我说:"我过去对你小说中的人物对话语言尚存疑虑,现在看过《虬龙爪》总算放心了。生活化,性格化,且又颇具几分幽默感,还应朝这方面更加努力。"

难怪草原上的作家均把他称为内蒙古文学的"保姆",他总在适时地晃动着每一个"摇篮"。

甘愿为他人作嫁衣,是他最突出的为人品格……

1988年,我曾应《人物》杂志之约,写过一篇近万字的自传体文章《关于我……》。其中有一段文字专门提到了王笠耘和谢明清先生,现抄录于后:"我很奇怪,经过这么久的折磨和闹腾(指"文革"),他们竟还能保持了中国知识分子的传统美德:小心翼翼,但无私、正直,甚至还保持着某种学者型的清高……尤其是王笠耘同志,这位一生为他人作嫁衣的老编辑,听说最近视力(因看稿)已下降到危险点……难道他视力下降的原因不包含曾为我看过上百万字的稿件么……"写者无心,听者有意,谁料《人物》杂志的主编一看到这段文字,当即便扭转话题向我提出一个要求:能不能代《人物》杂志写一篇有关王笠耘先生的专访稿。并且告诉我说,有很多作家和读者也早想了解这位编辑大师的编辑生涯了。我当即欣然接受,而且为自己的老师深深感到自豪。须知,当时的《人物》杂志是一份极具品位并在读者中极有声望的刊物,所介绍的也绝大多数为具有卓越成就的学者和专家。当时一些人几经钻营也很难登上这"大雅之堂",我想一生光明磊落的王笠耘先生或许不会拒绝吧?当然,我的跻身《人物》实属意外,纯因一篇《天地大舞台》的随笔而当个例凑合上去的。

但到这时,我才发现竟对王笠耘先生"一无所知"……

相交相识近十多年,我却对他的籍贯、出身、学历,何时进入出版界,有什么业绩和成就,确确实实是"知之甚少"。只凭着他那一身正气和特有的人格魅力,反而只感到对他的了解似乎早"深之又深"了。他向来绝口不提自己一字,和每一个作家似乎都保持着"君子之交淡如水"的关系。心甘情愿地甘为他人作嫁衣,仿佛默默的奉献就是与生俱来的。儒雅、超脱、谦逊,使你也不敢在他面前轻易流露出一丝庸俗。而现在却不行了,为了《人物》杂志之约我必须去了解王笠耘先生的相关事情。我罕见地冒失地去到了他的家里,亲眼目睹了一位大学者住在一套连小公务员也不如的房间中。他却似乎生活得颇为心安理得,一见我便露出他那标志性的微笑。但当我说出拜访的原因后,却毫无商量余地而被婉言谢绝了。不知为什么,望着他那镜片后淡泊的眼神,我那早已准备好的种种

"劝进词"竟一句也说不出口了。袁榴庄老师似也持同样的态度,致使我顿时感到自己是那么浮躁和浅薄。我的老师绝不像某些学术界的自命大师,总想钻营着突显自己的"名家风范"。甚至不惜踩着小青年的肩膀,皱起眉头刹那间便能把简单的素质测试变成"文化苦雨"。但我总还是为王笠耘先生感到有点遗憾……一直到我自己也退休后,我才深刻体会到这才是中国知识分子追求的最高精神境界——

宁静致远,淡泊明志……

这也可以说是王笠耘老师给我上过的最重要的一课。什么叫"文人风骨",什么叫"大师风范",可以说在王笠耘先生身上是体现无遗啊!最近读黄永玉先生的散文集《比我还要老的老头》,其中有一幅丁聪为钱钟书先生画的漫画造像。我看后竟不由得失口惊呼:"太像王笠耘先生了……"难道不像吗?王笠耘先生就是文学出版界的钱钟书!

我是从胡德培先生签署的信函中,才得知王笠耘先生已于一年前去世了。多么好的老人啊!临终前尚做了这样"宁静致远、淡泊明志"的安排。谨以此文遥祭我的恩师、我的文学引路人王笠耘先生!

或许有些散,那是因为蘸着泪水断断续续抛洒写成的!

老师,走好……

2009.7.19 深夜写毕于呼和浩特

亦师亦友,助我更上一层楼
——并祝《江曾培文集》出版

老江!且让我这样称呼一次江曾培先生。但这绝非不恭,我只是想以此来证实那句老古话儿:姜是老的辣!尤其在江曾培先生文集出版之际,更加深了

《冯苓植文集》（散文随笔集）：忆沪上

这种印象——

老江，老姜……

翻阅着先生一卷卷厚重的文本，浮想联翩，悠悠往事不禁又涌在眼前。记得20世纪80年代初文坛上便有这样一种传闻：中国出版界的编辑大师当数"北王南江"。"北王"系指北京人民文学出版社之王笠耘先生，"南江"即指江曾培先生而言。据称，他们似乎均有"点石成金"之术，并曾呕心沥血地助多位青年作家"终成正果"。当时我正身处遥远的草原，整日里与牛马骆驼羊混迹在一起。虽然早知二位大师之大名，但天各一方却从未有过非分之想。但说来也怪，小人物往往偏会撞大运。由于机缘巧合，谁料我竟先后受过两位大师的教诲和点化。比如说，《江曾培文集》中犹有一篇关于拙作《虬龙爪》的评论文章，并使我终生受益匪浅。

我是如何认识江曾培先生的？

好像还得提到一位人格高尚的资深老编审——左泥先生。他代《小说界》向我约稿，我便忐忑不安地寄去了一篇有关"玩鸟"的小说。这与我之生性怯懦有关，唯恐涉笔官场与政坛捅出娄子。故而我的小说大多只写人和动物的关系，如《驼峰上的爱》只写了孩子、骆驼与狗；《死海》只写了人和沙原蜥蜴；而中篇小说《虬龙爪》似乎就更不着边了，竟通篇只写了玩鸟……为此，我曾和左泥先生通过电话，声称此篇小说"权当交差""如不用请代掷之纸篓"云云。谁料这篇小说最终还是在《小说界》上以头条发表了，随后又见到了江曾培先生发表的评论《让养鸟真正进入审判娱乐境界——读中篇小说〈虬龙爪〉》，我为之受宠若惊，但直到此时我尚未与先生谋过面；只是开始懂得在文学创作上不自觉进入了。

不久我们终于在上海难得地相见了……

但必须说明，这次会面真可谓"见也多多，别也匆匆"。刚刚握手尚未等说一声谢谢，他已经因有急事被工作人员唤走了。这或许就是"北王南江"之不同：江曾培先生不仅仅是位杰出的编辑大师，而且还是一位在上海有口皆碑的出版家。而对于这"相见匆匆"我已经很知足了，有老大哥左泥先生相陪终于放松下来。须知，我纯属一位来自远天远地的草根作者，且与生俱来的患有另类"恐高症"。能见先生一面足矣，以免土头巴脑言多有失"露怯"。因而在上海从来就没有过任何奢望,却谁料见面虽少,先生仍不忘通过各种方式继续"点化"着我。

这曾使我大喜过望,也曾使我陷入了深深的思索……

做人,当应做先生这样的人:只顾默默为文学事业做出奉献,甘愿一生"为他人作嫁衣"。我们见面的机会虽说极少,但我还是体会到他对我的一片良苦用心。就在先生为《虬龙爪》发表评论之后不久,他又专门为这部中篇小说在上海召开了一次座谈会。先生是难得地亲自出席了,但却仅仅是以一个文学评论家的身份默默参与的。好像是为了使我这个来自戈壁荒漠的"土著居民"能尽快地"放眼看世界",请来的专家学者都是我做梦也难得一见的。其中有国学大师虢融先生,小说大家王安忆女士,文学评论界引领一代新风者吴亮、郦国义、程德培、曾文渊等诸先生……一时间,虽不能说使我"茅塞顿开";但从长远来看,在我以后的文学创作中确实平添了几分"悟"性。而似乎为了从客观上证明先生的"远见卓识",中篇小说《虬龙爪》竟入选了当年十余种选刊,并入选《新华文摘》。

据说,至今仍保持着入选者之最——皆因一些选刊已经停刊了。但这篇中篇小说确实还曾在上海、内蒙古、《中篇小说选刊》等处获奖,并入选《中国动物小说选》《市井小说选》等多部选集。当然,先生对少数民族地区作家的关怀并非只有我一个,如原内蒙古作家协会主席、蒙古族著名作家扎拉嘎胡之长篇小说,就曾得到先生多方面的关注和指点,并为这部长篇专门写了评论。故而这位年事已高久病在床的蒙古族老作家,至今仍对先生感激不尽,并对能在上海出版这部长篇引以为荣。

我和先生是在多年后才有机会朝夕相处的。那是在茫茫的大草原上,同来的还有"貌似年轻朱时茂"的修晓林同志。只叹岁月流逝,我和先生均已快进入退休之年了。不知为什么有了机会促膝深谈,却反倒觉得没有什么可谈了。什么文学、什么社会、什么作家群里的是是非非,好像都变得已很遥远。我与先生只是相偕着在大草原上议论蒙古包的结构,在乌兰布和感叹大沙漠的雄浑,在鄂尔多斯探索着成吉思汗陵园的秘史……而更多的却是心灵相通的各自沉思。

又是十多年过去了,几乎就更少见面了……

但有关先生现状的,我还是大体了解的。比如说,先生为根绝疾病的隐患曾毅然决然地动过大手术;再比如,先生为锻炼身体至今仍宁舍电梯在十层楼间步行上下；更重要的一点还在于，我知道先生在退休后仍担任着多种职务。忙，忙，整天还在为了出版业和扶持文学新秀忙！至于我和先生主动联系，那是因为已深知自己"朽木不可雕也"！即使穿上西方华贵的燕尾服，似也只能包住中国式的屁股蛋子，也绝难包住中国老汉这张苦瓜脸。知足者长乐，再不能打扰先生了！

  终于收到了七卷厚重的《江曾培文集》。虽正值马年春节，我还是如饥似渴地捧读了起来。虽仅仅细读完第一卷，但已让我感叹不止了。在我看来，仅凭这厚重的第一卷之内涵，就可将其称为中国改革开放后的文学编年史、变革史、发展史。通过一篇篇的文学评论，展现了中国近三十余年文学之全过程，而且这一篇篇意蕴深远的论文，不仅有助于人们回顾过去，同时也可作为当代文学青年学习写作的教材。春节期间，内蒙古有一位颇有成就的年轻作家拜年时曾问我：如何更上一层楼？我即向他推荐了先生文集之第一卷，并告之如果能读懂、读通、读透了，想必会"迎刃而解"！只是没想到这小伙子临走时，愣随手"顺"走了先生文集的第一卷。名曰借，可多会儿还呢？没准儿！

  联想颇多！为报答先生对我曾有过的教诲和点化，特以此拙文遥祝《江曾培文集》的出版！

  先生，多加保重！

关于我……

1

  鲁迅先生说过，即使是天才，他的第一声啼哭也算不得诗歌。我和天才绝对无缘，可降格以待之。算！但我这"诗"也差点被扼杀了。

  是我母亲……

我出生于抗日战争时期,居住在四川灌县。为躲日机空袭,母亲整天抱着我钻防空洞。据她老人家后来讲,当时我正在抽风,脑袋特大,四肢纤细,而且不知哪来的那么多委屈,成天总爱挺着个鸡胸脯儿无缘无故地作"诗",因而深得众人讨厌。

但我仍不自觉。据说,有一次空袭警报又响了,母亲赶紧抱起我就往防空洞里钻。洞里的人个个噤若寒蝉,生怕有一丝响动引得日本人往头顶上"下蛋"。但我却不管什么时也、地也、命也,仍自顾自地奋力号啕着,颇有一副不怕死的气魄。只吓得四周一批老太太当即下意识地嚷嚷起来:"掐死他!掐死他!"母亲当机立断,用乳房死死堵紧了我的嘴巴,差点使我闭过气去。

得!我的第一首诗就这样完了……

2

尚能引起我的回忆的,是我的童年。那时抗日战争已经胜利了,我的家终于辗转迁回了北京。但我的形象似乎仍无明显好转,脑袋仍略显大,身子还稍嫌孱弱。但母亲却很满意,常慨然而言:"没想到这小子竟活了下来。"

那时我向往科学。当时家里虽然穷得一塌糊涂,但父母却还总摆不脱知识分子那穷酸味儿,一个劲儿以爱迪生的童年事迹启发我。好像发明越多就越该从小卖报,为了"科学",我每天放学后便去当小报童了。但终于没有把"科学"呼唤出来,而是使从小那被母亲扼杀的嗓子得到了恢复:

"卖报!卖报!今天的晚报……"

3

10岁出头那年,北京解放了。我挤在大路口上,亲眼目睹了解放军的入城仪式,和父母亲一样高兴得无以复加。但开国大典我没有参加成,使我至今仍少了一份骄傲的资本。

咎由自取……

当时我正在师大一附小读书。不但形象欠佳,而且已日益暴露出在科学上毫无天赋——算术常常不及格。而且小报童那吊儿郎当的劲头,在课堂上也时有流露。因而虽然年龄恰好，却痛失了当新中国第一批少先队员的良机，只好眼巴巴地望着小伙伴们雄赳赳走向了天安门广场。

从此，我竟懂得了自卑……

当时的师大一附小的师资可谓人才济济，我的班主任刘肇荣老先生就曾是师大的讲师。他老人家孜孜教学，曾为我的种种劣迹伤透了脑筋。面对我列的乱七八糟的算式，他曾绝望地长叹道："这小子将来就看作文吧，搞科学他总能给大象也算出28条腿儿来！"

这是事实，可我却愤然不平了。当时，我正忙于从西单的旧书店租借各种剑侠小说，热衷于还珠楼主的《蜀山剑侠传》《青城十九侠》等等。受刘先生此次"当众之辱"，竟悲从心头起，并暗自决定重返四川访侠学道，以待来年偷回颗原子弹当众让他瞧瞧！

可悲……

4

所幸不久我便随家迁回了内蒙古。当时，我的祖父应聘为内蒙古文史馆馆员，我的父母为了照顾老人也就搬到呼和浩特市来了。兄妹太多，刚到不久，我便考入呼和浩特第一师范学校的简师班。不收学费，还管饭吃，而且学校还有座藏书颇丰的图书馆。渐渐偷原子弹的设想被彻底忘却了，而开始热衷于一些真正的文学作品。小小的个儿，大大的脑袋，夹着厚厚的书本，自我感觉却颇为良好。

我想起了初读《红楼梦》……

十三四岁，读完后竟感觉出那么一种滋味儿。夜里躺在十几个人挤成一排的大炕上，还愣望着窗口上的月光傻神儿。泪水莫名其妙地流着，心儿收拢不住地战栗着。十几年来，第一次懂得了什么叫失眠，第一次懂得了什么叫唉声叹气，也第一次懂得了世界上原来有这么多可爱的女人。

这比爱迪生那科学吸引力可大多了。越发不可收拾，晃着细脖梗儿夹回来的书更多。先看俄国的：普希金、托尔斯泰、契诃夫、高尔基，不喜欢果戈理。再看法国的：司汤达、巴尔扎克、福楼拜、左拉，尤其喜欢梅里美。其次便是看其他各国的,对狄更斯、杰克·伦敦、马克·吐温有着特殊的爱好。囫囵吞枣,朝三暮四。

但还是按着刘肇荣先生的预言走了……

随后便劣性大发,一篇作文竟然用了一本作文本。全班大哗,母亲更为我浪费本子叫苦不迭。但赵老师竟咬着牙看完了,还给批了个"5"分。甭提我当时有多得意了,挺着个鸡胸脯儿愣晕乎了好几天。几年后我才知道,赵老师曾为此大吃其苦。反右时批判他宣扬资产阶级思想,腐蚀青年一代,竟纵容14岁的少年大写爱情小说!……

我知道了为文的可怕……

5

幸亏我毕业了!

15岁,我就在呼和浩特市一所小学当了教师。个儿仍不高,讲台上只晃动着个大脑袋。幸亏当时的学生老实。而我又莫名其妙地信心百倍,总算凑凑合合地当了下来,而且还有时间继续做那作家梦。但我得坦白一个细节——

当我还在当学生的时候,竟偷偷对一个和我同龄的女孩子颇为倾心。现在我当教师了,而人家却留在学校继续深造。彼高我低,天各一方。此恨绵绵,何以弥补?唯有成名成家!

为此,我一面进业余补校继续进修高中,一面拼命在稿纸上大肆涂鸦。退稿连连不断,但我却甘愿为"爱情"忍受各种屈辱。你还别说,有一篇《林中遇险》在上海《儿童时代》竟被选中。当时我的激动之情是难以言喻的,马上就卷起了这本杂志奔向母校。记得那正是个八月十五的晚上。月如流银,人家正共对圆月举行中秋晚会,我隐身于垂柳丛中,痴痴地望着女孩子那迷人的脸庞。神魂颠倒,但就是不敢再前进半步。随之,便感到手中的杂志越来越轻,似乎尚难以吸引那双动人的眼睛。于是又悄悄溜回家来,慨然决定奋笔再创奇迹:不当普希金,何以对佳人!

但终于迎来了致命的一击……

反右斗争终于开始了。我刚刚参加完高等院校的入学考试,便被唤回我教书的小学接受批判。原因是我胡写乱画,而且还敢给教导主任提了两条意见。形势岌岌可危,所幸当时我尚不满18岁。但我的父亲却意外地填补了这"不足",不但在林区被莫名其妙地打成了右派,而且还因他那又臭又硬的"士可杀,不可辱"的态度,当即被逮捕法办送去强劳教养了。至此,我的"爱情"梦彻底幻灭了,并且当即发现自己的身体比例虽日渐协调,但在政治上却变成了个先天不足的软骨儿。

我自觉地放下了笔……

6

山重水复疑无路,柳暗花明又一村!

大概是因为考试成绩不错,我竟侥幸地被内蒙古师范大学中文系录取了。成了大学生,就难免又有点沾沾自喜。何况我不但身体比例已日渐匀称,而且也开始懂得如何修饰边幅了。

但生活却总在修正误偏……

一进大学校门,便在班级里进行了反右补课。两位刚到内蒙古的同学当即被打成右派,一位才从印尼回国的教授随之也被推上了批判台。回想起自己先天的不足和后天的差距,顿时便被吓得老老实实噤若寒蝉。紧接着是大跃进,我便被运往露天煤矿挖煤,被送到古老的城墙根下大炼钢铁。这一挖一炼,就更挖炼出我一身战战兢兢夹起尾巴做人的本领。

我本应该忘掉那笔,但生活总逼着我去想它。每当系里的党团员和积极分子去开会,寝室里往往就剩下了自己和两个右派分子。非乃不去争取,乃数十次申请和无数次表现均如石沉海底。怕!面对着四只右派眼睛,回想起父亲那副右派面孔,顿觉心灰意懒前途渺茫。入党、入团、选干的从政之路,看来与己无缘。助教、讲师、教授的学术之途,更难有自己的份儿。条条大路都好像对我堵塞着,或许只有写作还有一线希望。

这似乎也是"逼上梁山",我又开始写了。小心翼翼地从儿童文学入手。所幸当时内蒙古师大已有了一批颇有成就的学者和专家,如著名作家和美学家肖平、著名语言学家马国凡等等。更何况这种偷偷摸摸的挣扎有时竟也能产生一种动力。终于在我 19 岁那年,中国少年儿童出版社为我出版一本小集子《骆驼上晃荡大的孩子》,并随之被译为乌克兰文及盲文等。

我领到了平生第一笔稿费……

7

但刚等我买了一双新皮鞋,我便只好毕业了。兄弟姐妹太多,家里没有一个挣钱的,靠母亲捡糖菜渣子过活,也实在于心难忍。更何况皮鞋一绽开帮子,又必然要产生良心危机的问题。

我又重新工作了,被分配到巴彦淖尔盟林业治沙学校担任教师。远离孤苦的母亲,面对浩瀚的乌兰布和大沙漠。但磨难并不就此而止,我这种出身越到基层便越发显眼,不到一年,又被长期下放到另一个更偏远的大沙漠里劳动锻炼去了。

这便是腾格里大沙漠。腾格里,蒙语是天的意思。好家伙!天大的沙漠!黄沙,眼前永远是起伏绵延的黄沙。只有在零星的戈壁草滩里偶尔可见人烟,但相互间语言又是根本不通的。我在这死寂的世界里变得又聋又哑,放驼之余,每日里只好和沉默而又神秘的沙原蜥蜴打交道。知识在这里毫无用途,我面对着驼群也开始卑躬屈膝了。有一次,我骑在驼峰间穿越一片沙海,难免就又有点犯知识分子的老毛病,竟稍稍摆出了点主人翁的架子。谁曾想到,骆驼也会不吃这一套,在高耸的沙丘上愣把我掀翻下来。我望着空旷的大漠、谜一样的远方,还是马上降下人的尊严,乞怜地向那高高在上的骆驼呼唤了:"别动!等等我,等等我!"从此,我对骆驼也开始溜须拍马了。有了好吃的,总要讨好地先请它们分尝一些,甚至吸烟,也要把第一口烟喷进骆驼的鼻子眼里。因而我和骆驼始终相处得很好,好到我的心也变成了一片沙漠。

但倒霉蛋也偶有幸运的时刻——正当我几乎忘了什么是写作的时候,我意外遇到了到这大漠深处视察的巴彦淖尔盟委宣传部长岩锋同志。这是一位早年在陕北就参加了革命的知识分子。他听了有关我的情况介绍后,竟敢在那充满警惕的年代里提出:沙漠上不缺一个放驼人,而草原上却少一个自己的作家!尽管后来我竟成了他的一项罪证,但当时他还是很坚决地把我调回到巴彦淖尔歌舞团从事创作。我永远感激他。

但在当时,我的确除了牛马骆驼羊外,对人已经不太熟悉了。而且我还发现,等我走出了茫茫的大漠以后,竟连人的语言也开始退化了。

更重要的是,我越来越找不到自己了……

8

但我却成了一名专业作者。

这真是在受命运捉弄,可我却不敢去捉弄命运。我带着布满沙子的胸怀,又重新回到了巴彦高勒——一座草原上简陋的小镇。当时我却把它看成了天堂。

巴彦淖尔歌舞团的女孩子很多,也很漂亮。但我生怕再被发配回那死寂的沙漠,于是便表现出一副目不斜视、置若罔闻的高尚神情。异常谦虚,异常谨慎,不惹是非,不找麻烦,只顾得从笔尖下赶紧找回自己。

但麻烦却总在寻找着我……

养活一个"编剧"一年能用几回?于是我便在艺术舞台上也被充分利用起来。正如我在《天地大舞台》一文中所叙述的那样,从音乐、舞蹈、戏剧,乃至舞台灯光、效果、装置等等,处处有我,处处又不见我,而且还处处惹乱子,整整乱乎了好些年。每逢运动,我还兼任着"运动员"……

但这并不能说明这个阶段我的"创作"没有收获。有!从消灭苍蝇蚊子到支持美国黑人斗争;从接羔保畜到歌颂雷锋的事迹;从不得随地吐痰到火红太阳照全球!任务不断,创作不断,几乎天天都要忙到深夜。从快板、对口词、相声、戏剧、歌词,一直到舞剧脚本以及公文报告等等,无所不涉猎。意气风发,斗志昂扬,但最后竟找不回一个字来。

我越来越老实、越驯服、越没有自己了……

但还是在劫难逃。在那场浩劫中,虽然我年仅26岁,却还是被慎重地纳入了"在拿枪的敌人被消灭之后,不拿枪的敌人依然存在"之列。现在这一切总算过去,我再不愿复述其间种种逸闻逸事。我只感到庆幸:好些人死了,我还活着。全眉全须的,而且有了一个老婆和两个孩子。

何况我正是这阶段开始偷偷写小说的……

我老实！当我被批倒批臭之后，两派便忙乎得差点把我忘了。在给我的窗口和门头贴满黑压压的大字报后，便把我禁闭在黑屋里不管了。但我却很自觉，绝不越出门槛半步。甚至在大字报被雨水冲下来之后，我还恭恭敬敬地捧回屋内烘干补好，然后再重新恭恭敬敬地贴回原处。中国人要没有这点精神，能够繁衍到十好几亿吗？但我也有不安分的时候，耐不得寂寞，心灵上似乎总需要一个忘却一切的避难所。于是我开始偷偷摸摸地写上小说了，但扉页上却写的是：对我的三反言行的补充交代和再认识！

他妈的！我是个什么玩意儿？……

9

没有幻想，就连卑劣的人也无法活下去。

这期间，我偷偷搞回了条小狗以陪伴我整日战战兢兢的两个孩子，而自己却只顾做贼似的埋头写作。好在孩子和狗都在黑屋中被惊恐训练出来了，只要我回头一嘘，他们便会在嬉闹中顿时变得呆若木鸡。有这条叫巴日卡的小狗帮忙，我竟糊里糊涂地在一大堆废纸片上完成了长篇小说《阿力玛斯之歌》的草稿。但写得越多，越感前途渺茫。

或许是天无绝人之路，或许是我时来运转，刚刚恢复工作的人民文学出版社竟来到内蒙古组稿，而且还鬼使神差地深入到我们这块穷乡僻壤。更值得提到的是，来者竟是敢于大胆接触我的王笠耘和谢明清同志。如果当时没有这两位同志意外地出现在我面前，那今天我还不知在何处徘徊挣扎呢！

是他们使我绝处逢生……

我很奇怪，经过这么久的折磨和闹腾，他们竟还能保持了中国知识分子的传统美德：小心翼翼，但无私、正直，甚至还保持着某种学者型的清高。与他们相比，我自觉应该在灵魂上来一番洗刷。尤其是王笠耘同志，听说最近视力已下降到危险点。这位一生为他人作嫁衣的著名老编辑，被内蒙古作家称为当代内蒙古文学的"保姆"。他一生为文学奉献了多少？难道他视力下降的原因不包含曾为我看过上百万字的稿件么？

这是真正的人……

总之，当时我不但幸运地遇见了他们，而且恰好又遇见了两位颇为通情达理的领导，于是在1975年便被借到北京修改我的第一部长篇小说。

应该说，这是一步登天了……

但面临的却似乎是另一种"炼狱"。我们住在红星胡同14号，是人民文学出版社当时的招待所。一座典型的北京大杂院里，缝隙间骤然耸起一座碉堡式的水泥二层小楼。上层住着出版社军代表及其家属，下层几个房间里沙丁鱼罐头似的塞满了各地来改稿的作家。每人生存面积之狭小，当创世界一项纪录。当时没有稿费，河北作家单学鹏正卖血以供埋头改稿；辽宁作家胡景芳那痴呆儿子也正来北京就医；而院内厕门上也贴出"严禁作家和外人入内"的公告，艰苦热闹得实在可以。我暗感惊诧！

但我很快就发现，这是自己思想尚未彻底得到改造的表现。这算什么？在"碉堡"阴影笼罩的大杂院里，竟居住着许多自己从小膜拜的学者和专家。这小屋里居住着著名的红学家周汝昌；这小屋里居住着著名的法国文学翻译赵少候；这小屋里居住着著名的《一千零一夜》的中译者纳训……一个个学贯中西，闻名海外，尚不值仨瓜俩枣的，那自己又算得了什么？

我变得心安理得了。但个人的思想改造顺当了，却架不住外界天灾人祸的折腾啊！随之而来的便是东北陨石雨、唐山大地震，外带反击"右倾翻案风"，加之小楼内还有某告密者引来的追谣。一时间竟折腾得地动山摇，日月无光，我瞠目失措中竟以为末日就要到了。

所幸，这场噩梦终于结束了……

10

时来运转，否极泰来。

这是指我个人而言。从1977年到1980年初，3年间，我连续在人民文学等出版社出版了三部长篇小说，一时间竟颇有点小名气了。《阿力玛斯之歌》发行上百万册，而且还被中央人民广播电台选中全文配乐广播。《神秘的松布尔》随之又获内蒙古自治区长篇小说一等奖，印数也颇可观。《马背上的孩子》虽未引起更大轰动，但也不乏好评。更重要的是，这一切还给我带来了一些颇为实惠的

"副产品"：我成了内蒙古自治区的政协委员，一个地区文联的副主席，"文革"后第一批出访外国的中国作家。

但生活却是无情的。正当我还在晕晕乎乎的时候，冲破禁锢思想的洪流开始奔腾了。面对着同行们勇敢而又大胆的探索，我竟瞠目结舌又不知所措了。我从小就养成了一种怯懦而又自卑的心理，尚不敢为保住自己的"水平"而去大骂什么"五大寡妇闹文坛，七个右派占刊物"等等。因为我的根基也是不好的，但内心却是酸溜溜的。

面对着自己的身价一落千丈，我又在感慨着"生不逢时"了。瞧瞧！刚一露头，就迎面碰到三股扑来的大浪：外国文学的出版热，解禁文学的重印热，新潮作品的汹涌热。我刚刚尝了几天"青年作家"的甜头，便骤然间已显得"衰老不堪"了。

但我又不善于见风使舵……

我绝望，我不安，我牢骚满腹地又赶紧逃回了我那遥远的穷乡僻壤里。但另一种世俗的偏见也同样不原谅我。比如，我自卑心理日渐加重，可有人却说我鼻尖朝天了。我战战兢兢脚不出户，可有人却说我关着门点稿费当了守财奴。我出国征求单位意见，可有人竟把我祖宗三代七姑八姨的隐私统统汇总上报，致使上头大为惊讶："我们是准备让冯苓植出国，不准备逮捕他呀！"后来，我终于被公认为"暴发户"，竟暴发到莫名其妙有了许多"情妇"。形势岌岌可危，我快崩溃了。

算了！不写还不行？……

您还别说，不写却变得客观了。就像一个弄潮儿灰溜溜地跳上岸来，细看浪潮的来势，失败的原因也就一目了然了。几乎有近两年时间，我一直在茫茫的草原上游荡着，有时纵马急冲，有时躺在骆驼肚子下唉声叹气，有时又躲进蒙古包里抓住书就看。什么老子、庄子，中国的、外国的，囫囵吞枣，既想求得清静无为，又想讨点灵丹妙药。更重要的是生活教育了我。绝没有想到，下面有好些人愣把作家称为：骗子！

迎头一击……

我还想挣扎着辩解：我是真诚的，忠实的，来自生活的，全心全意歌颂工农兵的！但再回头一看全国汹涌澎湃的形势，我忽然发现，我过去的作品多么像海滩上呕心沥血塑造的沙堡，巍然而立，形象逼真，但经不住生活潮汐的冲击，甚至连一朵浪花也没飞溅起来，就完了。活该！

11

从1981年开始，我集中精力写动物小说，主要是中篇。

这绝不是我对现实漠不关心，我有我的苦处。我长期生活在偏远的戈壁草原上，和牛马骆驼羊打交道多了，就必然对人际关系了解得甚少。加之和内地相比，我们这里的节奏又总慢半拍。等我刚刚想到了初一，人家早已度过了十五。赶来赶去，总赶不上生活的激流。何况基层还有基层的难处，弄不好就会有人来主动"对号入座"。我不是硬汉，而又想探索，于是便开始拣自己熟悉的来写。

或许中国也需要自己的动物小说吧……

但这里还必须指出，最初触发我写动物小说的乃是我前面提到的那条名叫巴日卡的小狗。是的！它和孩子们在惊吓中早训练得很自觉了。不但看不出其祖先狼的丝毫特征，而且连狗的一般特征也失掉了。但在草原小镇那场举止荒谬的打狗运动中，它正是靠了这种不敢吭声的怯懦让人忘记了它的存在，而它那些敢于咆哮反抗的同类却大多被打死了。但谁能料想到，那场浩劫结束之后它走出了屋子，竟然见到一只小鸡也会吓得惶惶然逃窜而归。后来，由于工作的调动终于要和它分手了，一位工人主动来承担了把它送到养兔场的任务。它该去尽点狗的职责，我们还是忍痛看它被载上汽车拉走了。几天后，我们又忍不住去这位工人家打听它最近的表现。工人家正在吃肉喝酒，不等我们提问，便大肆夸赞了巴日卡在养兔场的尽职和享福，致使我们马上也激动地和他一起大吃大喝起来。但过了一段我才了解到，巴日卡是到过养兔场，却是夜夜哀叫不止，最后终于又被送回了这位工人家里。而我们那天大嚼特嚼的肉，就正是小狗巴日卡的。我绝没有想到，我的肚子竟变成了一座坟……

或许正是这深深的内疚和思念，促使我默默地开始了写它的故事。但它的经历却又使我那么恐惧，于是我便结合我熟悉的另一峰骆驼的故事去写。我尽量想掩饰它的弱点，总想把它的死写得完美高尚些，这就是中篇小说《驼峰上的爱》里的部分情节。当时我已被称为作家群里的"游牧民族"，战战兢兢地总想避开一些"是非之地",却全然没有想到在1982年的全国小说评奖中,《驼峰上的爱》竟获得了全国优秀中篇小说奖。我感谢《收获》,永远不会忘记它对边远地区作家的支持。

这给我带来了希望。从这以后,我似乎躲到了一个宁静的港湾里,一直在连续地写着一系列动物小说。从《沉默的荒原》,一直到《翅羽上的故事》《叛逆者》《死海》《黑丛莽》等等。所写的动物大到骆驼,小到沙原蜥蜴。还有狗、波斯猫、百灵鸟、鹿、小黑天鹅,以至麻雀和狼等等。动物小说不同于童话,要讲严格的科学性,为此我曾参阅了大批中外有关动物的科学著作,但却苦恼于无法排除人的形象在里头瞎掺和。

文学创作没有避风港⋯⋯

虽然有的评论也曾夸过这部分小说是"形象化的哲理,哲理化的形象",有的同志甚至还称赞过我这种"在美学上独特的追求和探索",但终于我还是被从这宁静的港湾里撵出来了。面对着复杂的人生和多变的现实,即使写动物小说也会招来猜疑和冲击。我感谢评论界和朋友们的鼓励,但我被无法解脱的苦闷困扰着,还是把已经写了一半的动物长篇小说《驼王》扔下了。

生活啊!生活⋯⋯

就拿我写狗来说,写了好几回了,但我越写越感到不对劲儿。对照世界上写狗的小说来看,俄罗斯的作品,从《木木》到《白比姆黑耳朵》,似乎都弥漫着一层淡淡的哀愁和忧郁的悲剧色彩。而美国的作品,如杰克·伦敦的《荒野的呼唤》,狗竟恢复了其祖先狼的全部特征,在北部荒野上统帅起狼的部落。再看中国的作品,即使如伟大《聊斋志异》里所写的狗,也总摆脱不开义犬救主的形象,好像狗尾巴的摆动也总不忘圣人的规训。

我感到愕然,生活又逼令我重新思索⋯⋯

12

这时,我已调到内蒙古作家协会任专业作家。

老婆很贤惠,孩子也很听话,这就留下了更多的时间让我去自由自在地苦恼,我病急乱投医,又在囫囵吞枣地阅读着大量的书籍。萨特的、房龙的、弗洛伊德的,种种种种,但总好像找不到中国许多社会现象的病根儿。最后,我偶又重新翻阅《鲁迅全集》,却忽然仿佛从里头找到了别人,也看到了自己。我参禅似的久久品味着……

从1985年以来,我开始写一系列市井小说。故事都发生在一条叫大裤裆胡同的古色古香的闹市里,人物有玩鸟的、唱戏的、修脚的、养猫的、开茶馆的、酱驴肉的、卖大力丸的、拉纤敲边鼓的,以及各种各样的市井能人。写得很近,就在现在。都搞活了,您还不许人家搞活吗?当然,小动物仍不免入"戏",但绝对是受过大裤裆胡同古色古香气息熏陶的。如笼子里的鸟啊,瓦罐里的蛐蛐啊,专供汤褪的瘸腿驴啊等等。

因为大裤裆胡同里好像也有我自己……

两年间,我已先后发表了《虬龙爪》《落凤枝》《狐幻》《猫腻》《老人、老狗、老鸟》等。我很感谢上海文艺出版社,他们正把上述五个中篇集成一部市井小说集,总名为《狐幻》。比较而言,在我出版过的十几本书里,我感觉到这本书还算对得起自己苦苦的思索。我还在挣扎……

眼下,我已经改变了平日的游牧习性,已经老老实实在家待半年多了。足不出户,正在集中精力写一部市井小长篇《鸡眼》。这不是指鸡的眼睛,一眨不眨,目光锐敏。而是指人脚上长的那玩意儿,病不大,可硌脚,难以迈步,属隐疾。我在写一个修脚圣手的兴衰沉浮,写一个搓澡能人的乍寒乍暖。吉尼斯世界纪录大全曾记录了他的各种鸡眼,但最后却把他也误归了进去。挖鸡眼的竟然成了鸡眼,大裤裆胡同里尽这种怪事。

我还要寻找,包括自己……

有人说性格即命运。我的性格早已注定我是个不走红运的作家。我不但从未想过什么名垂千古,而且对总是接踵而来的磨难也习以为常。缺少点什么好,太满了非得出娄子不可,但却不可缺德。

总结我的前半生:三十未立,四十尚惑。估计五十也难以知天命。

我现在住在草原青城,和我在一起的有老婆,孩子,还有一支笔。

活得真累,但我还在写。

这就是路……

第二辑　沪上情缘

在上海，我也有个窝……

1

先把"窝"放下不提，其实我早和上海有一种莫名其妙的缘分。

应当说，我一直生活在"天苍苍、野茫茫，风吹草低见牛羊"的遥远地方，上海犹如梦中幻境般当应和我毫不"搭界"。但造化就是如此神奇！我视上海为"遥不可及"，但我的文学之旅却确确实实是从这里开始的！

似乎是有一只神奇的大手在牵引着我……

1957年，我不敢在草原"露怯"，便开始贸然向上海投稿。谁料竟被《儿童时代》选中，画家韩伍的插图还作为了这期的封面。随后听说还获了奖，并入选当时的四大文学选集之一——冰心主编的《儿童文学选》。很短，小说名为《林中遇险》。而1958年，我又在上海《少年文艺》上发表了短篇小说《骆驼上晃荡大的孩子》，并在国庆十周年之际被苏联翻译了过去。当时似确实看到了成为作家的曙光，但大学毕业后我便很快跌入了人生的低谷，尤其是在"文革"炼狱中不可自拔。

文学梦是彻底幻灭了，但却始终没忘却上海确实是好人多！文学编辑我一个都不识，但他们确曾远天远地帮助过我。故而在"四人帮"覆灭后，我又冒冒失失地向上海各大刊物投稿。首先我要感谢《收获》我的责编,她那高尚的人格使我终生难忘。其他尚有江曾培、左泥、魏心宏、修晓林、史晶晶等多位文学编审,也都最终成为我的良师益友。必须指出,是《收获》发表的《驼峰上的爱》使我获得《全国优秀中篇小说奖》;是《小说界》发表的《虬龙爪》使我获得了上海及内蒙古的中篇小说一等奖;是上海文艺出版社出版的长篇小说《出浴》,使我在上海"第六届长中篇小说大奖"中获奖。还有什么?上海还出版过我的长篇历史小说《忽必烈大帝》、市井小说集《狐幻》,以及在《文汇月刊》上发表的我颇得意的走西口中篇《黑丛莽》等等等等。致使很多人都怀疑我在上海有什么高层的至亲好友?我回答:没有,确实没有!这纯属是"天苍苍,野茫茫,风吹草低见牛羊"!

的确!我改革开放前从未到过上海⋯⋯

我恐高、惧火、欠缺方位感。又自惭形秽,生怕土头土脑地在上海文化人面前"露怯"。直到听说上海文艺出版社专门在小弄堂里给作家开辟了几间创作室,我才为之心动了。

何况,又有左泥老夫子专门来请⋯⋯

2

在内蒙古西部地区,有时把自己的家也称为"窝"。这或许是为了纪念我们那位上古建屋的祖先有巢氏,也或许是反映了其后辈儿孙的要求并不高。窝,不求气派豪华。唯求温馨安逸。再小也没关系。只要是属于自己的一片天地。这大概就是民谚中所谓:金窝银窝不如自家的草窝。

作为一个出息不大的作家,外出写作尤其注重寻找这种感觉。住高级宾馆,总感到受宠若惊,竟忐忑不安地一个字儿也写不出来。进一流饭店,总感到头晕目眩,竟恍恍惚惚地缀不成个完整的句子。天生就是这份没福的命,总想在外头写作并能找到一个属于自己的窝儿:受之无愧,心安理得,既悠悠然而又能不辱使命。

是上海文艺出版社的左泥先生帮我找到了。这是一位忠厚长者,无论从新旧道德来讲都算得上是一位难得的大好人。是他把我引进了大上海,是他把我引到了建国西路。大大出乎我的想象,我绝对没想到大都会中还有这样相对幽雅的地带。只不该我在没遮没拦的草原上生活惯了,竟面对着一条条里弄看不出有什么区别。

又多亏了左泥先生千回百转地把我引到了。不挂招牌,不设幌子。算不上是什么招待所,更谈不上是什么宾馆。似专为融入里弄一幢幢居民楼中,更确切地说它本身就是这居民楼中的一组单元。安详宁静,外界人很难得知它的"庐山真面目"。我真佩服社里这独具匠心的安排,大多数作家正是在寻找这种家庭式氛围的温馨感觉。

住了数日,这种感觉更加深了。饭菜安排,照顾作家"穷"的特点。花样翻新,价格却颇为便宜。居住安排,绝对尊重作家们的"个人主义"。一人一个"窝儿",相互从不干扰。任你笔下炮声隆隆,任他笔下柔情脉脉,都能得以"躲进小楼成一统"。更重要的还在于,在这里你完全可以避开大款大腕们的"摆阔",司局部处间的"显权"。在这里大家完全平等,上至弄笔的将军——如彭荆风,下至游牧的平民——如冯苓植,一进这里就只剩下了一个身份:作家。完全不必点头哈腰,更用不着主动去自惭形秽。是哥们儿多聊几句,不是哥们儿的也可保持自尊。心理上的平衡,当然更有助于创作上的进展。

难怪不几日后我就对左泥先生说:感觉真好,我发现在上海我也有了个窝儿……

3

窝,是有心人精心营造的。

小楼是很安逸宁静,但仅仅选择于居民楼中似乎还难以营造一种温馨的家庭式氛围。人,最主要还是人。

我想起了那几位为小楼服务的退休老工人。他们大多具有上海人那种认真、精细的特点,却又绝不乏浓浓的人情味。对作家们关怀备至,清扫,配制小菜,甚至于烧洗澡水。他们还经常和我们做家庭式的谈心。只不该我一句也听不懂上海话,就只顾了一个劲儿地点头。致使他们大感疑惑,盯住我问:侬的头?……

当然,付出心血更大的还有社里的编辑们。在我的记忆里,上海文艺出版社的领导很少为前来的作家设宴。我理解这也是一种尊重,免除了作家的负债感。小楼就是作家的窝儿,来去自由,绝没有以稿子做交易之说。但社里却鼓励编辑们和作家交朋友，责成他们为作家排除一切困难。我曾在《解放日报》上发过一篇文章《文化素养，都市的风采》，这种感觉用在这些编辑身上似更恰如其分。是他们不但使小楼变成了作家们温馨的窝儿，也使上海在作家心目中变得倍感亲切。总编江曾培不用说了，还有很多很多的好朋友都出现在这座小楼里。左泥、郑宗培、修晓林、老王、小魏……一张张亲切的面孔。他们不但使"家"这种感觉加深了，而且使人感到这个"家"周围还有着许多"亲戚"。左泥是老大哥，修晓林是小弟弟。没事大可串个门儿，熟识了兄弟媳妇也熟识了老嫂子。

有个窝儿真好，有帮"亲戚"就更有助于创作的冲动。我记不清在建国西路这座小楼住过几次了：三次？五次？但我确切地记得在这里完成和启动过多部作品。比如说中篇小说《虬龙爪》的构思，就是在左泥先生帮助下在这里完成的。中篇小说集《狐幻》，也是在这里修订编辑完成的。这两部书都得到了日本早稻田大学著名文学教授杉本达夫的肯定和介绍。饮水思源，不能不感谢这个窝儿。再后来，我又在修晓林同志帮助下完成了中篇《大内高手》，并开始了长篇小说《澡堂子》的构思。家庭式的温馨氛围，绝对有助于编出有趣的故事和进行哲理的思维。

我还必须提到，上海文艺出版社不以营造一个"窝儿"为最终目的，而是为了使作家们更高地飞。在我的记忆里，《小说界》就是在我住在建国西路时为我召开了作品讨论会。作为一个身处遥远草原的作家，我在这次会议上结识了上海的年轻评论家，如吴亮等，也见到了我所崇敬的国宝级学者，如钱谷融老先生。他们的帮助使我的创作由不自觉进入自觉，使我感到自己再不是个孤独的"游牧民族"了，这个窝儿真好，使我感到大上海也变得温馨了。

但我绝没想到，这里还真正做过我一次救急的家。

那还是在1993年……

4

我的妻子病了。腰椎骨裂，几乎半瘫。没法子，只能穿越几个省区到上海求医。又是社里的朋友向我伸出友谊之手，似乎在向我说：来吧！上海有你个窝儿！

我去了。带着久病的妻子，还有一个女儿和一个外甥女。社里真照顾我，专门把我们安排在一楼。这儿真成了名副其实的家。四口人有了个备受关照的窝儿。有了这样一个"据点",上海各界诸多朋友的关怀也就随之而来了。当时上海作协的领导赵长天来了,《新民晚报》的有关同志来了,社里特派帮助我们的修晓林同志也来了……终于使我的妻子得以破格顺利地住进了瑞金医院。

在这里我且不讲在病房的日日夜夜,也且不讲瑞金医院的第一流医生高明的医术和医德。我只想说,如果在上海没有这样一个窝儿,这一切将变得极其困难。就只从经济上说起,作为一个穷作家也将不堪其重。请想想看,来了这么多人,仅吃住就是个无法排解的难题。而现在有了这么个窝儿,就像从家里到医院一样。草原距离上海,恍惚间也变得不再遥远。

凿下胯骨,修补骨裂的腰椎,多大的手术啊!但现在我的妻子好了。我多么怀念这个窝儿,在那段就医的日子里,社里有多少人在这儿安慰我?有多少人来这儿帮助我?左泥为我的分忧解难,修晓林为我的四处奔波,工人师傅们为我的留饭留菜……难忘,难忘,永生难忘,这温馨的小楼,这充满人情味的小楼。

值此上海文艺出版社将成立 45 周年之际,以小楼命题以示纪念。或许我受惠最多,我觉得这个题目选得好。我多么想说——

在上海,我也有个窝……

文化素养,都市的风采

——上海就医记

我本来就不属于那种激情作家,耳闻目睹诸多不正之风的现象,笔下竟渐渐渗出一种无可奈何的冷漠。

但毕竟还是为久病的妻子铤而走"险"了。

远离了茫茫的内蒙古大草原,仅凭着晚报上的一则报道,就带着行动不便的妻子来闯大上海。有人曾说过:大上海——冒险家的乐园!虽系旧话重提,但我却颇为认真地在做一个"乐园梦"。

目标就是著名的瑞金医院！

我早听说过，瑞金医院即当年的广慈医院，因抢救大面积烧伤的钢铁工人邱财康而享誉国内外。至今我仍记得当年白杨、王丹凤等主演的《春满人间》，为此我也总幻想着分享一缕春风为妻子解除病痛。须知，严重的间椎骨病太折磨人了。久治无效，剧痛几乎致使她半瘫了。而我也近三年来笔端留下的墨迹越来越少，头上长出的白发却越来越多了。野心是小了点儿，但我还是来上海闯荡了，目的是为重温一个美好家庭的梦。到了！穿越了近九个省市终于到了。

但随着晨雾中大上海朦朦胧胧的展现，我才恍恍惚惚发现问题似没那么简单。果然，在瑞金医院初次就诊后，我就明白了自己是如何的鲁莽。一千多万人口的大都会，却只有这么几个大医院。再"广"而"慈"，也恐怕很难满足全国蜂拥而来的就医者。何况女病床更为紧张，即使本地骨伤女病人也需等上一年、半年，抑或起码三个月。

事后证明这绝非推托之词。

但我却疑窦丛生了，渐渐地竟发展到迁怒于晚报那则消息。也难怪！如果徒劳往返，势必将数千元虚掷。而这对一个四世同堂的清贫文人来说，绝对不是个小数目。这时多亏了上海作协为同行伸出了友谊之手，赵长天同志亲自和晚报的总编们联系。应该说这和那条消息似不挂边儿，但从丁法章到施捷同志都亲自过问此事。他们发扬了上海人的优良传统，主动为我这来自草原的莽汉排忧解难。更令人感动的是蒋琪同志，绝对为医院的有关报道认真负责，致使我这来自荒漠的冒险者有可能"绝处"逢生了。

"乐园"似向我渐渐敞开了它的门扉。

再看我自己，既不是"大款"，也不是"大腕"，更不是令人瞩目的明星和国手。虽算不上落魄，但充其量也只不过是个冷清的作家。但瑞金医院的骨科主任钱不凡教授亲自为我的妻子诊断，并不辞辛劳地为她安排住院和治疗。当时我并不知道这有多么困难。还带着荒原的野性一催再催。够烦人的了！但接电话的即使是这位全国第一流骨科专家的夫人，声音中也绝不含一丝怨意，而总是尽力安慰我们：内蒙古来的病人吗？老钱正在尽力为你们安排！

我感受到了上海人的文化优势。

随着妻子的顺利入院,我的这种感受也在日益加深。虽然钱教授因公出国了,但我却从每一位医生和护士的身上加深了这一印象。骨二科主任汤华丰教授质朴真诚,平易近人,使病人不由得便对他产生信任。副主任龚跃成教授也是这样,款款数语,便能使患者放心。我的妻子也不知从哪儿来的幸运,竟能在两位专家合作下动手术了。我想,这或许是沾了草原的光,沾了少数民族地区的光。但这就体现了更深文化层次的考虑,上海人正在为全国做着默默的奉献。

我为此想了很多、很多……

但更令我感动的却是他们那种一丝不苟的认真精神。手术进行中,他们发现了我的妻子腰椎间还存有先天性的骨裂。这是可怕的隐患。这本来可以在将来发作时再处理的,但汤、龚二位教授却当机立断为此取骨进行钳补。我知道,他们这是在为我们一家留下永久的幸福。我还要提到护士长小班、小庄和她们那些年轻的伙伴们,还要提到那位使妻子难以忘怀的女麻醉师,还有那位在病房中总是助人为乐的龚阿姨。温馨的,充满了人情味儿,处处都充满了文化素养造就的美好氛围。

我还要抖搂抖搂自己的"隐私"。

说实在的,此行我绝不仅仅是冒险。受社会上不正之风的影响,我也曾在脑海里设计过诸如送红包和宴请之类。但在这一个个令人钦敬的医务工作者面前,我终于还是欲说不能、望而怯"手"了。归来后我由不得向文学界的同行倾诉着:我感到上海不但在经济上正在崛起一个浦东!而且在精神上也正在崛起一个浦东,当然,后者是指新的高度而言。

瑞金医院,终于成了妻子再生的乐园!

但我在这里绝不是想写封表扬信,而是只想说说近日来生活在上海知识界的一些感受。连日来我接触了报界、出版界、文学界、医学界等诸多朋友,的确使我感受到了正如陈至立同志在上海文化工作会议上所说:"上海是个有文化传统和文化优势的城市!"并且坚信上海一定会出现"与这个城市相适应的文化"。我在这里并不是鼓励大家都学我来冒险,倘要治病还是预约为好。我只是想告诉我的朋友,笔端下似乎已经开始淌出脉脉的温情。

《冯苓植文集》(散文随笔集)：忆沪上

文化素养,都市的风采!

上海有个修晓林

是该说说这位上海的资深文学编辑了……

一直以来我始终在思考一个问题：似乎真正认识一座城市,是从认识一些朋友开始的。

自打童年时随祖父从北京来到内蒙古,大半生便生活在茫茫的戈壁荒漠草原。每当提及大上海,眼前仿佛只浮现出一片大漠中那特有的海市蜃楼景象。迷幻、诱人,但又可望而不可即。而我这个年轻幼稚的文学追梦人却试探着向上海的文学刊物投稿了。这在当时曾被文友们看作不知天高地厚,有人竟讽喻为在滔滔的黄河水中投放一粒粒沙子……

望着死一般寂静的沙海,我自己也渐渐绝望了。谁曾料想到,没有一个亲人、朋友甚至连一个认识的人都没有的上海,竟意外地(!)有了回音。这简直是个天大的奇迹!那些为了文学事业奉献的刊物编辑们,在成千上万的稿件中给予了我扶持和关注：从《儿童时代》到《少年文艺》,从《上海文学》到当时文学青年心目中的"圣殿"——《收获》。

我从他们身上开始认识上海了。我感到了这座世界闻名的东方大都会的文化素质之高、社会风气之正。改革开放之后,我遥不可及的梦更进一步变成了现实：著名的文学老前辈左泥先生把我引进上海,使我有机会结识了一批大师级的文学编审如江曾培、李小林等等,是他们使我对文学有了更深刻的认识,也使我对上海有了更深入的了解。

上海,这座有上等的文学品味却不骄矜,对一切鲜活事物有海纳百川气魄的国际大都市,有一条绍兴路,这里有一位将那些大师级的文学编辑精神传承下来并发扬光大的编辑修晓林。他在文学编辑的岗位上工作了25年,沉默而活跃,成熟又年轻。

我是在二十多年前首次到访上海期间,在《小说界》编辑部认识年轻编辑修晓林的。文学老前辈左泥先生因为对修晓林编辑品质的认可而良苦用心地为我做了如此安排,我却首先被修晓林的英俊阳刚惊服了:天哪!那个英俊儒雅的朱时茂,什么时候改行当了文学编辑?(朱时茂主演的电影《牧马人》当时正在热映。)细看,外形酷似的两个男人,从目光中传达出来的内蕴却很不同:朱时茂更多的是"秀",而修晓林呢,却更多的是"慧"。我不禁有点为这家杂志社担心——这样一个又聪睿又英俊的男编辑出去组稿,说不定会在女作者间闹出什么绯闻?但相处久了,我却发现他一直白白浪费着他那特有的"男性魅力"。空有北方汉子的外貌,却仍然是一个地地道道的"上海男人"。工作兢兢业业、行为谨谨慎慎、谈吐文文雅雅、对女性更是恭恭敬敬。白长了一副阳刚之相,却未曾充分"施展和利用"。后来我才知道,他是不久前才从版纳胶林农场返城的上海知青,已有了一个温馨和谐的家庭,有一个可爱的小男孩。他不仅珍惜这个家,而且正如饥似渴地向同行的前辈们学习着当好一个文学编辑。他的父亲母亲都是我国儿童文学创作的前辈,家学积淀极深——他舍"阳刚之相"用于扎实文学功底和编辑业务的修炼,也就不足为怪了。

随后,便是我和修晓林十几年的倾心相处。他是我几部中篇和长篇小说的责任编辑,那部长篇《出浴》还获得"上海市中长篇小说大奖"的奖项呢。多少年了,他仍保持着"上海男人"的种种特点,仍在继续枉担着朱时茂的虚名:思维缜密得有点让人受不了,仁恭礼法得也让人有点感到拘束。真挚,诚厚,还有一点别具一格的幽默感。总之,你会觉得修晓林似乎除了编辑业务就再也说不出什么有趣的话题儿。但我很快发现,修晓林在作家群里竟有着很高的声望。不少作家都愿把自己刚完成的长篇小说和纪实文学作品交给他,还说修晓林"让人放心",虽然没戴眼镜却"眼力不错","晓林的职业精神,组稿经验,判断、鉴识作品的能力,都是一流的"。事实也果真如此,我就曾亲耳听到过一些著名作家和评论家,如陈建功、彭荆风、邓刚、张昆华、雷达等提到他,把修晓林称为"上海哥们儿",而且对他的编辑功力颇为欣赏。

只是,编辑太敬业了,作家是会跟着"深受其苦"的:我的长篇小说《出浴》早就和他逐字逐句的相商完成了,他却又对那些分量颇重的澡堂子的行业术语不放心,愣是不远千里直追我到呼和浩特。直到我为他请来一位毕生在当地澡堂子服务的盲人按摩师,一一确认了这些专业术语,他才算放心。我说我烦透了,这不是对哥们儿弟兄的不信任吗?但这位"阿拉上海人"却彬彬有礼地回答说:"要对读者负责,要对出版社负责!"听听!言下之意似在说明他身为上海人,他就得为上海的名声负责。"义不容辞"得实在可以。

最让我倾服的是他对作家的新著,竟然比作家本人还操心。我的长篇历史小说《忽必烈大帝与察芯皇后》刚启动时,修晓林便跟我忙乎上了。不但读《元史》等中外史籍比我还上心,而且还和我一起遍游了成吉思汗的发祥地——如今呼伦贝尔大草原一带地区。采访从海拉尔开始,直到穿越茫茫的大兴安岭森林,又来到中俄的界河旁边,当他有了真切的灵感和慨悟后,望着滔滔的河水向我严肃地提出了要求:"这本书,要以治学的精神和喜闻乐见的读者要求,做到学术性与可读性并重。"不讲一点"哥们儿情面"!却使我对这个"上海男人"更加刮目相看了。

更难能可贵的是,修晓林竟从古籍《至正直记》中查出元人孔齐的一句话:"世祖(即忽必烈)能大一统天下者,用真儒也。"当他告诉我这句话时,我霎时便找到了我思考多年的这部小说的"核"!找到了那条"穿珠之线"!正是有了修晓林的宝贵提示,我终于开始创作"从草原汗国到大元王朝之风风雨雨"了。从此,我始信:一部好的作品绝不仅仅是作家的创作,那里面有一个好编辑太多的心血!那是作家和编辑共同的创造!可是,成书之后,得到鲜花和掌声的,都是我们,像修晓林这样敬业、博学、认真、奉献的资深好编辑,却仍是默默无闻。让我想不到的,是他倒从来不这样思考问题,他对当好一个编辑从来无怨无悔,让我在跟他很哥们儿地随意聊天的时候,心里常常泛起无声的感动。

只不该他那天生的帅气还是为他招来了祸⋯⋯

那是在乌兰布和大沙漠旁的一座城市里,在一座明净的宾馆里,他和上海出版界的一位老前辈同住在一个房间里。草原上热爱文学的青年人可真不少,很快就被这两位来自远方的客人吸引了。大多是前来求教或投稿的,但其中有一位蒙古族女孩子一见修晓林便似对文学再不感兴趣了。情炽如火,一双火辣辣的眼睛只顾了盯着这位帅气的上海爷们儿。事情发展到第二天晚上，这位蒙古族女孩子在酒宴后竟要把那位老前辈客气地撵出去。这时，修晓林那"上海男人"的弱点便又表露无遗了。不但手脚失措地连声说："只谈文学！只谈文学！"而且还慌乱地把人家推出屋外要和人家"讲讲清楚"！这不是等于"自投罗网"吗？后来还多亏了我"奋不顾身"才将他"解救"回来。但我也就遭受到那女孩子娇嗔而又愤怒地斥责："你是个坏老头！"事后我对修晓林"多事"便难免有些埋怨，谁料修晓林竟较真儿地回答道："阿拉上海人，这种事情是必须讲讲清楚的！"

听听，这位资深编辑珍惜上海的荣誉就像鸟儿珍惜自己羽毛似的！

上海人啊上海人……

在上海，有那么个夜晚

在上海，有那么个夜晚……

这段往事发生在远离市区的上海西站，至今忆起仍使我心有余悸。请想想看，夜已深了，躺在担架上的妻子已被抬下了救护车。但情况却变生叵测，使她无法继续再登上西去草原的客运列车。她一动也不能动，只能躺在担架上被暂时搁置在冰冷的铁道旁。我清楚地记得，在冷幽幽的灯光下，她那苍白的面颊上淌落了两行无奈的泪。

天哪！白天的故事可是美好的……

是的！眼前似乎永远洒满了阳光，使整个上海市沉浸在一片浓浓的人情味之中。我曾在《解放日报》上发表过一篇文章《文化素养，都市的风采》，饱蘸着感激之情讴歌过上海人民博大的胸怀。应该说，我一开始带着妻子来上海就医是莽撞的。远隔万水千山，跨越内蒙古、山西、河北、北京、天津、安徽、江苏、浙江等诸多省市自治区。而且事前绝无联系，仅凭着追求上海的超群医术就来了，实在出于无奈，须知妻子半瘫在床已经好几年了。久治不愈，剧痛难忍，眼看好端端的一个家就要给毁了。但上海人民并没有责怪我,而是处处伸出了关怀之手给予援助。上海作家协会的领导赵长天同志来了,上海文艺出版社的老朋友修晓林和左泥诸同志也来了,上海《新民晚报》《解放日报》一些并不认识的同志们也纷纷伸出了友谊之手……终于使我的妻子仅在几天之内便住进了全国闻名的瑞金医院。更出乎我意料的是,著名的骨科专家钱不凡教授亲自为我的妻子做了全面检查,而亲自为我妻子主刀的竟是骨二科的主任汤华丰和副主任龚跃成两位教授。凿下胯骨,修补裂开的椎骨,调顺神经,端正节节腰椎……总之,手术是绝对成功的,使我的妻子又绝处逢生了。而这时,我们又结识了一位新朋友——守护在妻子病床旁的编外特护龚阿姨。说不尽的喜悦!我知道,我这是沾了民族地区的光,沾了茫茫草原的光。但我也更知道,这反映了上海人的高文化素养,反映了上海人的高科技力量。是他们塑造了上海人的群体形象,至今仍使我难忘那浓浓的沪上情。

没错儿!到此故事仍然是美好的……

但必须指出,瑞金医院床位还是紧张的。手术大获成功,观察十余日后便需回家仰卧进行一年的固定疗养。而在此期间,病人的移动必须由数人平端,稍有差池便可能前功尽弃。为此,瑞金医院为我们返回呼和浩特特意调动了救护车,调动了有经验的护理人员,还事先为把病人送上车厢做了种种设想,比如担架要由列车的车窗伸入,包间内要由几个护理人员端上软卧等等。应该说,一切都是万无一失的。更何况,还有上海文艺出版社的修晓林同志从始至终地在帮助我。人间自有真情在,这绝对是个难得的好朋友。

那变生叵测的夜晚终于还是来了……

上海直达呼和浩特列车的始发点是远郊的上海西站。到救护车呼啸着穿过车流灯海的闹市区到达时,一看手表已近午夜十一点钟了。西站前早失去了白日的喧嚣,就连站台上也仿佛只剩下了当天最后一班车次——就是我们要登上的通往草原的客运列车。顿时,我和晓林同志紧张了起来。我怕前功尽弃,一再拜托着一位位护理员。他怕稍有闪失,跳下救护车就去跑前跑后。还算顺利,救护车被允许直开到站台上。本该稍稍松口气了,但一看表离开车的时间仅只剩不到一刻钟了。为了妻子的安危,心吊在了嗓子眼儿上了。紧张!紧张!还只顾了忙乱紧张!

谁料想,越紧张越出事……

正当我们把担架抬下救护车时,却突然发现一直装在身上的车票丢了。什么时候丢的?不知道。丢在哪里?不知道,但我们却知道这一点:从上海开往草原的列车只有这一趟,几乎次次都是超员。担架被放在了冷幽幽的灯光下,我看到了妻子面颊上那两行无奈的泪……刹那时,我和晓林变成了热锅上的蚂蚁。进退两难,手脚失措,却又只能不停地相互翻兜和四处跑着找。而时间仿佛顿又变得加速了,离开车时间只有十二分钟、十分钟、八分钟……天哪!早已给呼和浩特直拨了长途,那里的孩子们和救护车也正在等着呢!变生叵测,这可如何是好!

妻子侧过头饮泣了……

蓦地,夜幕中一个高大的身影闪现了——或者是因为在那特定的环境里产生的特定印象——至今我也这样认为。只见他身着一身铁路员工制服,手执一部手机,天降一般及时赶到了担架旁。显然是要为我们排忧解难,仓皇间我竟认为是当年的李玉和仿佛又再世了。沉着、冷静,但又绝少虚套的安慰,更少展露风姿的寒暄。仅三言两语便听明白了问题的要害,转身便去找西去列车的车长了。似不太热情,也没留下掷地有声的保证,致使我焦急的心仍悬在嗓子眼上。谁料,也就在仅仅一两分钟内奇迹发生了。或许是由于地北天南的铁路职工息息相通,或者是因为南来北往的众多旅客见义勇为,顷刻间,一间软卧包厢被腾出来了。效率,我看到了上海人工作的效率;真诚,我看到了上海人无言的真诚。我热泪盈眶准备感激不尽了,没想到他竟矜持地用这样的话挡住了我:按铁路规章办事,旅客丢失车票由个人负责!补票!你必须补票!如果将来找回了车票,请寄回上海西站,我们将负责酌情处理……说毕,他竟丢下我们匆匆走了。稍稍给人留下遗憾,似乎在认真间过于冷漠了。

但这对于我已经足够了……

又是一两分钟,在西去列车长的指挥安排下,我们已经洞开车窗把担架伸进包间了。有护理员的帮助,妻子已经万无一失地平躺在软卧下铺了。化险为夷,我终于可以松口气了。再看离开车竟还有三分钟时间;我便只顾得和晓林相互安慰话别了。就连那为我们排忧解难的"高大身影"似乎暂时也忘了,剩下的就是不断地说道,破财免灾,破财免灾!万幸,万幸!

我就要准备掏钱去补票了……

但就在这时,那"高大的身影"又意外地出现在包间的门口了。他来干什么?是关心病人的安排?还是要补上刚才被他遗忘的安慰?不知道!只见他没有话,还是没有热情外露的话,而只是出人意料地拿出了几张车票——我们丢失的软卧包间的票。这使我大感意外,一时间激动地竟不知道说什么才好了。事后我才知道,这就是上海人特有的精明、特有的干练、特有的认真负责!就在我们语无伦次地向他叙述丢票的情况时,他已经迅速地做出了判断:偷,是被偷走的!而盗窃者得手后必然去退票,目的是得到那笔数目不小的钱!为此,就在和列车长联系的同时,他已经火速地用手机和退票处取得联系。在我们忙着时的不辞而别,那是他争分夺秒地去验证他的判断。他绝不愿让旅客带着一丝遗憾离开上海,他绝不愿病人再经历这雪上加霜!事实证明他的判断是正确的,那窃票者被扣留了,包间车票失而复得。而处理这一切的时间,只不过是短短的几分钟!效率!效率!我又一次感到了上海人充满浓浓人情味的效率!妻子又一次失声饮泣了,但我知道这一次只是感激。她要用炽热的泪水,倾诉她对上海人民感激不尽之情,再过几十秒钟就要开车了,他还是没有一句多余的话。只是告诉我们要"汲取教训"后,便又匆匆下车了。一个"高大的身影"很快便融入了夜色之中,远方是上海市群星闪烁般的万家灯火。

列车终于开动了……

妻子仍满含着热泪对我说:好人哪!在上海我尽遇到好人……我却回答道:这么精明干练,肯定是上海西站站长……从此,我们一路就这样"站长!站长!"地谈论着他。直到后来我们从晓林的来信中才知道,他并不是什么站长,而只不过是上海西站的一个普通职工,他的名字叫:陈尚龙……这使我很惊讶:一个普通的铁路职工素质竟如此之高?难怪上海市总是腾飞在全国的前列了。是他!就是他!使我的妻子在上海的就医画上了圆满的句号。列车还在有节奏地隆隆响着,我似乎从中听出了生活的主旋律。

永远难忘浓浓的沪上情!

感谢您!陈尚龙同志……

第三辑　史海偶得

"了不起"的阿斗

　　《新民晚报》第六版曾载过一篇名曰《扶不起的阿斗》的文章，读后若有所思。意不在和作者商榷，只想谈一点自己不成熟的看法。

　　据史载，刘禅的确昏庸得可以，"乐不思蜀"几乎成了家喻户晓的笑话。但我却认为责任并不完全在他。关键仍在于如何"扶"？能不能"起"？总观其一生，他似乎还算得个颇知"趣"的末代君王。

　　先从"扶"谈起。即以清史为例，如顺治不贬多尔衮，康熙不除鳌拜，雍正不诛年羹尧，岂不是也多三个阿斗？不过三国纷争，已容不得刘禅如此罢了。当时诸葛亮这位"相父"，就连刘备生前也颇见他发怵。临终曾建议"取而代之"，虽言不由衷，却可见其用心良苦了。禅，也可解为禅让其位也！有点似歪批《三国》。但他若不想如此，就只能在"相父"辅佐下当"儿皇帝"了。诸葛亮确能忠心为主，但君不见这位"主"也太可怜了。就连任命丞相这样的大事儿，人们也不去请示他而请示"死诸葛"。而诸葛亮临终果然也将文有费祎、蒋琬，武有姜维等铁板钉钉了，甚至连如何杀魏延也设计好了。何须他再去英明？这样的"扶"实在让人寒心。形同摆设，临完还落个"扶不起"的骂名，岂不冤哉？

　　再说这"起"字，就更难责怪刘禅了。诸葛亮未出茅庐就三分了天下，又让他怎么个"起"法？几出祁山，几伐中原，都由着你们性子来，临完失败的责任却全归咎于这个倒霉蛋儿。更何况明知道魏得"天时"，吴得"地利"，蜀只得"人和"，而且是"天下大事合久必分，分久必合"，为什么刘家继不了大统又要怪怨人家"起"不来？

依我看阿斗倒有几样好处。一者是尚有自知之明，从善如流，使诸葛亮的前后《出师表》尽得流芳百世。二者是顺应时势，该完就完，天子瘾不那么严重，使蜀国避免了进一步的生灵涂炭。三者是不冒充大个儿，绝不像孙皓那样愣充英雄豪杰。当然观其后期也跟着宦官胡混了一阵子，但尽让人家当摆设而不享点皇帝福也太不近人情了。

至于说到"乐不思蜀"，我反而认为他颇得中国古代哲学的精髓。不但表演得恰到好处，而且"乐"得更为画龙点睛。仔细琢磨，实在有点"大智若愚"的大家风度，一定活得比孙皓让人放心。能上能下，一辈子难得糊涂。从这点上说，我给阿斗两字前面加了个"了不起"！

他不这样做？试试看……

也说《一代廉吏于成龙》
——不是剧评

老乡！告诉你一个好消息：咱们山西人又在中央电视台的"黄金档"露脸儿了！绝非谬言，有电视剧为证。

曾记否？1998年推出的《雍正王朝》，其中便有个山西代州的女子周旋于宫庭内外。先是作为康熙十四子的宠姬，后又作为雍正乃"一代明君"的见证人，着实在电视屏幕上"莺歌燕舞"了好一阵子呢！我也是山西代州人，同籍同乡，能不为故里美女的超前"思想转变"而激动吗？只不该后来发现"圣明帝王"原来是个大兴文字狱的血腥高手，而美女更属虚无缥缈近乎杜撰，于是便对山西代州人只配拉来当陪衬而深感悲哀了。但这回可好了,电视屏幕上又推出了《一代廉吏于成龙》。有书可查,有史可引,足可弥补上回"子虚乌有"的遗憾了。

老乡!这也说明咱们山西人绝非只配吃醋!

据《清史稿》载,于成龙确系山西籍人氏。一生颇多坎坷,但为官却刚毅正直。尤以清廉著称,曾被康熙喻为"天下第一廉吏"。在山西的地下煤炭被开发得差不多时,竟然会又挖掘出这么一位历史人物昭示天下,足可见我的故乡仍在继续为全国发挥着"光"和"热"。作为晚生后辈,能不为之感到欢欣鼓舞吗?但令我深感惊讶的是,这部电视剧并未引起如我想象的轰动效应。一开始我还以为只是"乡情"作祟,嫉我山西人出了这么一个"天下第一廉吏"。但后来我竟发现此仍纯属谬想,有人竟驳我曰:让他活到今天试试!老乡!似有更深层次的原因……

是的!是应古为今用,是应以史为鉴,而我们的祖先也绝不乏清廉正直的官吏,如宋之包拯、明之徐光启等等。当然于成龙就更似超前于当今的孔繁森了,几百年前就别母离妻赴边疆"忧国忧民"了。但更值得我们深思的是,面对复杂的现实,这些历史人物的"回光返照"到底能起多大作用?正如新加坡资政李光耀先生在论及《未来50年的中国》中所说:"出现腐败的根源是'文化大革命'破坏了正常的道德标准。"(见《参考消息》2000.12.6第8版。其中还涉词"儒家学说"。)但既然传统道德已经沦落了,那儒家学说中的忠、孝、仁、爱、礼、义、廉、耻的作用就更可想而知了。比如1996年山东青岛市所查获的崂山干部嫖娼案,涉案人员就有区人大主任、区政法委书记、区检察长、区公安局正副局长、区工会副主席、崂山区刑警大队长、边防大队长等等(见《廉政风云》2000年第4期第9页)。色胆包天、执法犯法,面对这群体的腐败又有什么道德可言?若真让于成龙"活到今天试试",他很可能手下连个执法的衙役捕快也没有了。更何况!于成龙所生活的大清王朝,就是在日益腐败而逐渐走向丧权辱国直至覆灭的。

老乡!还是让故里前辈先贤重新入土为安好……

在我看来,我们已经跨入21世纪了,若要想彻底杜绝贪污腐败的丑恶现象,首要的便是与现代意识接轨、和现代思维接轨。继承传统的美德固然重要,但更重要的却还在于必须面对信息化时代的现实。肃贪反腐,当务之急便是从根本上加强民主与法制的建设。再不能让老百姓再寄期望于一两个清官廉吏了,而是让他们能放心地生活于一个健全的现代化法制社会之中。

老乡!我之所以把此篇短文章又纳入这部选集,不是因为文章写得好,而是因为等了十几年终于等到这一天了:"打虎拍蝇",依法治国!加强民主和法制的建设,让振兴民族的中国梦更早地得以实现!

老乡!事实也证明了,仅靠一个死了的清官廉吏是"支撑"不住的,山西该"大塌方"还是"大塌方"了!煤炭大省"清污"就得从反贪入手,还我山西一个蓝格映映的天!

老乡!绝不能手软……

克 隆 皇 帝

1

1997年,英国克隆出只绵羊叫:多莉。1998年,中国克隆出个皇帝叫:雍正。

遥在草原做此联想,绝非是想涉足中原文坛是非之地。而是因偶阅《清史》之余,竟莫名其妙地产生了某种"化外人"之感。再加上《雍正王朝》仍在一些电视频道滚动播出,就更使得此种"浮想联翩"久久挥之不去。

克隆,应该说乃纯属现代科学的一个术语。自从绵羊多莉问世,好多如我这样的"化外之人"才明白,原来卵子壁只成了一种载体,完全可以靠前沿的科技手段培育出更完美的物种。以至"英国科学家认为克隆人不可避免"。据说,我国科技界在这方面也取得了长足的进步,克隆出个"多莉"早已不成问题。

但比之于我国的文学和影视界,我们的科学家却稍显落后了。早在"克隆"一词中国人闻所未闻时,杜甫这个卵子壁中就被塞入"三重茅"克隆成为地主了。

随着"古为今用"的逐步深入人心,终于在英国绵羊多莉出世的前后,大清皇帝也粉墨登场了。

查《清史》可见,在雍正死后,其子乾隆尊谥他曰:敬天昌运建中表正文武英明宽仁信毅大孝至诚宪皇帝!他的孙子嘉庆更尊谥他为:敬天昌运建中表正文武英明宽仁信毅睿圣大孝至诚宪皇帝!别看后者只比前者加了"睿圣"二字,但依我看其间文章大了去了。史家之言,向多曲笔,皇家之口,更讳莫如深了。但现在后人看到电视屏幕上的雍正,却似乎使乾隆和嘉庆大可放心了。仅以一个皇帝的年号做卵子壁,便把上述尊谥中的好词儿都注入进去了。甚至还注入了一些今人也难有的现代意识,如若乾、嘉地下有灵,应满足得"当惊世界殊"了。

但我绝不反对重新评价历史人物,绝不反对作家或艺术家对某个历史人物有自己独到的见解,当然也绝不会怀疑这是讨好乾隆、嘉庆以及早已寿终正寝了的大清王朝。"俱往矣,数风流人物,还看今朝"。我只是深深为这种文学和艺术的"克隆"感到困惑。而且近乎于"转基因克隆",完美得仿佛早已跨越时空了。君不见,临危受命,力挽狂澜;高瞻远瞩,推行新政;励精图治,废寝忘食;内忧外患,朝乾夕惕;为民造福,甘当骂名……总之,细枝末节之中,无不以"毅"字为核心尽展尊谥中每个字的内涵。不是克隆,胜似克隆,所创转基因的皇帝当然"欲与天公试比高"了。如果不是顶戴花翎和马蹄袖的不断提醒,甚至恍若可超越时今之党性。

《雍正王朝》属今人创作的文学或影视作品,当然有其自由创作的空间。但既已定位于"雍正王朝"的框架之内,作为一部严肃的历史剧还是应尽量尊重史实为好。"古为今用"一定要有个度,否则过分的完美反而只会促使人们反向的思考。

比如雍正……

2

雍正是个颇为复杂的历史人物。

据史载,生于康熙十七年(公元 1687 年),为后妃乌雅氏为康熙所生第四子。

四十五年后继其父位登基，依其名胤禛改年号为雍正。在位一十三年，是一位生前死后均颇多争议的清代皇帝。

应该说，他成为名彪青史的"一代明君"当属最有条件的。其父康熙在位六十年。其子乾隆在位六十年。且不说康熙奠定的基业足以使他"一显圣明"，就单论乾隆六十年的"为尊者讳"也足可使他"敬天昌运"了。但说来也怪，即使清末的史学家也只称"康乾盛世"，而唯独把他从中抛到了一边。

是不可否认，这种"断代"的做法是值得商榷。而总观雍正王朝一十三年，也确实起过承前启后的作用。比如，雍正元年四月下诏废"乐户"，至雍正八年废除了贱民阶层。雍正三年三月还曾下诏减免过江浙一带的税银，雍正四年还实行化解夷夏大防"改土归流"的政策。而电视剧中所示国库充盈也确有其事，雍正死后国库所存银两是比康熙留下的要多好些倍。毫无疑问，雍正是为其子乾隆把清王朝推向"盛世"高峰起过一定的作用。但毕竟肯定一个历史人物的历史作用是一码事儿，而为了"古为今用"而克隆出一位新的"千古一帝"又当别论了。

毋庸讳言，雍正的形象是被一些稗闻野史影响过。据不完全统计，现尚可见的便有《清宫外史》《清宫琐闻》《窃名笔记》《清史纂要》《海滨人物抄存》以及胡蕴玉的《雍正外传》等等不下数十余种。诸如弑父、篡诏、夺嫡、杀弟、血滴子种种均出于此。甚至还有"胤禛之母先私通年羹尧之后、入宫、八月产子"等等秽闻。缺少真实的史料佐证，而后者更近乎于"恶毒攻击"。但也必须指出，早在清末民初已有学者肯定过他在"康乾盛世"间的历史作用。为何从未达到今日之高度？究其原因，绝非是因为"清污"尚不够"完全""彻底"，而似乎更在于"拂去历史尘埃"后显露的竟是一位难以进一步恭维的"狂悖"君王。

众所周知，清代可算作中国历史上大兴文字狱的"鼎盛"时期。而总观雍正一生的另一面，确系他又把这种血腥的"文字游戏"推向了登峰造极的地步。在位一十三年，侦网密布，广伺言听，从始至终一直在制造着一系列骇人听闻的文字冤狱。这绝非是稗闻野史所传，而确系有翔实的史料可为佐证的。

其一，浙江人查嗣庭也可算得当时颇有名望的读书人，只因在出任江西考官时出了个"维民所止"的考题便招来了灭门的横祸。据说"维止"乃"无头之雍正"，查嗣庭不但被百般拷问瘐死狱中，而且因此死后还被惨不忍睹地拉出去戮尸示众。至此还不算了，雍正还"创造性"地把"株连九族"发展到"祸及全省"。充分掌握当时读书人的心理，竟然亲自下诏停止了浙江的乡试和会试。只因查嗣庭是浙江人，便在朱批中刻意强调浙江"风俗浇漓"。致使全省数千等待"学而优则仕"的生员，在叫苦不迭的同时也只好遗恨于查嗣庭。

其二，在除灭尾大不掉的元老重臣时，雍正最擅长运用的也是文字冤狱的手段。年羹尧确系功高震主、僭越皇威，但倒霉却倒霉在一份奏折上。雍正借口他把"朝乾夕惕"（白天努力工作，夜晚忧怀自省）写成了"朝惕夕乾"（白天担心害怕，晚上努力工作），便指责他为对皇帝的"大不敬"，由此便落了个一落千丈直至被赐死的下场。而身为"顾命大臣"的元老隆科多，他的倒霉就更直接和"查嗣庭案"挂上了钩。雍正朱批：查嗣庭"向来趋附隆科多，伊（指隆）曾荐举"，并声称自己早对查嗣庭"见其语言虚诈，兼有狼顾之相，料其心术不端"。就这样隆科多便陷入了"维民所止"的文字狱不可自拔，即使他作为皇上的"舅舅"能不被"大义灭亲"吗？

其三，就连骨肉相残，雍正也似乎仍不忘在文字狱上大做文章。雍正二年曾御笔朱批"允䄉在西宁密用洋人穆经远（按：P.Mouras，葡萄牙神父）为谋主，以家财付之，又造新体字为密书，与允禩往来通讯"。后世称"莫须有"，但即使有也当看其内容。而允䄉允禩被革去宗籍，并被分别赐名为"塞思黑"和"阿其那"，致使爱新觉罗皇室家庭平添了一只"猪"和一条"狗"。

其四，即使对死人也绝不轻易放过，雍正照样能在文字狱上显示其"天网恢恢，疏而不漏"。吕留良，充其量也只能算个忠于先朝的"遗老遗少"。一生仅写过一些力辩夷夏痛悼明朝的诗文，谁料死后却因"曾静案"牵连仍被从坟墓中拉出来示众。在处置吕、曾一案中，雍正的确把大兴文字狱的手段发挥得"淋漓尽致"。按大清律当诛族的曾静被留作活口以宣示其"大义"，而把死去多年的吕留良作为"元凶"大开杀戒。据史载，不仅吕被拖出棺材焚骨扬灰，受株连者有其后辈儿孙、家族亲友、门生故旧、地方官员，甚至还包括其诗文的传抄者、刻版者、印刷者、收藏者、引用过其诗文者。涉及面之广，当创中国文字狱史上的又一新纪录。这还不算，雍正又以此为契机，继秦始皇后掀起了中国历史上第二次焚书的高潮。起先尚以搜查焚毁吕的诗文为名,但随后便转向了查抄同类书籍、引用书籍、出典书籍,以至一切可疑书籍。一时间只烧得昏天黑地,人人自危,谈"文"色变,见书惊避,遂形成了中国文化史上最黑暗的一段历史时期。

总观雍正的一生,大半是在大兴文字狱的翻云覆雨中度过的。有关"断代"之说是可商榷,但清代的御用史家也确有其难言之隐。其实就连他老子也对他多有微词,康熙四十九年就曾指他"喜怒不定"(其潜台词绝不仅于此)。而他的儿子虽以"毅"字为核心替他百般遮掩,但还是对老子的许多做法不以为然。比如,雍正前脚一死,乾隆后脚就废止了对《大义觉迷录》的宣示,干脆把曾静拉出去宰了。据史载,乾隆一朝确有史官为拍圣上马屁,也曾想以汉代的"文景之治"将康熙比文帝,将雍正比景帝。但终因涉嫌汉景帝"侦伺网罗""法术玩弄"而不获准。其间颇多"猫腻"之事,似绝非前代文人学者的"鼠目寸光"而造成。

思古顾今,绝没想到克隆出来的皇帝是如此完美。不但其子其孙的对其尊谥字字得到体现,而且似乎雍正早早便身体力行着真、善、忍。

难得的"化腐朽为神奇"……

3

即使如此,我尚可理解。罗贯中尚且在刻画诸葛亮时近于"妖",刻画刘备时近于"伪"。"矫枉过正""言过其实"往往是古今作家的通病。但令我万万没想到的却还在于,在克隆这么一位跨越时空的"千古一帝"时,竟又使人莫名惊诧地选择了知识分子作对立面。或也可称"培养液"。

呜呼!雍正王朝的文字狱哪里去了?

绝非妄语,其间的所谓"清流"明显地是指此而言。涵盖了"学而优则仕"的官员,而且闹事的大本营也往往是天子脚下的翰林院。"睿圣"的皇上亲自为殿试的状元秉烛,为嫖妓的探花辩诬。"宽仁"得当使今日的知识分子也为之落泪,但就是得不到当时"清流"们的丝毫理解。试回想下述一幕幕的情景——

雍正皇帝励精图治推行新政,首遭反对的便是这帮不顾百姓死活的"清流"。不但科举及第的官员们如此,就连下面的举子秀才也跟着起哄。丝毫不体察圣上的"文武英明",最后河南读书人竟发展到公然"罢考"。高举孔子牌位上街游行示威,非逼得锐意改革的封疆大吏为他们下跪不可。呜呼!查嗣庭的"维民所止"案不见了,下诏停止浙江生员的"乡试""会试"不见了。在戮尸灭族的血雨腥风中,竟然能挺立出这么一群逆潮流而动的"罢考"生员。克隆术确实奇妙无比,绝对地令人浮想联翩。

　　再者,雍正皇帝是"宽"厚"仁"慈"信"义的,一向对元老重臣的功过是非心中有数。就连年羹尧咎由自取的被赐死,也仿佛是清流们一道道不知天高地厚的奏章所造成的。御史衙门和翰林院的读书人们竟无视圣上的"至诚",致使雍王皇帝无法"表正",只剩下无可奈何的哀叹:难道非让朕落个杀戮功臣的千古罪名不成吗?呜呼!"朝乾夕惕"变"朝惕夕乾"的奏折哪里去了,"对皇帝大不敬"的御批哪里去了?绝妙的转嫁,亘古不变的"为尊者讳"。

　　当然,其间最为精彩之笔,还当属对落第举子曾静的"至诚感化"了。看了几本书就想谋反,足以证明中国的知识分子自古就很浮躁和狂悖。但"睿"智"圣"明的雍正皇帝又是怎么对待他呢?深夜探监,大内共餐,严禁刑供,循循善诱。使人绝对联想不到"猫玩耗子"的游戏,似只剩下了一幕幕感人至深的情景。难怪曾静也只能匍匐在地感激涕零了,随之更产生了一部"感天动地"御笔朱点的《大义觉迷录》。无须再叹"秦皇汉武,略输文采;唐宗宋祖,稍逊风骚",自有这位"文武英明"的清代君王来弥补缺憾了。呜呼!受"吕留良案"株连的成百上千冤魂哪里去了?受"吕留良案"牵连的焚书烈焰又到哪里去了?可怕的"大义",可怕的"觉迷",还有这可怕的"典型"。

　　总之,雍正临朝一十三年,似乎无一日不受清流们的掣肘。就连人家"大孝至诚"地为康熙爷平添了一对"猪狗"儿子,清流们也非要把其中之一公认为"贤"王不可。若非雍正皇帝"毅"字当头,大清江山很可能早就断送在这帮清流们的手中了。罪莫大焉,似该永远"觉迷"。

　　但即使如此,我也绝非是想借此去褒贬文学作品或电视剧,而只是想对这种"古为今用"提出某些质疑:比如这样"取其精华,去其糟粕"是否恰当?这样"再造"历史人物是否妥帖?尤其是克隆出这样一位如此完美的皇帝,是否会对历史观造成一定的混乱?

　　而且我特别反对否认其艺术成就……

4

就在《雍正王朝》红极一时的阶段,《文艺报》发表过一篇影评家的文章,声称其在艺术上谈不到什么成就,受观众欢迎似乎是顺应了某种时事的需要(大意如此)。

我绝不敢苟同。在我看来,这部电视片还是颇具艺术功力的。在编、导、演、服、化、道(具)等诸多方面均有可圈可点之处,实属在近年来众多粗制滥造影视作品中"鹤立鸡群"之作。要不然也不会除在内地之外尚在港、台引起极大反响,要不然也不会有遥居草原之我突然对《清史》发生了兴趣。

而我认为《雍正王朝》取得成功的重要原因之一,似更在于作者和改编者的深通"世故"。这丝毫不带贬义,著名女作家王安忆在无关的一部小说研讨会上就曾说过:"我感到作品里有一种世故,这个世故绝不是什么坏的意思,我想指的是人生阅历。曾经有一个作家对我讲过一句话,我觉得很有道理。他说,你们年轻作家写的作品里有很多诗,但没有世故。"(见《小说界》1985 年第 6 期 228 页)我同意她的观点,只想再补充一句:世故不仅是人生的阅历,而且似乎尚需很深的文化底蕴。而作者和改编者似乎这两点都兼有了,故在多"诗"的年代特别引人注目。

也难怪!目前尚处于向市场经济过渡的转型时期,一切均处于初级阶段,就连骤然泛滥的贪污腐败现象,也似赤裸裸地仍属于低层次。有些颇为真实的案件一经再现于文学作品和影视屏幕,竟往往给人以一种"简单化"或"漫画化"的感觉。成克杰、胡长清案无不如此,除了权力的异化外似再难留下什么回味的余地。而封建社会则不同了,由于有数千年的文化沉淀倒好像大有文章可作。即使是贪污腐败、权力倾轧,也仿佛牵连着某种官场文化的韵味儿。与上述赤裸裸的低层次相比,似乎更耐人寻味。故一经演义成文学和影视作品,顾古思今必将引起观众的极大兴趣。但也累有失败者,究其原因就是缺少这种内涵颇深的世故。

而《雍正王朝》则不同了,世故颇深,文学功力不弱,加之对清史不乏潜心的研究,因而必当"一鸣惊人"了。比如对康熙这位帝王的刻画,仅用"年老弱病、倦于政务"八字一笔带过,而只剩下了荧屏上光彩夺目的形象。既为扮演者获最佳男演员奖创造了条件,又为雍正的锐意改革铺垫下必要的基础。难得的"神来之笔",非深谙世故者难以为之。真可谓:"毫发无损两明君","笔端尽显鬼魅技"!再比如写废太子的"顽"、写大阿哥的"劣"、写三阿哥的"避"、写八王爷的"伪"、写十三爷的"忠"、写废太子师的"愚"、写孙嘉诚的"怪"、写张廷玉的"正",以及写雍正皇五子的"活出丧"种种,均不乏不俗的手笔。这一切对于不深谙世故的观众和读者来说,当然会感到新鲜和刺激。借古人之酒浇现实中的块垒,随之雍正这位"救世主"就呼之即出了。连港、台也为之轰动,似绝非偶然。

  但大红大紫之后,也必然引起反思。从历史角度、从现实角度均引起了种种质疑。尤其对克隆出这么一位绝对完美的皇帝,更引起了史学界的诸多争议。仅从这一现象上来看,竟莫名其妙地又使我归结于"世故"。当然,用在文章之内,"世故"是一种文化的底蕴。如《红楼梦》仅凭人情而无"世故",绝对成不了千古不朽之作。而若把"世故"放在文章之外,那就自当别论了。

  单凭这一点而言,我认为《雍正王朝》——

  成也世故,败也世故!

  呜呼!即使不以成败论英雄,我也常常为中国历代知识分子感到悲哀。难怪大岛健三郎推崇鲁迅,能有几人能用帝王的御批充分揭示帝王的专制嘴脸?仅以明成祖为例,鲁迅就用其人其语将其独裁暴虐刻画得入木三分。但毕竟寥寥无几,就连明代大思想家李贽也不例外。虽被封建帝王瘐死狱中,却仍把一代暴君秦始皇称为"千古一帝"。

  可怕的"千古一帝",何必还在克隆……

浴 池 史 话

  为完成《出浴》这部写澡堂子的市井小说,我曾潜心研究了好长时间的我门老祖宗留下的浴文化。多亏有古代文人和近代学者的笔记等研究成果，才使我得以放手写这部长篇小说，并且在上海得了奖。为此，除特向相关学者致谢外，并整理成文与读者共享——

　　据有关学者考证，我们的老祖宗在好几千年前就养成洗澡的习惯了。而且用词特雅，称之为"沐浴"。别小瞧这个词儿！这也就说明，尚在很久很久的远古时代，我们中国人就不只安于在山溪野泊中戏水净身了，而早就制造出自己第一个古色古香的澡盆子。

　　口说无凭，有史为证。姜子牙封神之前那个朝代叫"商"，那时铁器尚未问世。而商朝的开国之主叫"汤"，就曾为我们留下一个青铜铸就的"浴盘"。不叫澡盆子叫"浴盘"，名字是显得古雅点。但上面刻有铭文加以记载，查阅古籍《礼记·大学》便尽可见其详。又不知过了多少年，当时的古人又把澡盆子由"浴盘"改称为"浴床"或"浴"了。古籍《广雅释器》中就有解释："浴床谓之。"但还有发展，唐代大诗人白居易在《香山寺石楼潭夜浴诗》中就又称："平石为浴床，洼石为浴斛"。瞧瞧！又多出个"浴斛"。但不管怎样，从青铜铸就为"浴盘"开始，以后选材无论是铜、是铁、是木、是石，造型无论是方、是圆、是深、是浅，中国的澡盆子似乎一直是在世界上独领风骚。

　　更难能可贵之处还在于，有了澡盆子之后，我们的老祖宗却不仅仅图个干净爽快，而是脱俗转向高雅发展。据考证，古人早在春秋战国之前就懂得了在洗澡水里加香料，并飘飘然称之为"浴兰"。著名楚国大诗人屈原就有过切身的感受，并曾在《九歌·东皇太一》的诗篇里发出过"浴兰汤兮沐芳"之感叹。而且越演越盛，到唐宋时竟形成个节日：浴兰节。一到每年的五月端午，人们便不约而同在兰汤里泡个痛快。久而久之，竟渐渐形成了一种风俗。颇具东方神韵，曾使我国澡文化大放异彩。

　　但有了澡盆子并不等于有了公共浴池，浴兰之乐大概也只能在各自家里泡着享受。直至秦灭、汉亡、晋终、南北朝形成之后，才逐渐出现了公共所用的"浴堂"。信不信由你，而且首先是出现在佛教寺院里。据北魏人杨衒之撰写的《洛阳伽蓝记》所载，洛阳城西宝光寺中便设有浴堂。而唐代大诗人王建也留下了"浴堂门外抄名人，公主家人谢面脂"之佳句。但当时浴堂之水似大都引自于温泉,其中最著名的当属陕西骊山下的华清池。一经大美人杨贵妃沐浴,便传出了"春寒赐浴华清池,温泉水滑洗凝脂"之绝妙好诗。

而若论澡堂子具有经营性质,这大概是在进入大宋王朝之后了。宋人耐得翁在《都城纪胜》就曾记述,当时的京都就已有了服务于公众的澡堂子,而且决不止一家。列身百业,独树一帜,要不书中也不会提"浴堂谓之香水行"了。能称其为"行",可见从业者也绝非少数。据《都城纪胜》载,当时已确有了澡堂业的行会组织和行规行约,也算得宋朝"第三产业"一支突起的新军。只可惜该书没有留下更多的史料,使今人竟对当时澡堂子的构造不甚了了。但有一点已可肯定,这么多澡堂子都去引温泉水似不大可能了。

直至明代,有关澡堂子的构造才有了详细的资料。只不该时过境迁,澡堂子由"浴堂"又改名"混堂"了。据郎瑛所著的《七星类稿》中称:"吴俗,凳大石为池,穹幕以砖,后为巨釜,令与池通,辘轳引水,穴壁而贮焉。一人专执,池水相吞,遂成沸汤,名曰混堂。"仔细研读,古代澡堂子的构造之谜似便可迎刃而解了。而更令人惊讶的还在于,发展至今的澡堂子虽越来越时髦,但其构造原理却似乎仍难跳出祖师爷布下的八卦阵。老祖宗伟大啊!故至今一些偏远地区仍把澡堂子称为"混堂",把泡澡称为"泡汤"。

至于说到桑拿浴、土耳其浴种种,当属不折不扣的洋玩意儿。现如今虽很火很爆,却已不在史话论述之列了。

第四辑　亲情如山

祖　父
——我的文化寻根

1

有的记者曾问过我：谁是你走上文学道路的最初启蒙者？

我毫不犹豫地回答：我的祖父。

是的！我文学的启蒙导师是我的祖父。每当提及这件往事，我便会回忆起童稚时代坐在祖父膝上认字的情景。眼前摆满了一张张小方纸块，祖父在上面亲手写了一个个墨笔字。有时单独教我个别认，有时又会组成词或简单的句子教我认。孜孜不倦，可以说我是在祖父慈祥目光抚慰下度过幼年的。随之便有了教我读儿歌，比如：一去二三里/烟村四五家;亭台六七座/八九十枝花。再后来更是引导我背唐诗，比如：床前明月光/疑是地上霜;举头望明月/低头思故乡……

思故乡，祖父是在思故乡。当时正值抗日战争后期，祖父正率全家逃难滞留在四川灌县。作为一代闻名于晋北的国学大师，空怀满腔的报国之志却难得实现。悲怆忧愤之余，那种孤寂之情是可想而知的。而我的父亲其间远在重庆当小职员，膝上教孙似乎便成了他老人家唯一排遣时光之举。有人说，这可称之为含饴弄孙。我的祖父却回答:不!这是含苦弄孙。

但我却因为当时尚属幼小,一点也不理解他老人家的心境。只觉得坐在祖父怀里便很快乐,绕着他的书桌转来转去也很好玩。儿歌给我带来了童话般的境界,唐诗使我懂得了自己原来是山西代县人。我还很喜欢给祖父研墨,因为一研墨祖父就要写诗了。诗是什么?我不懂。但我却知道那氛围很神圣。奶奶再不让我吵,妈妈也再不让我闹。只嘘着我说:爷爷在写诗……写诗?真好玩儿。似为了博得同样的尊重,我也搬了一张方凳坐在一旁胡画起来。往事悠悠,这或许就是我为文的开始。

但这似乎并不符合祖父的初衷。他老人家仿佛早知道了为文的险恶,更期望儿孙们多接受些现代西方的科技文化。大、二儿子木已成舟了,便强令最小的儿子远离家门去教会大学学习机械工程。力图摆脱家族的传统,以求适应时代的潮流。谁料,因袭的力量竟这样大,有些事竟很难以他老人家的意志为转移。记得抗日战争后返回太原,当时我才七八岁。在祖父的七十大寿时,我愣胡诌了一首诗:孙儿地下走/爷爷在上头;孙儿叩首说/爷爷寿千秋。当然,这首诗是经过祖父修改的。比如"寿千秋"我就绝对写不出来。但当时一经贴出,还是在长辈间引起一片轰动。祖父在欣慰之余,没想到竟喟然长叹了:

家风难改!家风难改!

2

是的!家风难改。

山西著名学者刘泽教授不久前来信说,出于一种文化寻根的愿望,他想编著一部诗集。但这又绝不同于西方的文化寻根,却更似乎是对一种文化现象的溯源。以一个家族作为出发点,而探索中国古老文化的久远凝聚力。他选准的是山西代州的冯氏家族,正准备著译出版的这本书就叫《雁门冯氏历代诗文集》。

依我看,刘泽教授做此选择绝非偶然。山西代州冯门特有的家族文化现象,确是在北方极少有的。虽未有一代大贤大儒独领风骚,却世世代代都有人才涌现。著名教授王瑶先生曾说,此类能长久不衰的"书香门第",现在似仅存"南林北冯"——福建林家,雁门冯氏家族。在北京图书馆收藏的冯氏家谱就是重要的佐证，早已引起许多研究家族文化史学者的重视。

　　这是一种典型的中国式的文化寻根。自第一代祖先由山东戍边到雁门关下以来，到我的祖父已经是十六代了。明代的戍边带有强烈的爱国主义思想，这对家族逐渐演化为"书香门第"起了关键性的作用。由明、清、民国而至今日，延宕四五百年，世世不衰，代代皆有著述留世。封建社会的科举虽并不能真正衡量学识的高低，但至少可以看出冯氏家族之读书成风。至我祖父之前，曾先后出了"进士十八，举人五十四五、贡员七十余，秀才不知凡几"。"著述除散佚不可考外，尚存百十余种、三四百卷"。冯如京、冯云骧、冯云、冯光裕、冯志沂、冯婉林等都是清代名噪一时的大学者或大诗人。他们的著述如《秋水集》《滴翠楼诗集》《枕藉室诗草》《山右丛书初编》等，有的被选入《四库全书》，有的则被四处传抄。尤其值得称道的是冯志沂和冯婉林。前者为林则徐同科挚友，力主抗英禁烟，林被发配流放后，曾愤而赋诗送行，一时为人传颂。而后者则被称为"晚清第一女诗人"，著作颇丰，影响子孙，当代著名国画大师董寿平便是其后人。家族文风，绵延已久，早在清代就被时人所看重。当时的著名学者纪昀就曾为冯氏家族的诗文总结道："文重桐城，诗崇杜甫"。当然，这一切不能不影响到我的祖父。家族的文化源流到他老人家这一代，必然要起承前启后的历史作用。

　　我的祖父名曦，字紫禾。家无隔夜之粮，唯得祖传苦读遗风。稍长，即酷爱诗文。家风、家教和家族的文化传统，致使他老人家的诗文和历代先人的诗文一脉相通。"文重桐城，诗崇杜甫"，早使他的诗文在晋北传诵一时。老人家继承了"诗言志"的精神，注目天下兴亡，关心民间疾苦，极少无病呻吟之作。尤其值得称道的是，他老人家在反共嚣尘弥漫的旧中国，竟敢讴歌抗击德国法西斯的斯大林。在《美斯丹林》（即赞美斯大林）这首诗中写道：世界传奇杰/威名总不虚；轴心逢劲敌/铁血破攻车。气奋雷霆怒/力疲虎豹驱；雪深寒砭骨/众志沸汤如。而对当时奉不抵抗主义的蒋介石政府，老人家却在《书愤》中斥责道：寇逼东川面不红/漫云天下尽痴聋/诸公反让当仁美/元登犹营避暑宫；亡国人心唯利己/服官贪污竟成风。新亭对泣尤稀见/况奏破秦肥水功。是的！我的祖父是"诗崇杜甫"的。也难怪！抗日战争期间"八年离乱"的生活与诗圣当年的遭遇何其相似？请读《喜闻日本投降》所道：鼓掌如雷爆竹鸣/投降消息出东瀛；诸孙不睡争相问/一夜群情喜复惊。这又和杜甫所写《闻官军收复河南河北》何其相似？我不是说冯诗可比杜诗,我只是说祖父的诗是继承了以杜甫为代表的中国诗歌的现实主义传统。难怪近代学者冯维垣说：观冯公之《吟草集》如读一部"八年离乱"的编年史。

祖父是深知为文艰险的,是愿让儿孙一改家风面向科技的。但是这能怪我吗？从小我就在他的膝上认字,为他研墨,看他写诗,听他吟诵,家族文化已不知不觉渗入我的血脉了。尤其那首祝寿的歪诗受到赞扬后,便越发不可收了。从坐在小方凳旁模仿,到十六岁那年真正拿起笔动手写小说,眼见得是越来越"不可救药"了。记得我第一篇小说《林中遇险》发表后,年近八旬的祖父只好无奈地对我说：罢！罢！罢！为文就为文吧！但若求得文品,必须首先求得人品！

人品……

3

人品,值得每个人沉思的人品。

现在我可以说,除了时代的局限性之外,祖父的人品曾对我产生过极大影响。正直无私、刚毅少语。虽然也在宦海里沉浮了多少年,浑身却没有一丝奴颜媚骨。或许还有些人会对他老人家说长道短。但在我出生后他早不为官了,在我童年的眼目中他只是个慈祥的老爷爷。

是家族的文化传统使老人家走上致仕之途的。毋庸讳言,这条线是以儒家思想来贯穿的,而"学而优则仕"又成了当时的唯一目标。据冯氏家谱统计,从这个代州书香门第走出的读书人曾先后"官翰林者九,官内阁者六,六部者十一,都察者五,官道政大理光禄者又不知凡几……若外官,则将军一,督抚二,巡抚一,布政四,按察五,盐运三,道台十三,知府、同知各十四、治中知州同判州同州判各二十,知县三十八,经历教授大学正教谕训导更不知凡几……"出生在这样特定的家族里,而又处于那样一个特定的历史年代,老人家便很难摆脱这种特定命运的安排了。

但祖父的人品,又决定了他的人生选择。本来清末他以治学闻名被选拔贡,继而被授陕西候补知县。然而,当时他早已看清清政府的没落和腐败,久已仰慕孙中山先生倡导的革命。不就,却私赴日本考察水利和建设。辛亥革命后,中山先生携宋庆龄女士赴山西考察,闻知我的祖父长于农政水利及建设,便鼓励他赴塞外兴办实业。中山先生与宋庆龄女士还曾和祖父合影,祖父也曾在照片背面亲志其事。这张珍贵的照片小时候我见过,可惜后来毁于"文革"浩劫之中。但有一点是永难磨灭的,祖父就是不忘中山先生的重托而举家出塞的。现在看来,"实业救国"不但幼稚也有其极大的局限性。但我祖父到达现内蒙古西部地区之后,却的的确确为人民做了许多好事。旧绥远的第一座发电厂、第一座面粉厂、第一座毛纺厂,均是在他老人家主持下建成的。随后又开通了绥新公路,在旧绥远地区推行宜农则农、宜牧则牧,广为种草植树等有利于各族人民的举措。尤其值得提到的是,民国十八年(即 1929 年)西部大旱,野死饿殍,枕藉道中,祖父又挺身而出利用美资开渠引黄,义赈饥民于水火之中。不管后世对这条民生渠如何评价,但当时确实救了无数逃荒者的命。然而,旧中国的官场是昏庸腐败的,绝对容不得任何人的两袖清风。相互倾轧,处处掣肘,最后终于将祖父从当时建设厅长之位排挤下来。老人家痛心疾首,常遗恨自己未完成中山先生建设边疆的遗愿。抗日战争起,祖父奔走呼号团结抗日,留在山西的祖宅竟因此被日寇和汉奸当"逆产"烧掠一空。无家可归,志不可夺,心向抗日,祖父随众多大学南迁,举家颠沛流离避难于四川。

从我能忆事起,祖父已是一介贫民了。无官无职,常为来日之米忧虑。身旁所余除了众多儿孙,便是那日积月累下的数百首诗了。但忧国忧民之心不改,仍常为山河破碎夜不能寐。听大人们说,这期间他曾给阎锡山去信,劝他一定要从赵戴文议,坚持抗日,千万不可失足成为千古罪人。也是听大人们说,当时傅作义正受困于听命阎锡山还是独立抗日之间,祖父又亲自去信,上书一满页渺小两个"忠"字,意在劝其从大忠而舍小忠,一心报国,责无旁贷……但当时的现实毕竟太黑暗了,还是常常使他老人家陷入寂寞和无奈。叹息之余,除了写诗和埋首著述外,便是谆谆告诫儿孙:只求留下道德文章,今后再不许为官……也难坚!代州冯家似总重复着这个怪圈:一代代在官场失意之后便转向了对学术的研究。寂寞空虚之余,老庄哲学便乘虚而入。无为而治,不求闻达,只求"忠厚传家久,诗书继世长"。这或许就是这个"书香门第"绵延不断的原因吧!我的大伯父在辛亥革命后曾身为军长,但他却一直为没有著述而自卑。曾叹云"未留文章传后世,空留官衔对祖宗"。儒家的传统,老庄的哲学,形成了这个文化家族的独特家风。怪不得我从小就很容易接受祖父讲述的这一切,这种怪圈式的家族文化传统实在是太源远流长了。

但我的祖父毕竟还是幸运的。在他老人家历尽劫难之后,终于迎来了祖国的解放。而且在不久之后便被聘为内蒙古文史馆员,由北京迁居到了呼和浩特。我是始终追随在老人家身边的,又进而感受到祖父的人格力量。道德文章,是他一贯的追求。著述颇丰,却绝不哗众取宠。他写了在旧绥远和拉铁莫尔及斯诺的交往,写了开凿民生渠不堪回首的痛苦往事……可惜这些散稿都佚失了,但仍可看出他老人家是多想为文史资料奉献出自己的生命余热。在我大学毕业即将被分配到草原之时,他老人家已处于病危之时。当我到医院告别之时,我又一次感受到了祖父人格的力量。他绝无一丝对死亡的恐惧,而还是慈祥地告诫我说:人老了总是要死的,你放心地走吧!但要记住,若要求得文品,必须首先求得人品……后来听说祖父被接到北京医治了,再后来便传来了他老人家逝世的噩耗。他的人品得到广泛的尊重,死后破例被特准土葬在八宝山公墓。当时我正被下放在茫茫的腾格里大沙漠的深处,闻讯只能对着无边无垠的荒漠悲怆地喊:爷爷!你放心地去吧!我记住了,文品!人品!

道德、文章,我感到了祖父的血在我的血管里奔流。

但正逢六一年,我什么也不敢说……

4

多亏了改革开放,又迎来了一个"百花齐放,百家争鸣"的春天。

现在不但可以独辟蹊径进行学术研究,也可以实事求是地评价历史人物了。在这里我得深深感谢刘泽教授:以一个家族为发端,对民族传统文化进行探索。是他这种自甘寂寞的治学精神,触发了我这次的文化寻根。

今春,我又特意为此回了一次山西代县。按照祖父"叶落归根"的遗愿,祖父的遗骨终于得以从八宝山移回故土和祖母合葬了。望着他老人家的坟头,我想了很多很多。根!我的血脉根在这里,我的文化根也在这里!是您使我懂得了做人的道理;是您使我明白了文品和人品的关系;是您使我走上了淡泊名利永不涉官场的道路；是您使我甘愿埋首写作而绝不去哗众取宠……虽然现在我只不过是个资质平庸的作家，但追根溯源我仍由不得时时想起了您。

还可以告慰他老人家的是，家族文化的传统并不仅仅体现在我一个人身上，或许还可以这样说，更多的还是体现在其他的一批后代的作为之中。由于祖父勇于不拘泥儒家学说，并且敢于直面现代的科技文明，这个以家族文化闻名于晋北的古老"书香门第"，现在正起着"质"的变化。再不求"学而优则仕"，而是只求"学成报国"。正是由于祖父这种潜移默化的教导，这种特有的家族文化现象从未中止。据不完全统计，现在他老人家的第三代后裔获高级职称者近二十人，分别在科研、交通、地矿、军事、体育、航空航天、古建筑研究、教学及文学创作等方面均有所建树。有的获国家级奖；有的被聘为联合国评估委员；有的列入《世界名人录》；有的跻身于《世界五百人传》……如果说，我们给"书香门第"赋予全新的意义后，这种家族文化的起承转合现象确是值得研究的。

当然，根离开了人民提供的土壤，离开了祖国繁荣昌盛提供的大气候，那还将会是一事无成的。追思往事，只能更使我们想到时代给予我的阳光雨露。但也必须指出，我们的民族向来是把国和家连在一起的。刘泽教授的家族文化现象研究，必然有助于探索我们整个民族文化凝聚力的内涵。我们每个人每个家庭似乎都应珍惜这个根，以促使我们中华民族的文化更加发扬光大。

文化寻根，从我祖父说起。

深深的缅怀……

悠 悠 慈 母 情
——悼念母亲

昨夜，又失声呼叫着"妈妈！"从睡梦中惊醒，但除了泪湿的枕巾，却再难听到那慈祥的答应声了。

夜色茫茫,我这才意识到母亲走了,告别了七个儿女永远永远地走了,只留下博大的母爱永驻人间。

母亲的一生是辛劳的、坎坷的,甚至是带着屈辱的。表面看来,并无惊人的创举,但她老人家却以东方妇女特有的高尚人格,默默为祖国奉献了七个学有所成的子女,有著名的航空航天专家,有高等院校的教授,有苦心钻研的学者,有埋首笔耕的作家,有中学的一级教师,有搞财会的经济人员,有的列名《世界名人录》,有的常在国外讲学……

我们的外祖父是晋北的一代名医,著有针灸专著。我的外祖母则是明朝崔驸马之后,也是一位名闻代州的全能民间工艺高手。当然,他们对自己的独生女——我们的母亲会倾尽全力进行教育。故而,我们的母亲工书法,善丹青,有着很高的文化素养。我们幼年的启蒙教育,可以说大多是在母亲循循善诱下进行的,但母亲的自身却由于一定的历史条件,始终只是一个家庭妇女,任劳任怨,只企盼把七个子女抚育成人。不求为官为宦,只求成为一个大写的人,对社会有用的人。慈爱总伴随着我们,时时不忘鼓励我们好学上进。

但生活似乎总是对母亲严峻的……

五七年,远在大兴安岭林区的父亲被错打为右派,旋即被送去长期强劳改造。再没有一点经济来源了,有的只是沉重的压力和社会负担。但母亲却不改初衷,为了子女们能继续求学,她老人家当过保姆,干过苦活儿,为人拆洗缝补,甚至沿门向亲友求借过……我们也曾为母亲的自我牺牲痛心疾首,但她老人家却从未觉得过卑微,从未觉得过低下,总是慈祥地微笑着看儿女们勤奋学习。

谁料,生活还在雪上加霜……

随之便是三年自然灾害。那种饥饿的滋味是现在的人难以想象的,更何况当时我们正处于长身体的时候。又是母亲挺身而出了,瘦小的身子拉起了沉重的排子车,到几十里外的糖厂去拉糖菜渣子,掺上玉米面,为全家人果腹。为了不影响子女们上学,她老人家总是默默一人往返奔波着。风沙、重压、大口大口地喘息。由于糖菜渣子被石灰浸泡过,她老人家还得一遍遍揉,一遍遍洗。手被浸蚀得发白,还脱了皮……母爱啊!伟大的慈母爱!为的就是让儿女们填饱肚子好好去学习。

后来就是那场"史无前例"的浩劫……

当时我已经工作了,正在乌兰布和大沙漠边上的一个荒漠小镇受着无休无止的批斗。残酷,花样翻新,使我对生活绝望了,几次徘徊在黄河岸边……又是母亲突然从千里之外出现在我的眼前,弱小的身躯,却为我带来了巨大的生活勇气。母亲啊母亲!又是母亲挽救了我。她老人家不但鼓励我坚强地面向未来,而且为了减轻我的负担,把我幼小的孩子也带回了呼和浩特。临别,还冒着极大的风险,用孩子的尿布包裹着带走了我的那些所谓罪证——书、日记,还有我的一批创作文稿。母亲乘车走了,还带走了迷惘,留下了希望。

终于迎来了改革开放的春天。

慈祥的母爱使儿女们个个自立成人了,但她老人家却像燃烧的蜡烛,照亮了子女,耗干了自己。先是双目几近失明,随之便积劳成疾久卧不起了。医生说是患了老年痴呆症,但她老人家只要稍有清醒便会马上记起每个儿女出差的去期和归期,还不时问询着天气预报。妈妈啊!即使在昏迷中仍然关心着儿女们的风风雨雨。

今年是国际妇女年。是母亲的一生,使我再一次体会到女性的力量和母爱的伟大。妈妈啊!是您老人家引导着我的笔触永远去书写光明!

永留慈爱在人间!

妈妈!您安息吧……

坎坷严父路
——缅怀父亲

在母亲仙逝一百多天之后,父亲也抛下了众多的儿女追随着母亲而去了。临终前几天他还总在恍恍惚惚地说:"你们的妈妈天天都来看我,不放心……"走了,终于追随着一起生活了将近六十五年的老伴儿走了。生死相依,只留下了无尽的哀思在儿女心头萦绕着。

父亲啊!一言难尽的父亲啊!

据母亲生前回忆说:我的父亲在少年时期就极为向往革命。有一次,他几乎已经抛弃名门望族的家庭出走成功了。当时,他极为敬仰在山西开展革命的薄一波同志,就不该出走半途又被家庭给追截了回来。这成了他老人家终身的遗憾,但他老人家极少亲口提及。为此,解放后他一参加工作便要求到最艰苦的地方去,似乎是要作为对他这软弱性的补偿。追悔使他忘却了自己是北京名牌大学的毕业生,他甘愿到了东北某原始森林当了工人业余学校的教师。不顾茫茫林海的冰天雪地,抛妻别雏以图洗刷自己身上那"阶级烙印"。

我们从小就难得见到自己的父亲……

兄妹七个紧紧地围绕着承担生活重负的母亲,总是为远方父亲那疾恶如仇的性格提心吊胆着。要知道,家庭出身本来就够不好了,父亲如再有差池就更雪上加霜了。谁料想还是"在劫难逃",父亲还是在五九年被"补"打了右派。据说,事由并不大,或许说只是一种误会,而父亲却"士可杀而不可辱"地发脾气了,终至弄得不可收拾。最后不但被定为极右分子,还被送到大山深处的采石场上强劳改造。后来了解到仅仅是为了买几本教学参考书,该不该买?算不算贪污?而父亲只要"清高"竟忘乎所以了。

当然,我们也面临着划清界限的问题……

好多年后,父亲终于强劳改造归来了。惘然间竟没有一句话为自己辩解,好像也认命地归结为"烙印"问题,而我们也绝不愿他再去参加什么工作了,生怕他再给子女来个"祸从口出"。从此,我父亲那"向往革命"和"补偿革命"的梦便算结束了。为了维持生计开始混迹于三教九流中当起了泥瓦工,挑水、和泥、担砖、听工头责骂,身上再也难看到一丝知识分子的痕迹了。他老人家还好像是对子女永远是有亏欠似的,总设法为我们照看孩子、料理家务……只有一点仍微露着他曾是个名牌大学生,他常说:"不管个人遭遇如何,新社会总比旧社会强!中国称得起中国了,再没人敢小瞧了!"但就连这一点我们也总在劝他"免开尊口",似乎这话不应由"右派"说,生怕又说过了头而引起怀疑。

父亲！为此我们在追悔中……

应该说，父亲的被打成右派被强劳，也可算作一次"舍身示范"对儿女的苦行教育。功不可没！使七个子女俱都深刻体会到如何"夹起尾巴做人"。对上毕恭毕敬，对下甘居人后。一个个均"修养"得胆小如鼠，为人处事无不战战兢兢。尤其是我，竟练就成为一名写"检查"的高手，一遇"运动"甚至还主动去当"运动员"。这一切均得益于父亲的"以身作则"，难忘啊！

古人云：软者存，硬者亡……

改革开放了，小平同志又重新主持工作了。父亲虽已进入暮年，但他老人家仍为这一巨大的转折而感到欢欣鼓舞。果然，他原在林区的单位撤销了，原劳教改造的采石场失火焚烧了，但父亲的问题还是彻底平反了。他老人家曾为此热泪盈眶，连声说着："共产党！共产党！还是共产党……"虽然，当时他已年届七十，但他还是在后来悄悄问过我："我过去在北京上大学学的是法律，现在正需要，你是不是去替我登记？"悔不该我当时竟觉得可笑，只顾了埋怨他老人家也不看看自己的年纪，而没有理解老人那颗至死仍未泯的报效祖国之心，态度近似嗤之以鼻，至今忆起仍追悔莫及。

父亲！我不该……

从此，父亲再不提工作了，似要和知识分子绝缘了，又和他那些泥瓦匠、临时工、下夜人、小摊贩等老朋友厮守在一起了。他总是赞颂着改革开放，容不得老伙计们说如今半点不好；但他又总怕在教授、讲师、作家、干部等等儿女面前说错什么，竟把更多时间用于莳弄小院内那些花花草草、小树和葡萄架去了。渐渐的，在他身上竟看不出一丝"曾有学问"的痕迹了，看起来倒像个生来就不识字的乡野老农。

终于，又发生了那一言难尽的拆迁……

或许是留恋着那祖父留下的老屋，或许是年事已高已经不起这样的折腾了。总之，过后不久，我的父母便先后一病不起了。空留下无尽的遗憾，至今仍在折磨着每个儿女的心。

父亲还是追随着母亲走了……

但留得一生清白永存人间！

《冯苓植文集》(散文随笔集)：忆沪上

叔　父

1

雁门冯氏，在晋北是个颇有声望的书香门第家族。仅明清两代就出过进士达数十人，有多人的诗文集曾入选过乾隆下令编纂的《四库全书》。去年接山西师范学院副院长刘泽教授来函，得知在他的主持下正在编《山西雁门冯氏历代诗文选》，更令我由不得发古之幽思。

但这样一个古老的文化家族，也颇有一个令人深思的文化现象——隔代遗传。即在一代有成就的人之后，往往骤然跌入一个衰败的深谷。历经数代，竟形成了一个怪圈。这曾引起一些社会学家的注意，据说首都图书馆收藏的冯氏家谱曾被很多学者查阅过。

到我的祖父冯曦老先生这一代，家族又一时显得昌盛起来。他老人家是晋北闻名的国学大师，却早年就追随孙中山先生赴日本进行实业考察。辛亥革命后一直在塞北搞"实业救国"，曾和来此采访的斯诺及拉铁莫尔等都有过接触。祖父似看出了隔代遗传或因托父兄余荫之罪过，也曾力图击碎这个缠绕家族的怪圈。但眼看着大儿子二儿子已被家族传统力量拖着无能为力了，于是便把希望放在了最小的儿子身上。

这便是我的叔父冯鹏奇先生。

据母亲回忆说，我的叔父从小就算得个离经叛道的人物。长得帅，也极有风采，但就是在这书香门第里处处不合群儿。但又绝不同于贾宝玉成天扎在女孩儿堆里，而是总干些令祖母心惊胆战的绝活儿。比如说在高耸的城墙上骑自行车，在结冰的井口儿旁跳大绳儿，甚至公然声称将来要娶个女戏子当老婆。毋庸讳言，这也给祖父击碎怪圈的尝试提供了条件。老人家趁势一改书香门第的遗风，令叔父弃文而习理工，随之更一咬牙便把他送入了洋人主办的教会大学。真可谓：逐出传统，向往异化！

第四辑　亲情如山

叔父是第一个走出家族庇荫的人……

2

等我记事的时候,他果然不负祖父一片苦心,已满身洋味儿归来了。

那大概是1945年,抗战胜利前夜,我大约四五岁。当时因祖父奔走呼号抗日,后方的家产已被日伪作为"逆产"剿没已尽,举家正颠沛流离困顿于西安。他从四川津塘回来了,处处和这破落的书香门第家庭显得更格格不入了。我曾记得,因为这位"洋"叔叔归来,奶奶成日里那念佛声似乎也变得翻番了。但他却似乎无所谓,不管有吃没吃,成天仍像一匹脱缰的野马似的四处欢奔着。尤其是在日寇宣布投降以后的那些日子里,他更是欣喜无比。面对着满街的美国大兵和吉普女郎,还是一副洋派头只顾着我行我素。有一天竟把我也带上了乱哄哄的大街,似乎也想让我跟他一起享享胜利者的滋味儿。

据说,祖母曾为此马上焚香祈祷。

但我却有幸亲眼目睹了一件事情。这一天,当时著名的西餐馆同济房楼下,几个喝醉酒的大鼻子挑起了一场冲突。语言不通,大有愈演愈烈之势。只见得叔叔放下我挺身而出,慷慨激昂,但我却只听进了满耳朵的叽里哇啦。当时我就要吓得失声痛哭了,谁料想美国兵却正像酒醒了似的对他刮目相看。临别还交换了名片,这使我奶奶得知后更是叫苦不迭。果然,第二天几个大鼻子还真找到宁静里的家中了,奶奶当即被吓晕了过去。可谁曾料想,这几个大鼻子竟向叔叔伸出了大拇指。相见甚欢。又是一阵叽里哇啦,在我童年的脑海里便扎下了叔叔人格自尊的形象。是的！越到后来,我就越深切感受到叔叔是家族中一颗异化的种子。越远离经史子集,身上就似乎越少奴颜媚骨。但也不可避免地产生一些副作用,过于单纯,过于不通世故。后来我更发现,这大概是叔叔这类人的通病。

解放时,我们家已流落在北京。虽然贫困已使我未满十岁就开始卖报,但举家却为沉重的出身包袱疑虑重重。但叔叔不看中文报纸便没有这份烦恼,竟满怀激情地给当时的北京市市长叶剑英去信"毛遂自荐"了。洋教会学校的大学生,共产党的高级将领竟不排斥,从此他便在北京市交通部门开始工作了。主攻公共汽车的各种技术难题,大有如鱼入水一展身手之势。听人说,在当时遭受封锁和围困的形势下,他也的确发挥了他的一技之长,成果颇丰,在司机和工人们中竟有了一定威信。为此,他年方三十出头,便获得了高工的职称,并享受着令同辈惊羡的工资待遇。也有人曾暗示他这或许也算一种"赎买",但他却始终抱着一副洋派头对未来深信不疑。

这阶段可以说是他一生的黄金时期。风华正茂,意气风发,有许多他和苏联、捷克、罗马尼亚等国的专家合影为证。当时我的祖父已返回塞北。我记得他曾多次给呼和浩特去信,要他老人家"翘首以待之"。不言而喻,他当时是踌躇满志的。怪圈似在他这一代就算终结了……

3

但沉积的力量竟是那么顽固,隔代遗传的神秘现象还是不期而至了。

先是我的二叔因当房产经纪人被逮捕法办了,随之便是我的父亲被打成右派送去强劳改造。弟兄三人只剩下他独善其身,而接踵到来的运动能让他幸免于难吗?为此,晚辈们曾建议他开展"革命大批判",甚至可诅咒父兄以划清界限。

但没有,他只是孤傲地骤然变得沉默起来,一种烈性的劣质酒从此成了他的伙伴,"翘首以待之"等豪言壮语便永远沉淀在杯底了。我们曾为他担忧,却谁料夜晚的酒好似更有利于他白天的清醒。办公室里很难见到他那冷峻的身影,一有时间他总苦干于生产第一线上。少言寡语好像更有助于发展他的听觉,他几乎一听声响便可解决各类汽车的疑难病症。绝少寒暄,但他却和发动机及工人们建立了一种奇特的鱼水关系。我几次在北京看到,无论他登上哪一路公共汽车,都会受到司机和售票员一声热切的呼唤:"冯工!"而他却绝少激情的反应,只是矜持地略点一点头。但我知道,这里头已包含着他深深的满足。前面说过,他似乎对世故很不通晓,无论是对旧的还是新的。我想,这或许就是他为保持人格自尊所选择的唯一出路。

但怪圈还是要在他的身旁收口……

无论他如何坚守沉默是金的原则,还是难逃这魔影的追逐。他是沉浸在技术中解脱了,但他的妻子却为他补上了这个空额。贪污,而且数额巨大。从此,弟兄三人中无一家可以逃脱这怪圈循环。他更似乎绝难逃脱这种指责:难道妻子贪污巨款、花天酒地,你竟不知道吗?他早出晚归确实不知道这一切,但他却仍为人格的自尊保持着沉默。绝没有多余的解释,更没有打闹离婚以求解脱。怀抱着还很稚弱的小女儿,唯一的回答就是:我赔!子侄们都知道,这绝不能说明爱得有多深,或许他比别人对妻子更有痛切的了解。这只能说明他作人的原则,在巨大失望中仍为维护人格的尊严痛苦挣扎着。后经组织调查,他果然一无所知。妻子被送进了监狱,从此他便拉扯着五个孩子开始了漫长七年又当爹又当娘的生涯。每月扣除着一笔笔妻子的欠债,致使劣质酒进而换成了薯干酒。苦涩、辛辣,但他却在沉默中逼自己一杯杯强咽下去。除此之外,工作便成了他唯一的宣泄口。没明没夜,忘乎所以。司机们只知道把他的技术越说越神奇,可是又有几个人能知道这正是他在弥补因妻子造成的人格损失呢?

随之,便是"文革"的开始。

怪圈似乎加速了,好像连隔代也等不及了。承袭着父辈的衣钵,我年方二十多岁就被打入了"牛鬼蛇神"的另册。实在受不了折磨,终于又从茫茫的草原逃回了北京。又和叔叔见面了,两代人共对着一壶苦辣的薯干酒。他没有怪我多事,更没怪我添麻烦,有的只是颇为平静地对历代历史的探讨。我很奇怪,教会大学的洋学生多会儿皈依了正统?难道薯干酒竟能发出中国的某种国民性么?但我从已工作的妹妹们那里了解到,叔叔似乎仍"本性难移",任狂风恶浪乍起,他竟能在沉默中保持岿然不动。绝无表态,更不附和,而是等着那血腥的口号声骤然推开了自己办公室的门。我曾问过叔叔这是干什么?他只简单地回答我说:在劫难逃!但奇怪的是,他在这场浩劫中竟没有受到触动。据他的同事告诉我说,他是在同行里难得保持了人格尊严的人。究其原因,有人归结为他的沉默如金,有人归结为他在工人中有着极高的威信。我想,或者还有那早就在暗中流传的"赎买"一说……

多亏他终于也盼来了人生第二个春天。

4

我在遥远的草原为他感到庆幸!

听说,作为汽车技术专家,他已被上调到中央交通部工作。又听说,他的学识专长终于得到了充分的施展,在各省市同行间也颇受尊重。但谁曾想到,几次途经北京向他祝贺时,却都被他冷峻地制止了。妻子早已回来了,他尽力为他们安排着舒适的生活。然而在一片永庆升平中,他竟显得格外的寂寞。

他只劝我喝酒,还是薯干酒。

就在我返回呼和浩特的第二年,一个可怕的消息终于传来了:我一生要强的叔叔突然双目失明了!我急忙赶赴北京和大哥一起去探望他老人家,顿时便被眼前的景象惊呆了:白发苍苍,神情木然,双手颤抖,举止失措。看得出,沉浸在黑暗中他仍想维护自己的尊严,但忙乱间竟抓起一只袜子当作手帕去擦鼻涕。我的心头滴血了,几乎失声喊出:我往日风华正茂的叔叔哪里去了?

背过他老人家我曾问过原因。

谁料想家人回答竟只有一个字:酒,全因为那些烈性的薯干酒!我的脑袋轰一下炸开了,但随之也只有悲戚的自语:是的……喝了几十年……廉价、劣质、苦涩的薯干酒……只有他一个人咬着牙在喝……

恍惚间,我似乎又看到了那神秘的怪圈。

我回来了,又无能为力地返回了呼和浩特市。不知为什么,我开始注意上了一处颓败的古宅。或许,就是因为这儿是叔叔六十年前度过童年的地方。往日的风采已荡然无存了,只有旧屋后那株老榆树尚郁郁葱葱。据说,它几乎和叔叔同年,叔叔从小就在它身上爬上攀下。今春,古宅被彻底推平了,老榆树也即将被砍去。新旧更替,以让位于一座拔地而起的大楼。但不知为什么,一种不祥的预感竟涌上了我的心头。前几日,我途经古宅看到,老榆树终于被伐倒了,正无声无息地躺倒在断瓦残垣间。这种预感变得更触目惊心了,果然第二天就接到了大哥的来信:叔叔因肺炎已经去世了。

我知道,他老人家死时一定很清醒。

而清醒的死是很痛苦的……

但不管怎样,家族的这一页历史总算因他的逝去而掀过去了。到这时我才惘然意识到,怪圈似乎还在运行,即使再清醒的先人们也无法遏止。

来!给我一瓶薯干酒!

叔叔!喝吧,喝吧,在沉醉中忘却一切吧!留下您人格的尊严,这已足够后人享用!

人们啊!多一份理解……

第五辑　回顾半生

话说"走西口"

1

山东汉子闯关东，山西爷们走西口。

天灾人祸，生计所迫，老年间屡见不鲜的事儿。但省份不同，气质各异，遂又有了"闯"和"走"的差别。山东人不愧是武松武二郎的同乡，这一闯便在恶煞煞的关东黑土地上闯出许多好汉的故事来。而山西人却似乎更多的是儿女情长，这一"走"竟仿佛只走出一曲哀婉凄绝的《走西口》。悲悲戚戚，开始便是一大段哭腔：哥哥你走西口，小妹妹泪长流……

为此，便又有了不同的评价。好像山西人多情种儿，似很难经得住这种缠绵悱恻的折腾。一步三回头，就只顾了看"妹妹"的"毛花眼眼"，定很难在西口外有什么惊天动地之举。而山东人更多的却是阳刚之气，一个个尽是大葱煎饼造就的血性男儿，有泪绝不轻抛，理所当然地会在莽莽苍苍的黑土地上建功立业。

其实不然。在这里我绝不想抹杀山东人开发边疆的伟绩。我只是想说，刚柔相济向来就是我们民族文化的传统。多情未必不丈夫，谁又能说不正是这凄婉的歌声揭开了西部荒原波澜壮阔的一页呢？

且听话说"走西口"……

2

遥想当年,西口外尚是一片"天苍苍,野茫茫,风吹草低见牛羊"的神秘地界。红柳滩,芨芨林,极目难尽的草原丛莽似仍处处散发着野性的气息。虽属中国神圣领土的一部分,但由于关山阻隔却缺少与内地交流。除了昭君的青冢独守塞外,千年来好像总是后继乏人。终于,一曲"哥哥你走西口,小妹妹也难留"响起了,随之茫茫的荒野上便闪现了一个又一个山西人凄苦的身影。虽然仍不免"泪蛋蛋扑簌扑簌往下流",可又见有几个半途而废回去"紧拉妹妹的小手手"呢?

山西人这种大迁徙在历史上已经不止一次了,最有名的当属元代洪洞县大槐树下的告别故土。迁徙范围之广,竟使至今全国乃至世界各地仍有人不断回老槐树下认祖寻根。据史载,当时的情景即是"哀声遍野""泣啼上路",但又见有几家重返洪洞县呢?哭是哭,但山西人泪中有火,柔中有刚。至于说到近代这次迁徙,理当应归走西口。君不闻,歌中第一段开宗明义便唱道:"咸丰正五年,山西省遭年限"。饥荒,逼的。但仅仅把它视作一次大逃荒,又似乎有点漠视他们那种坚韧不拔的开拓精神了。

这确实是一种独特的文化现象。哀哀婉婉的《走西口》唱了近百年,竟在西口外唱出个新的天地。是悲歌?还是壮曲?很难一言而尽。却只见为开发边疆做出的不可磨灭的贡献。难啊!须知"要吃口外饭,就得拿命换"。但由初期的"瓢舀鱼,棒打雁,烧红柳,吃白面"的半原始生活,还是逐步使海海漫漫的丛莽深处出现了一户户人家、一处处村落、一道道沟渠、一片片林网,以及绵延千里的肥沃田野。可以说,当代世界第二大灌溉水系——河套灌区——就是在《走西口》年复一年的歌唱中形成的。当然,其间还有陕西、河北,以及其他省籍走西口者的血汗,当地的少数民族也功不可没。

人常说,山西人"抠门儿",山西人"小胆儿"。但依我看称之为"勤俭""善良"也不过分。正因为如此,也使他们特别易于"融入"。能够守住在异域他乡开拓的基业,更能够尽快和草原上的少数民族情同手足。语言在融合,比如"贼霍拉"一词就一半是蒙古话一半是汉语。歌声在融合,比如内蒙古民歌里竟产生一种特有的"蒙汉调"。在戏曲艺术上也是如此。山西梆子不但是内蒙古观众最多的剧种，就连地方戏"二人台"也仿佛是蒙汉两族老艺人共同完善的。更有甚者，我还曾在阿拉善草原深处见过山西籍的蒙古族人，张巴特、李巴图、王布音吉勒格……追根溯源，竟是其走西口的老祖宗早早就入了"旗"——这里指蒙旗——蒙汉通婚，在草原上繁衍后代。渐渐地后辈连汉话都不会说了，只隐隐记得自己的祖先曾是山西人。而上届内蒙古政协会上我更有奇遇，一位金发碧眼的俄罗斯族委员和我同处一室。在我道过原籍后，他竟激动地呼应道：我也是山西人！我也是山西人！随之便向我谈起了他祖父的祖父……想想看，山西人这"走西口"走了到底有多远？为促进民族团结、增强祖国的凝聚力、又潜移默化产生了多么巨大的能量？

再谈谈旅蒙商……

3

这是山西省特有的一种商业文化现象。

旅蒙商，晋商的一支。顾名思义，它的商业目标是极为明确的。大多也是在《走西口》的悲歌中，一步三回头地走向了口外的茫茫大草原。不应以阶级成分论，当也应属走西口之列。别看他们一个个土头巴脑，又常被外人讥讽为"抠门老财"。但在各省商贾只顾逐鹿中原的时候，他们却早已远见卓识地瞄准口外这未被开发的商业处女地了。茫茫四野，驼峰上常常可见他们孤寂的身影。

点头哈腰，锋芒不露，但在谦恭和顺的微笑后却隐藏着雄心勃勃的开拓精神。对外谨慎行事，对内行规极严。小伙计头一次探家必须从业十年之后，第二次也得五年，故《走西口》的哀怨是屡唱不绝的。"小妹妹"变成了老奶奶也难得见上"哥哥"几回，于是在老家便有了"小叔子挎嫂嫂"、"公公骚媳妇"种种流言蜚语。人常说，在资本积累初级阶段是需要付出代价的，这或许就是这残酷代价之一。但旅蒙商号那套组织严密的经营管理办法，尤其是那套激励人才奋发向上的体制，却使小伙计们产生了一种自强不息的敬业精神。比如各级主事和掌柜必须由"家生子"——即自家一步步培养的小伙计担任。再大的股东子弟如不经从口外层层苦熬，单靠关系网是绝难一步登天的。颇似现代日本商业的用人制度,难怪我访日时即听说日本学者早就在研究旅蒙商。

是的！在中国近代的商业史上,旅蒙商是不如江浙湖广商人显赫一时,但他们在开拓塞外繁荣边疆上确应大书特书一笔。例如包头,全国的钢铁基地之一,也是内蒙古的第二座大城市,就流传有"先有复盛公,后有包头城"之说。复盛公,旅蒙商号之一。山西乔家兄弟以微末起家,竟在口外商界独树一帜。以拍电影《大红灯笼高高挂》而闻名于世的乔家大院,就是乔氏兄弟隐退后在故里建起的豪华府邸。靠塞北回流的资金,集山西民俗的大成,号称小紫禁城,足见其当年西口外兴盛一时的情景。尚有更大的旅蒙商号大盛魁,其对呼和浩特、集宁、丰镇等等城市的影响自不必说,就连当时外蒙的政治、经济、军事也常受其掣肘。

旅蒙商有残酷剥削的一面,也有奋发图强的一面。想想看,这是何等波澜壮阔的场面？当年大英帝国依仗海上优势,从西印度起航,急欲扼断中国自古就有的通往俄罗斯直至欧洲的"茶道"。而当时的旅蒙商也针锋相对毫不气馁,牵起一列列"沙漠之舟"——骆驼穿越茫茫沙海向着异国他乡进发。一方面是大海上的千帆竞起,一方面是大漠中的万驼急行。争分夺秒,寸步不让,最终还是走西口的中国男儿赢得了胜利……旅蒙商发展到鼎盛时期,不但控制了内外蒙的经济命脉,而且经济实力渐渐拓展到了西伯利亚。东至海参崴,西至阿拉木图,处处可见旅蒙商的身影。《走西口》的大弯大调时而可闻,足见没给留在故土的"小妹妹"丢脸。只不过因为种种历史原因,尤其是清末民初的政治腐败,才使得旅蒙商逐渐在近代史上销声匿迹了。

往事悠悠……

4

我是山西人,现仍在草原上搞写作,当属走西口之列。算起来,从我祖父到塞北搞"实业救国"直至我的小孙孙呱呱坠地,已是历经五代了。山西有我的根,内蒙古有我的家。两情依依,均难割难舍。思古论今,遂有了上述的走西口。

泪蛋蛋后隐藏着什么？水滴石穿的力量！

这也是文化……

我，代 州 人

1

一听苍凉凄婉的《走西口》，我就由不得想起了故乡代州城。

是的！在内蒙古这片广袤的土地上，生活着许多代州人的子孙。呼和浩特、包头、临河等西部地区不用说了，即使在遥远的海拉尔、满洲里等东部的边境城市，也时而可以听到代州人的乡音。就像那蒲公英带绒毛儿的种子，飘飘洒洒，早已随着"哥哥你走西口，小妹妹也难留"的哀切的歌声，飞落到了这塞外的大草原上，直至化成了地地道道的内蒙古人。

多少年了？不知道。多少代了？查不清。

20世纪60年代初期，我被下放到了浩瀚的腾格里大沙漠深处。沙海茫茫，无边无际，难得见到人烟。一天，我偶尔踏入一处高耸沙丘间隐蔽的沙湾，蓦地望见一片绿洲上扎着一顶蒙古包。我进去了，只见里头坐着一位白眉白须的蒙古族长者。小孙孙绕膝，儿女们相聚，是个充满古风的典型的牧人家庭。一打听老人家的尊名，他说姓田叫布音吉勒格。这引起了我的注意。再细问，老人家竟抛开了蒙语，开始用汉语对答上了。一听，竟是地道的代州城乡音。他说，老祖父辈就流落于此，多亏被一位好心的蒙古老阿爸相救了。到父辈已经入了"旗"，已算得地地道道的蒙古人了。而他又在这大沙漠里生活了整整七十年，代州城早在他脑海中化成个古老的梦了。只有仅仅会说的几句汉话，仍沿袭着祖辈带来的乡音。

啊！代州人，代州的乡音……

多亏了内蒙古敞开了广阔的胸怀，收留了这一个个背井离乡的异地儿女。像母亲一样，以草原浓浓的乳汁哺育了他们。

老人的出现，使我第一次想到了寻根！

代州城……

《冯苓植文集》(散文随笔集)：忆沪上

2

代州，古称代郡，现称代县。

多少年来，它是以贫瘠闻名于晋北的。但它却又有着辉煌的历史和灿烂的过去。从春秋战国置郡以来，一直是北方的军事重镇。地处三关要冲之地，也有着往昔的峥嵘岁月。

直至近代才开始渐渐衰败了……

遥想当年，也曾英雄辈出！战国的名将李牧、汉初的名将李招军、唐代的名将马三宝、宋朝的名将杨业等等，均曾在此一展雄姿。就连开创"文景之治"的汉文帝，也是由其封地代郡踏向中原成为皇帝的。或许正是雁门关里的粗茶淡饭更使其深知吕后造成的民间疾苦，故尚能自奉俭朴而成为一代开明君王。尤其值得提到的是杨业和他的杨家将，他们的故事至今仍在戏曲舞台上累演不衰。《金沙滩》《杨门女将》《三关排宴》等，大多都是和代州城有所关联的。改革开放以来，人们似乎已不满足于仅仅是舞台上有声有色了。远在美国和台湾的杨家后裔，竟纷纷飞归代州探祖寻根。鹿蹄涧村饱经沧桑的杨门宗祠，一时间竟成了外宾瞩目的旅游胜地。据说，外籍的杨门后代已在筹集巨资重新修缮，正准备海内外亲族同归共祭祖先。

更值得大书一笔的是，萨都剌！

像内蒙古草原哺育了无数汉族儿女一样，代州的土地也哺育了这位元代冠绝一时的蒙古族大诗人。因其祖父和父亲均镇守云代，他于1272年就出生于代州古郡。或许正是由于这方贫瘠的土地激励了他，萨都剌一生洁身自好、为人正直、居官清廉、疾恶如仇。他的诗作在当时影响极大，《新元诗》中称其"诗才清丽，名冠一时"。《虞集》中称其"最长于情，流丽清婉"。他关心人民疾苦，敢于直砭暴虐时弊。正如清代著名学者顾嗣立所言"史氏多忌讳，纪事只大抵，独有萨经历，讽刺中肯綮！"萨，指他。其诗总集曰《雁门集》。雁门，代州别称。生于斯，葬于斯，诗集亦名斯，足见其对代州的眷恋。近代称其诗作为"我国文学宝库中的瑰宝"，宁夏人民出版社最近还专门出版了《萨都剌诗选》。

一苗树,两朵花,蒙汉人民是一家! 故乡啊,故乡! 自古以来就结出了这一民族团结的硕果。身在内蒙古草原,拜读着这位生在代州蒙古族先贤的诗句:"将军与你同死生,要令四海无战争,千古万古歌太平!"更由不得对故乡魂牵梦萦了。

啊! 我,代州人……

3

婴儿的脑海里是留不下什么印象的。

代州到底是个什么样儿? 直至进入不惑之年却仍在困惑着我。缥缥纱纱,朦朦胧胧,只在老母亲的乡音中隐隐忽忽闪现着。是个梦,是个谜,始终未能亲眼目睹过。童年,故乡变成了个故事……

乡音是我备感亲切的,大概是因为从婴儿起就听惯了母亲的絮语。故事一串儿连成一串儿,都是有关老家的。母亲小声哼哼起了《小放牛》,其间有一句歌词儿大概是这样的:"代州的鼓楼赵州的桥"。于是,一座仙山上的琼楼玉宇就在我的眼前升起了,从此代州的鼓楼便在我幼小的心灵上再也抹不掉了。云山雾罩的,竟成了我认识故乡的开端。

围绕着鼓楼,故事就越倒越多了……

当我启蒙读书的时候,母亲便不失时机地向我叨叨起来:老年间的古代州又被称为"牌楼之城"。别的州县里有个两三座就颇令人骄傲了,而古代州的十字大街上却布满了几十座"钦赐敕建"的壮观牌楼。而其中将近百分之七十以上的,就是奖给雁门最大的书香门第——冯氏文化家族的! 什么"文武济美""勋高五省"呀,什么"兄弟进士""五子登科"等等。别看后来冯家大门楼子颓败不堪了,可从里头走出来的个个都是有学问的人物。秀才、举人不用说了,有一年竟出了"一门五进士"。而且是靠着两个寡妇老太太,成天手转着小石磨儿,有一顿没一顿教成的。我理解为念了书当官儿,母亲却又叨叨起了另一个故事:不! 冯家没有当大官的命。有一年,有位老祖宗做了个梦,梦见老天爷差人给冯家送来一车官帽帽。刚要去接,突然被条老牛从中拦住了,为什么? 因为咱家有人不该杀生吃了老牛的肉……我不明白那为什么还要读书? 母亲便告诉我说,要紧的是有学问！比如,有个祖宗秋水公,留下的诗卷《秋水集》,就被选入了《四库全书》。还有个祖宗鲁川公,与林则徐同科,他那《西瑜山房集》,也是冠绝一时的。其他,还有纳生公的《纳生集》,懿生公的《翠滴楼诗集》,直至我祖父紫禾公的水利专著和《紫禾诗钞》。尤其值得一提的是,还有一位老老姑奶奶冯婉林,不但工书善画,而且被公认为晚清第一女诗人……说不完的名字道不完的书,乡音始终在我耳旁萦绕着。

这大概就是我今日从文的源流……

当然不能只是讲文不讲武。母亲告诉我说,登上鼓楼楼顶就能远眺见穆柯寨。那里不但流传着许多杨家将和穆桂英的故事,而且也是你奶奶家的娘家呢！穆柯寨出来的姑奶奶可了不得,个个都身手不凡。有一位文弱书生娶回了一个,新婚之夜竟遇到了强盗破门而入。书生只能够吓个半死,但那纤巧的新娘却非同一般,挪动一双三寸金莲护住丈夫,顺手就抄起了火炉旁的两只夹炭的火筷子。迅雷不及掩耳,眨眼间便把五六个强梁击倒在地。从那以后,我便盼望我祖母也能露上一手,教上我个三拳两脚的。但没有,老祖母始终连走道儿也是晃晃悠悠的。

这或许又是我只能耍笔杆儿的原因之一！

似乎还有另一个原因,那就是来自鼓楼东的故事。母亲告诉我说,姥姥家就住在那一带。我的外祖父彭述祖老先生,是个对名利极其淡泊的人。一生只醉心于中医,尤其对针灸很有造诣,并和他人合著有《针灸传真》留世。老人只有我母亲一个女儿,因而听到我耳朵里的都是些非常温馨的故事。比如,姥姥还养着一条可爱的小哈巴狗。姥姥外出,非得背着它穿衣服。要不让它瞧见了,准会伤心得掉眼泪等等……而母亲的姥姥家就别是一番情景了,那就是鼓楼以东东关外的崔驸马家。哪朝哪代？记不清了。小时候只听母亲对我说,皇帝的女婿也太威风了！进代州城不走城门洞,而是非要在城门两边搭起长长的木板,直接穿越城头而入。我不喜欢这样的威风,而是喜欢外祖父的淡泊。尤其是姥姥所养的那条小哈巴狗,虽然只在故事中存在,但我仍可想象出它渴了怎样向着水缸坐拜。

这或许就是我写动物小说的启蒙……

故乡,从未亲眼目睹过的故乡,是在母亲喁喁的絮语声中再现的。一座鼓楼,四条街,一道道牌坊,还有许许多多早已逝去的亲人……那么恍惚,那么缥缈,但潜移默化地却影响着我的一生。

说不清,道不明,这或许就是根的力量吧!

啊!魂牵梦萦的代州城……

4

终于我踏上故乡的土地了!

一九八七年,我应约赴山西写作,在省作协同志的陪同下,风尘仆仆地乘车驶进了代州城。

内心无比地激动……

但下得车来,便恍若从一个古老的梦境中苏醒了。刹那间,母亲絮语中那迷幻色彩消失殆尽,眼前只剩下个饱经沧桑而又正在奋起的古老城池。

毋庸讳言,穷,还是穷!

不但名闻三晋的牌楼被拆毁一空,就连梦境里琼楼玉宇般的鼓楼,也早已变得遍体斑剥颓败不堪。这座在中国甚至世界建筑史上都占有一席之地的古建筑,似和这古郡一样更显得年迈苍苍了。只留下幽默大师侯宝林赞颂它的墨迹,幽默中又似透出了几分凄凉。

它正在等待着代州儿女尽快富裕起来……

根,但这里毕竟有着自己的根!去古宅寻旧,却依然迎来满目荒凉。在抗日战争中,由于我的祖父紫禾公四处奔走呼号抗战,日寇占领代州后竟把它作为"逆产"抄没了。至今仍留下一片疮痍,只不见了往昔从这里出来的一代代风流人物。颓垣断壁,荒草萋萋,我只觉得心头顿时更加空旷起来。

根,我仍然要寻找自己的根!

在沟壑交错的黄土高坡上,我终于找到了祖父紫禾公的坟。我热泪盈眶,双手颤抖着捧起了坟头上的一掬土,沉思间似骤然感悟到了什么。回头再远眺代州古城,蓦地觉得已经找到了这个根!

我的祖父是我家第一代走西口的人……

但他老人家不是为了逃荒,而是追随着孙中山先生"实业救国"的理想来到茫茫塞北的。他是在抗日战争前担任过绥远省的建设厅长,但故乡对自己儿女所作所为竟如此一目了然。据一九八四年出版的山西《代县志》载,称"冯在绥远任职期间,竭力从事工业、林业、水利等建设,以实现'实业救国'的宏愿。其时绥远一带工业落后,冯遂创建公私合资的电灯、面粉、毛织等第一批工厂。冯还提倡育林植树,对呼市及全省起了很大作用……并以其实践经验写出十万言水利专著。冯长期供职于少数民族地区,深得民族和睦的要义,反对军阀将满民赶出归绥新城。他还提出'宜林则林,宜牧则牧,宜农则农'的主张……由于跟上级政见不合,愤然辞去……"是的!祖父在解放后也受到极为公正的待遇。被聘为内蒙古文史馆馆员,专心于著述。一九六一年病逝于北京,安葬于八宝山公墓。"文革"以后进而得以落叶归根,又和祖母一起被迁葬返归故土。

根,我终于找到了根……

再回到代州古城,我的感觉竟不一样了。巍峨的鼓楼高高耸立着,四周是一片古香古色的古建筑群。穷是穷,旧是旧,但这里面有沉积的文化,有悠久的历史,也有着对后代子孙的严格要求!故乡暂不需要对它的描金挂彩,而是需要自己的儿女继续对全民族做出无私的奉献!

哪怕是带有局限性的……

最近得雁北著名书法家冯禄老先生来信,得知山西师范副院长刘泽教授,正在整理点校出版《代州冯氏诗文集》,更加坚定了我这一认识:奉献!奉献!继续对祖国做出奉献!

山西这样要求,代州也这样要求!

故乡!再见了……

第一代走西口的人落叶归根了,如今他的孙子要毅然决然返回去。我也有了孙子,已经是第五代人了!

内蒙古有我的事业,有我的追求!

但我决不会忘却故乡给我的启示:

我,代州人……

启　　蒙

回忆起童年总是备感温馨。

记得那还是抗日战争胜利之后,我们全家才由四川辗转回到山西太原。当时我已经上小学一年级了,但属那种特笨的孩子。不仅能把算术算得一塌糊涂,到三年级开始学作文时更是前言不搭后语。没出息透了!只有我的祖父却没有因此而嫌弃我。他老人家是位名闻塞北的国学大师,一入手就很注意让我在作文上开窍儿。但绝无老夫子的气息,而是为我专门研究了儿童心理学。

当时我不但笨,而且很调皮。脑子里像装满了水银球儿似的,常常连自己都把握不住自己,或许这就是现在所谓的儿童综合好动症吧,不用点特殊办法很难吸引我的注意力。我的祖父着手对"症"下药了,除了语文课外竟专门为我开了份"小灶"——从小就学点古文!

看来似乎是额外负担,但却使我受宠若惊了。须知同辈的孩子们也没有享受过这份特殊,这大大有助于增长儿童的自尊心。一时间,我只顾得昂着脑袋在父母面前扬扬自得了,却忘了祖父为我选择启蒙古文时真煞费了苦心。

它既要适合孩子的承受能力,又要能满足孩子的好奇心,要能给孩子的心灵以一定的启迪。选来选去,祖父终于选定了一篇名为《为学》的文言文。随之,我便在祖父身旁摇头晃脑地学读起来:

"天下之事有难易乎?为之则难者亦易矣,不为则易者亦难也。人之为学有难易乎?为之则……"

当然,儿童时期总有某种强烈的表现欲望,而既要在同伴间表现就必须自己首先弄懂。于是在摇头晃脑间便有了聆听,像看别人摆积木似的牢记"之乎者也"的变化。好玩极了,一时间在小伙伴中卖弄得不亦乐乎。

卖弄是不好,但将学习变成了游戏便极易铭记在心了。头几句讲天下之事,再几句讲人之为学,随后便是举例:"蜀之鄙,有二僧"云云。潜移默化间,竟渐渐学到了作文的布局等等。虽然很朦胧，但仍不失为发端。祖父也不失时机地鼓励我当那个"穷和尚"，竟慨然引申对我道："汝之作文有难易乎？"我也就势对曰："为之则难者亦易矣，不为则易者亦难也！"游戏一般，竟博得满堂喝彩。

说也奇怪，以前我对作文向来是颇为头痛的。无话可写，也不知怎么来写，满脑子水银球儿就是不知顺着哪条渠道流泻。比如，有一次作文题目为《我的母亲》，我就除了原题目外，只多加了"是伟大的、慈祥的、勤劳的、奋不顾身的"云云，再就写不下去了。而现在却不一样了！首先从天下的母亲谈起，进而具体到自己的母亲，随之便是举例：有一个好孩子听母亲的话，有一个坏孩子不听母亲的话，而其结果又如何不同，等等，下笔竟得数百言，颇令老师刮目相看。

但此法也有它的弊端，日久天长便可能陷入某种"八股"文风。如随后的作文《从小爱劳动》《好孩子要讲卫生》等我也如法炮制，老师就渐渐顾不上对我刮目相看了。但我的祖父也自有办法，由《为学》作启蒙，一转而让我看丰子恺的画儿，读夏丏尊先生译的《爱的教育》，等等。国学大师并不顽固坚守国学堡垒，使我心目中有了无数变幻无穷的七巧板图。描写、画着，终于使我走上了今日这条为文的道路。

但我却永远记着那篇文言文《为学》。

我总认为，选好一篇启蒙文章对人生是至关重要的。即拿学作文来说，《为学》既给了我一把学习古文的钥匙，又使我懂得了为文应该简洁。更重要的是，它开始使我明白了文章应如何去布局。孩子们的脑海里大多有个五彩缤纷的世界，幻想多于条理，要善于开发顺畅的渠道加以引流，而不能总让他们使美丽的想象变成一个肥皂泡。就这一点而言，我不同意在作文课上过多地强调形象思维，而应该强调一下逻辑思维。写大字要红模，为什么不在作文课上也这样试试呢？但千万不能干巴巴的，而应寓教于乐之中。《为学》的选择不就很符合这一点吗？不信每个家长都可以在自己孩子身上试试。

或许我之走上文学之路就是由这篇《为学》开始的！

我永远感激我的祖父！

话说塞外"新城"

我是于1950年随家由北京迁回内蒙古的。当一听将居住于呼和浩特市"新城",心中尚很庆幸。新必有个新的样子,虽不如北京,但必有其新的风貌。但谁料到了一看,竟会是如此颓败不堪的一座古老城垣。老气横秋,起码好像已有好几百岁了!后来我才悟彻到——

新城!从这名字就可以看出咱们中国古老文化的源远流长了。

你瞧瞧,清朝初年就开始修建了,只不过为区别旁边明朝三娘子所修筑的旧城,就这么一直"新城、新城"地叫,愣叫了好几百年。

新城!有这么个好几百年新的吗?

试想想,美国建国才不过两百余年,如果咱们的新城要放在加利福尼亚,那总得算上老祖宗城。即使和美国首都华盛顿比起来,也称得起爷爷辈呢!可咱们的国家太古老了,有什么办法,人们世代相传还总爱这么叫:新城!

但这"新"却叫人可怕……

我是1950年追随父母迁居呼和浩特的,一落脚就住进了新城。那时我还只是个孩子,但一眨眼就被新城的"新"给吓住了,什么和什么呀?一片片低矮灰暗的房舍,一条条坎坷不平的土路,一座座死气沉沉的小铺面,一盏盏昏暗不明的小路灯。更可悲的是,这座所谓的新城还被四周那老而颓败的城垣紧箍着。城头上的枯草,残垣上的败茎,还有那即将坍塌的城楼上飞起的成群的乌鸦,到处都给人一种凄凉和败落的印象。再望望那城外臭水沟里沤烂的死猫死耗子,那东门外奶奶庙里暂厝的死人棺材和子孙娘娘,真是的!这新城到底新在哪儿啊?完全像一个老掉了牙、老朽了骨架、老得只剩下一口悠悠气儿的糟老头子!

我悲哀,我落到了这么个"新城"里……

所幸这古老的新城刚刚解放,在人们的眼神儿里已闪烁着喜悦和希望的光。更何况我毕竟还是个孩子,竟渐渐在和街坊的小伙伴嬉戏中忘却了北京。我开始熟悉着周围的街坊邻右,也在逐步熟悉着这古城里的老少爷们儿。天哪!原来他们之中有许多人竟曾是大清朝贵胄的子孙、八旗子弟的后裔,一生下来就领过俸禄的特殊臣民。

有关这方面的故事多着哪!

人们告诉我说,这古城原来也有个大名儿,叫绥远,新城只不过算个小名儿。但名儿能改,老祖宗留下的规矩却改不得。比如说,盖房子的尺码是康熙皇上钦定的,一伸胳膊准得够着房檐头儿,不准再高了,要不窝不住风水。因此即使小日本来,也只敢在城外乱坟滩里盖座棺材头似的二层楼。人们还告诉我说,过去这儿什么都以老北京为模子,虽然说五坛八庙颐和园是少了点儿,可架个鹰、玩个鸟、斗个蛐蛐儿的却什么都不缺。

我惘然了……

我当时不完全相信,可听着说话者的口音又觉得不可妄加怀疑。新城距旧城虽然仅仅五华里,但口音似乎却相差很远。旧城人说话似带有山西的土味儿,而新城人的话音却更接近北京的方言,只不过不如北京人说得那么俏、那么溜、那么舌头打的弯儿多。为此,我竟渐渐相信了"北京模子说",巴不得自己也能尝尝架鹰、玩鸟、斗蛐蛐的滋味儿。可讲话者告诉我说,后来就一天不如一天了,皇上钦定尺码的老房子颓败了,老祖宗留下的绝活儿也就跟着全丢了。

我愕然,就像翻着一本历史……

到后来我上了中学才逐渐明白,八旗子弟为什么最后沦落如此?这期间固然有老祖宗给儿孙种种特权反害了儿孙之内因,但难道就没有其他更重要的原因吗?仅拿这新城民国初的历史来看,一次次军阀间的你征我杀,但一个个又都在进行排满,据说有一次甚至决定要把满人全赶出新城杀绝。您哪!哪个统治者不懂得"嫁祸于人"这一手呢?为此,直逼得许多满族同胞不但改了汉姓,甚至连自己的民族也给改了。

但当时我却什么都不懂……

那时我还小,只记得当时我那些街坊邻右们早已变成了些"二等公民",大多是些推着小车卖切糕的,挑着小担卖黄杏的,挎着小篮卖糖豆的,站在街口大声吆喝卖小葱、萝卜、大白菜的。说到女人们我还发现了一大特点,越是年老脚越大,这是区别于汉族老太太的明显标志。在她们身上很少能看出贵胄遗风,有的甚至还给人家当了"老妈子"。有一天,有人就曾指着一位大脚老太太对我说:"您哪!别小瞧了这赵妈,大清鹫王爷嫡亲的七代长孙女呢!"总之,很少有几位是"高尚职业"的,似乎替祖宗受罚就该低人一等。

但也不尽然……

相处久了,就常有人对我说:"您瞧那位溜墙根儿走的小老头儿,别瞧一身破烂,可算得能人一个,如今这能写会认满文的,就此一个!""您再瞧瞧那位,别瞅着一脸晦气,那可是清华数得着的高才生呢!""那位!那位!虽说成天啃窝头,可那一笔字却是塞外一绝!""还有这位成天吆喝卖菜的,天生一副云里翻的好嗓子!他要一唱二人台,准把姑娘们迷得丢了裤腰带都不知道!"能人,能人,在我身旁时时刻刻都会出现这样一些不起眼的能人。但毋庸讳言,另一种"能人"也在我眼前出现了。在杂货铺"涌生泉"门口,我又偶然见到了一些架鹰的、玩鸟的、斗蛐蛐的。

刚刚解放嘛……

是的,一切都在变,随着时间的推移在变!满族特有的八角鼓激越地响起来了,我四周街坊邻右的面孔也越来越明朗了。那位晦气的"清华"高才生上了大学讲台,那位溜边的小老头儿进了文史馆,那位啃窝头的书法家得以大展雄才,那位吆喝卖菜的终于当了演员。随之,新城里建起了第一个八角鼓剧团,成立了第一所设备完善的满族小学。

变!一切还在变!

人在变,这古老的新城也在变。那颓败的城墙终于被推倒了,就像解去了箍在这古老城市头上的紧箍咒,新城终于变得有点名副其实了。南门外的荒草滩里出现了大学区:师大、内大、农牧学院、林学院……一座座大楼拔地而起,老祖宗留下的尺码早被突破了,可新城却显得越来越有风水了,东门外当年奶奶庙的遗址上盖起了艺校,莺歌燕舞,谁还忆得起昔日的荒冢野滩?听说还要变,艺校变成艺术学院。新城啊!你几乎被一座座大学"包围"了。

但更大的变化却在三中全会之后……

大学毕业之后,我被分配到了基层草原,一别新城就是二十几年。直到最近才又调回呼和浩特,仍旧住在童年所居的新城。天哪!变,还在变!这几年变得竟使我这老新城人也眼花缭乱了。大街又展宽了几倍,两旁尽是栉比鳞次的高楼。瞧啊!街心的公园、路旁的花坛、绿柳的长廊、汉白玉的雕塑,车流人海,姑娘们五彩缤纷迷人的身姿……美,简直可以说美不胜收啊!

再看看我的街坊邻右……

变,也在变!他们再不是什么"二等公民"了,党的民族政策使他们昂起头来投身于生活的激流。我粗略地统计了一下,他们有的是大学教授,有的是卓越的画家,有的是学校的校长,有的是著名的学者,有的是科学家,有的是高级工程师,有的是文艺团体的领导……就拿我的邻居于红家来说吧,一家竟出了四个艺术家:年轻的歌唱家,年轻的作曲家,年轻的器乐演奏家,年轻的声乐教师……城也新,人也新,这才叫新城啊!怪不得我的朋友——新华社对外负责人黎信同志对我说,他来内蒙古有三个想不到,第一个就是想不到呼和浩特是这么美!这么现代化!

啊!新城终于名副其实了……

但也有名不副实的地方。大概因为我是个新城人吧,呼市晚报7月4日周末版就曾登了一则有关我的消息,颇多赞扬,但不副实。前半则似属附会,后半则是在拔高。我只体验生活,从未当过工人。感激之余,借此说明。新城人应新得踏实。

祝愿新城永远名副其实……

照片中找回的往事

1

编辑大松先生来电话命题作文:发黄的底片。

我理解他的良苦用心:回首一下自己人生的轨迹,以便青少年能从中得到某些借鉴。往事悠悠,这真使我感慨万千。

在我小的时候，摄影还不像现在这么普及。照相，您得进照相馆，非有一定缘由绝少轻易为之。那时，我们举家已由北京迁回到呼和浩特，虽成分极高，但生活确实极为困难。父亲无奈只好去种菜园子，而我们兄妹七个正一窝蜂地争着上学。从上小学一年级到上大学的都有，早把父母折腾得捉襟见肘心力交瘁。照相纯属奢侈，当然我青少年时期留下的照片就极少了。没有照片哪来发黄的底片？这真使我为难了好一阵子。

又多亏了大松先生提示：从小学到大学总有几张毕业照吧？从上面去寻找一下流逝的岁月。这倒是个好办法，而且我还终于找到了一张类似初中毕业的全班合影。这张毕业照在我的记忆里是颇大的，而现在看起来却似乎缩小了。好在很符合大松先生来信中的要求，那我们就从这张发黄的照片说起吧！

2

那还是在 45 年前……

当时我不满十二岁，小学刚刚毕业，正面临着报考初中的问题，绝不像现在的孩子这么自由，家境困难早成升学的拦路虎。老年间，呼和浩特市不但没有大学，就连中等学校也屈指可数。曾流传有"穷师范，饿绥中，公子哥儿上'恒清'，少爷小姐读'奋中'"之说。我家穷，挑来挑去，最终也只好量力而行地选择了"穷师范"，成了一名吃"官饭"的公费生。

严格来说，这就是我求学生涯中的初中阶段。但在师范学校绝无"初中生"的提法，而把我们统称"简师生"。解放初期急需大量的师资，这显然是一种简易速成的办法。为此，虽同属"初中阶段"，但要求却大为不同。普通中学鼓励孩子们畅想未来，有各自的追求。而我们则不然，一进校门就强调，未来只能有一种追求——献身于人民教育事业，当好一名合格的人民教师。

我并不是说这有什么不对。或许正是由此使我提前认识到人生的责任：是人民供养我上学，我就应该把所学到的知识毫无保留地还给人民！当教师就当教师，义不容辞！问题不在于此，而在于我尚且不满十二岁。须知，当时的学生们都年龄偏大，同学们结了婚的屡见不鲜，有的甚至当了爸爸。我在全校算个最不起眼的小不点儿，就难免和大家有些格格不入。比如说，我连我自己也莫名其妙的"好动",就常常引起大伙儿的反感。不被理解,还得不时违心地做些"目无集体""破坏纪律"的检讨。再比如,大同学们的一些活动:谈天呀,打球呀,下棋呀,大都不屑让我参与,为此更使我陷入了一种无所适从的苦闷和孤独。经常踟蹰在呼和浩特市西北郊的公主府院校内,总想寻找一个适合自己的角落。

3

终于让我找到了……

呼和浩特市第一师范是塞北最早建立的师范学校。它不但汇聚了大批优秀的教师,而且还有个藏书颇丰的图书馆。既然大伙儿把我只当成个调皮捣蛋的小不点儿,那我就似乎只能用知识证明自己还是够"强大"的。于是我在把门门功课学好的同时,便不顾一切地一头扎了进去。先是读《卓娅和舒拉的故事》《钢铁是怎样炼成的》,随后便开始问津普希金、莱蒙托夫、屠格涅夫、托尔斯泰的作品。然后便是法国的梅里美、雨果、巴尔扎克,美国的马克·吐温、杰克·伦敦等作家的小说。囫囵吞枣,不求甚解,似乎只记住了"开卷有益"。当然,我读得最多的还是中国的古典小说:《西游记》《水浒传》《三国演义》,尤其是《红楼梦》。那时这部巨著好像还不随随便便借给"简师生"的。多亏了图书馆老师对我的偏爱,我还是破格地借到手了。这是我第一次感受到文学的巨大魅力。读到黛玉之死我竟泣不成声泪流满面,致使好些大同学以为我在发神经病。而我不管,当晚睡在寝室的大通铺上,竟望着窗外流进的皎洁月辉,第一次失眠了……文学、文学,好像文学从此就走进了我的生活。虽然并未影响到后来我去当小学教师、中学教师,但毕竟使得我的生活变得丰富了。

我还必须提到,在这一阶段还有一部影片影响了我——这就是苏联电影《乡村女教师》。但说来也怪,打动我的却绝非女主人翁的动人事迹,而是影片里一个穷孩子的命运。作为一个来自穷乡僻壤的农村少年,他在乡村女教师的启迪下最终成了科学院士。尤其是他在考场上昂首朗诵的那首诗使我至今难忘:光着头,赤着脚,身上穿着破皮袄;向前走,别后瞧,前面是光明大道……好家伙!这不是和自己一样吗?穷得连穿衣服也得向同学借,这回可在电影上找到个志趣相投的朋友了。那时这部电影经常在师范院校放映,而且放完必组织同学们讨论。

大伙儿总是以乡村女教师为榜样畅谈自己的感想,但我竟总死死抱住"光着头,赤着脚"那几句诗不放,似乎非得把讨论会变成一堂表演课不可。因有扰乱之嫌,当即被喝止了。应该说,这首诗并不高明,但却使我牢记了一生。初中生,跨进人生的一个特殊阶段。

啊!难忘的初中时光……

4

目光终于从照片上收回来了……

那时我是那么一个小不点儿,现在却成了个年过五十的小老头儿。回首往事,我并不是想让现在的初中生从里头借鉴什么,我只是想告诉大家,我的初中阶段是怎样度过的。时代不同、环境不同、条件不同,每个人都有着自己独特的初中生涯。

羊 年 话 妻

羊年到了,非说几句吉祥话儿不可,不为别的,而是为了我的妻子。

她属羊……

没说的,属羊属得名副其实:温顺、善良,但有时也竖起犄角。而更重要的却是,年轻时我也曾扮演过"羊"的角色。说起来让人害臊,初恋时愣梦寐以求过:"我愿变个羊儿,依偎在你身旁;我愿你举起鞭儿,不断轻轻地抽打在我身上。"一首民歌,歌词儿大体如此。

得!她收起犄角接纳了我……

那时我还是个倒霉蛋儿。父亲被打成右派送去劳改了,我大学毕业后也被流放到这荒漠草原上。而她却算得根红苗正:4岁就没了爹娘、14岁就参加了工作,模样儿人缘儿都极好,谁都没料到她却偏偏选准了我这个歪瓜裂枣儿。虚岁刚满20岁,显然属于上当受骗。为此,一些人就难免从命相上为她做出这样的判断：属羊的，命苦！

但她似乎并未觉察……

羊儿有了一片草就绝无它求，她有了一个家就更心满意足。一溜柔风儿似的，整天一门心思地扑在我们那柴门小院里。有人说，她是个孤儿，性格有点孤僻。这或许是真的，她绝对不掺和着去凑热闹。不串门儿，不聊天儿，不看电影，不玩扑克。我在草原上一个歌舞团整整工作了二十年，她愣极少看过我们的演出。

这上头她不像羊，她不合群儿……

但由于她的善良，她似乎自有着一种独特的魅力。土院里她随便撒一把花籽儿，牵牛花儿就准爬满了窗棂。屋子里的盆花她更不经心莳弄，但不知为什么总开得叶茂花红。她还养了一只从不下蛋的鸡、两只左摇右摆的鸭子，还有一条娇宠坏了的狗，对我态度恶劣，对她却莫名其妙地亲热异常。那时，我们已经有了一双小儿女，凭凭五岁，陆陆三岁。她下班后的第一件事，便是开门在院内停好车子，然后反身外出去找自己那一对在歌舞团院内玩土的小宝贝儿。瞧吧！狗激动地冲出来了，鸭子也不甘落后，不下蛋的鸡更是扑扇着翅膀奋勇向前，争先恐后，纷纷愿为她卖命效力。过不了多久，狗衔着小儿女的衿襟，鸭子摇摇摆摆护卫左右，鸡昂首迈步殿后，终于又簇拥着她返回这柴门土院了。孩子亲热地叫：妈妈！狗儿报功地叫：汪汪！鸭子不甘寂寞地叫：嘎嘎！不下蛋的鸡也在不害臊地叫：咯咯咯咯！尘土飞扬，乱哄哄，成了歌舞团家属院一大景观。终于又把柴门掩紧了，一切烦恼便尽留在土院之外。

她要的就是这个……

我曾亲眼目睹过这样一件事儿：在那逝去的岁月里，穷汉偏偏子又多，在一处大西北的荒僻农村里，一位农妇在难产中不幸死了。留下了五个儿女和那刚刚降生嗷嗷待哺的婴儿。悲痛欲绝的丈夫出于无奈，竟被迫试着把哺育任务交给了一只奶羊。你说怪不？几经训练，日久天长，这只奶羊虽在觅草寻食，但只要一听得这婴儿的啼哭便会飞奔而归，跳上炕头就自觉地半跪着给孩子喂奶，绝伤不着，而且还不时亲昵地叫上一声：咩……我绝不是拿这比拟妻子，我只不过想在羊年讲个羊的故事。

但是，她那母爱……

爱得目空一切，爱得疲惫不堪。她是个孤儿，仿佛总想把自己幼年的不足尽量补回到孩子们身上。她不管科学不科学,儿子一生下来她就夜夜搂着睡。后来又有了小女儿,她更是一个被窝里搂俩。怀中抱一个,背上背一个。那情那景,常使人潸然泪下。孩子们稍长大后,她干脆不让他们出院门了。给他们养小狗儿,给他们喂小猫儿,甚至登上房顶为他们轰鸽子。怕的就是这双小儿女在外头磕了、碰了,学坏了,不爱她这个妈妈了。以至我的小女儿到上海上复旦大学前,她还总想把她当个小毛团团似的搂着。女儿走了,她是那么惶然,掰着手指头过日子,尽量多寄钱,超过了我的供应量。

但是,她也有竖起犄角的时候。

对我,主要是针对我!她的自尊心极强,我别说动孩子了,就是动一动她的小狗儿也不行,那还是我刚动笔写作的时候。有一次,一位编辑从远方而来,我好不容易才在荒漠小镇上搞到一块酱牛肉。没想到,我只顾和客人谈话,那狗儿已捷足先登把那牛肉品尝了。我气得操起棍子就要打,哪想她竟猛地扑上架住了我的手臂,当着客人就给了我一句:"狗不懂事你也不懂事?!"那狗也真行,起先还颇有愧色,见此情景,竟躲在她的身后激动地"汪汪"向我示起威来。还有一次,发生在最近,和狗无所牵连,是因为她难得地看起电视剧《渴望》来了。好机会!我立马见缝插针地对她赞扬起妇女的种种美德。谁料到,她竟当头对准了我就是一棒:"屁!全是你们男人们瞎编排的!让女人们讲贤惠,都变成了一个个窝囊废,好由着你们的性子胡来?!"我愕然!她却蓦地一转,竟流着泪针对剧中的女主人翁自言自语开了:"命苦!一定也是属羊的……"

也难怪,她正在生病。

多少年风风雨雨过去了,她却永远像原来的她。即使搬进现代化设备完善的楼房里,她还总是使屋内保持着"田园风光""乡土气息"。二十多年一贯制,她只会做面条儿。我偶有微词,她便会说:"没饿着!"调北京,不愿跟着。调天津,不愿前往。即使调到呼和浩特,她也很勉强。累,她活得很累。面对着现代化都市的五光十色,她好像更向往那遥远的荒漠小镇。她没说,但我却知道,她多么期望我扔下笔再跟她回去。

那里有着属于她自己的梦……

我深深地感到内疚。我脏,我懒,我丑,我还有许多事儿该当写一部忏悔录。

伴着她被严重胆囊炎和坐骨神经痛折磨的身子,我已经近两年没动笔了,也很少出门。我第一次深刻地意识到,或许是该到自己做出什么牺牲的时候了。

所幸她日渐康复。

羊年到了,我愿选尽人间一切吉祥如意的词儿:三"阳"开泰,喜气"洋洋",春风"杨"柳,"扬"眉吐气……

还有什么?谐音的就成!

有孙万事足

只有在当了祖父之后,才能充分体会到当孙子的滋味儿。

1990年春节前夕,内蒙古草原仍不见一点春的踪迹,朔风凛冽,一派天寒地冻中我又患重感冒了,服了几次"感冒通",竟连续昏昏沉沉睡了达一夜一天。朦胧间,只听得妻子和小妹匆匆推门而入。恍惚间,又听得小妹一声又一声地欢呼:"小哥!生了,生了,你有个小孙子了!"什么?蓦地只觉得似有一股莫名其妙的感觉涌遍全身。其力量是神秘的,难以言喻。顿时电击般便使我跳了起来,病体竟奇迹般豁然痊愈。再一睁眼,只感到满目生辉,春意盎然,施特劳斯那《蓝色多瑙河》的旋律似在耳旁回旋。我热泪盈眶,默默地坐着,却觉得四野都在向我欢唱:春天来了!春天来了!

得!该着扮演人生新的角色了!

应该说,在小家伙降临人世之前,这种感觉是绝难想象的。初度五十,好些哥们弟兄正在风度翩翩充当风流才子呢!怎么着?自己却要提前去扮演老祖父?早婚害我不浅,使我从此难得潇洒!但当一面对这位赤条条而来的小人儿,就感到过去的浅薄,自觉愧对佛祖的保佑!天哪!只有"可爱"这个词儿能形容得了吗?恍惚间,便觉得每根神经,每块肌肉,每条血管儿,以至每种情绪都和他焊接起来。心被小手儿挠着,肚被小脚板踹着。他妈的!那个舒坦啊,那个酣畅啊!一下子只感到了热血像奔腾到了21世纪,未来变得似指日可待,唾手可得!小家伙对我似颇为厌烦,一脸小老头的模样儿哭了。但我却又仿佛听到施特劳斯那旋律仍在回荡:

春天来了!春天来了……

是的!从此我家算"四季常在"了。上有八十多岁的父母高堂,下有初生不久的小孙孙。春、夏、秋、冬,四世同堂。但大家却都很自觉,都力争成为"护春使者"。为起名字,一直争论了三年。二妹和四妹力主学农民办法,为保孩子福寿安康,名字越俗越土越好,建议起名:冯狗狗。小名:汪汪。但和冯字一连,似欠妥当。否决之。另一派叔爷姑奶则建议起名为:耀国、民锋、泽宇什么的等等。议之又作罢。锋易折,耀易逝,泽什么似有僭越之意,非百姓家孩子应有。最后经三十多位长辈公议,孩子带来举家幸福,共起小名:欢欢。大名:冯建华。建设中华吧!

欢欢的确带来了欢乐。

小家伙也果不负众望,长得又白又胖。眸子特黑,睫毛很长,一笑还有两个酒窝儿。但这小子似自知在家中举足轻重的地位,竟不爱笑,倒常绷起了脸儿做严肃状。无声的命令,全家人只能围着他团团乱转。能取得为这位小爷的一个服务机会,便算得一份难得的光荣。年仅三十出头的小姑奶奶从他出生之日起便争得了天天为他洗澡的权利。四十五岁的奶奶终于争得了育儿权威的指挥地位。姥爷姥姥也力图博得这唯一小外孙的欢心。小叔叔小姑姑们就更甘愿下学后扮演侍童侍女的角色。我虽身为祖父最后仅争得观察小孙孙屎尿的权力。每日端起小便盒儿,看尿水颜色的深浅,观大便成分的变化。色对否?稀否?奶瓣多否?气味对否?以便对照医书,及时提供可靠情报,探取当机立断的调整措施。

您哪!责任重大,疏忽不得!

当然,自己也在努力做到:不能使小孙孙也成为中国的小皇帝!但谁料在不知不觉中,未满周岁的小孙孙还是成了海、陆、空三军的"总司令"。瞧吧!房顶上悬挂着曾祖父送的喷气式战斗机,脸盆里漂着现代化的巡洋舰,地下还跑着迷彩色的铁甲车。不仅如此,军备竞赛仍呈日趋激烈之势。小手枪就有好几把,现又配备了电子机关枪,声光色俱佳。祖父祖母只能应声而倒,以博"总司令"笑口常开。好在小家伙也有"铸剑为犁"的天性,胖乎乎地总专注于某一部件。卸个轮子啊,掰个螺旋桨啊,接个枪筒啊,折个翅膀啊,很爱用这些刨土玩儿。神情

《冯苓植文集》(散文随笔集)：忆沪上

专注,不怕脏,不怕累,由不得令人肃然起敬！父母嫌其不讲卫生,戒之要打小屁股。还未等我护着,老爷爷便当即喝止了:"孩子嘛！金木水火土都得玩够了！"听听！多么伟大的人生哲理！

现在小孙孙已经三岁了,金木水火土果然玩了个遍。既爱用火钩捅炉子,又爱用小积木搭房子；既爱看放烟火,又爱用自己的小便和尿泥。胖胖乎乎的,整日里沉浸于他自己营造的童话世界里。同时他的嘴还总不闲着,以至成了我家的一部充满活力的《十万个为什么》。还跑动着,总在追逐着每个大人问：为什么？为什么？这个为什么？尤其在他取得了电视机控制权之后,这种"为什么"就出现得更多了,常令父母躲避不及,致使电视机成了他的专利品。好在他已经能自己寻求答案,开始用自己的童心寻求解释。你在旁时而可闻,他正指着屏幕上的某位英雄好汉自言自语："这是欢欢！"悠然自得,颇为骄傲。有一天他竟指着电视广告中出现的成方圆说："这是欢欢的媳妇儿！"出语惊人,百思不得其解。但似乎他不明白媳妇儿是怎么回事。又一天,看电视不小心让他看到了007和美女狂吻的镜头,大伙儿正欲赶紧遮掩,谁料他竟蛮不当回事地替大人解释说："他们正玩嘴嘴呢！"

我多么可爱纯洁的小孙孙哪！

有人正在担心：中国别出了过多的小皇帝！我对此话尚有保留。一方面是应注意,另一方面还得看长辈如何为人。吾辈既不当官,又不掌权,儿孙们也会对受气习以为常的。没有"霸气"的遗传基因,谈何来成皇成帝？即以我的小孙孙为例,胖墩墩地超重、超高、超大,其块头完全像个五六岁的孩子,却至今仍未显出一丝欲骄横霸道的苗头。倒是颇受其祖父只能写动物小说没出息的影响,对森林中的各种动物大感兴趣。扮小熊猫,学大象,顶多自称是长颈鹿。脖子是伸得长了点儿,却说到头了也只不过为了几片绿叶。我绝不担心他将来为所欲为横行不法,倒担心他将来不小心混入了绿色和平组织。我的小孙孙如果将来只能看他人眼色,那也只能怪我这爷爷一生窝囊啊！

但我却从孙子身上懂得了不少。

过去,只听人们常说：人心是朝下长的！未得孙子之前却不十分理解。甚至在有了儿女之后,也理解得十分肤浅。但有了孙子之后却不一样了,他使我懂得了什么是生命,什么是未来。再不会有那种一了百了的想法了,而是更关心生命的延续,更关心祖国的未来。难怪孔子说"五十而知天命",或许就是说有了孙子之后才能真正理解人生。

有孙万事足!

我已近三年不外出了。游牧作家在小孙孙身旁定居了。一切文人间的龌龊之事都看得很淡漠了,有的只是小孙孙那纯洁的眸子给我带来的未来。为了下一代的幸福,我们也应生活得更光明磊落。

老头儿们!要对我们的小孙孙负责!

四 世 同 堂

回首往事,这也可算我平生最幸福的一段时光……

五十初度,正当我的某些同行尚欢度"二次青春"时,我却不行了。有了个粉面团儿似的白胖小孙孙,我得享受四世同堂之福去了。还真有人羡慕我这份乐子,愣指我的鼻尖儿问:冯苓植!你小子还想要什么?

当时二老尚在,故上有年届八十的父母高堂,下有刚过周岁的可爱小孙子。按照传统美德,我得力求做个好儿子、好父亲、好祖父!承上启下,身兼三职。以自身做儿子为起点,忙得不亦乐乎。但这容易吗?首先得当个好儿子,继而得了个好儿子,进而还得关心照顾好儿子的儿子!

这不能怪老老小小……

父亲一九五九年被打成了右派,后又被送深山采石场强劳改造。释放后就再没工作,怕他再给子女们惹娄子。当时他在家中剩下的唯一一点"权威",便是每逢过年必然逼我在院门外书写一副大红对联。上联曰:"四世同堂辞旧岁",下联曰:"五福临门迎新春"。瞧瞧!把"四世同堂"醒目地贴在大门脸儿上,显然是向左邻右舍的一种"炫耀"。但父亲那三年的强劳改造毕竟没有白改了,最后他还让我特别加上了一个横批:"幸逢盛世"……当时,我的母亲因常年捡糖菜渣子抚育七个子女,无怨无悔惨淡地支撑着一个破碎的家庭。到我有小孙孙时,老人家已耳目失聪,过早地患上了老年痴呆症。而孩子们又跟着我在"文革"中倒霉,几乎没好好上一天学就得了个高中文凭。现在正奋力挣扎,你不帮助行吗?老人们为了子女多病,孩子们又跟着我们先天营养不良,只能甘当中坚力量,义不容辞!

一个钱儿掰成八瓣儿花,倒也其乐无穷!

听吧!叫儿的,叫爹的,叫爷的,整日间绕耳不绝,时可见四世同堂之福。老父亲和我探讨焦裕禄,儿媳妇却向我抨击刘慧芳。妻子连声告诉我赤字增大,儿子却成天扛着个摄像机外出不见个人影儿。老母亲倒是痴痴呆呆稳坐在炕头上一动不动,可小孙孙却总是全天候地在地下磕磕碰碰。你得扶老,你得携幼。你得耳听八方,你得眼观六路。你得处处留神儿,你得时时加小心。更重要的是,你还得时时处处学会了"忍"!

谁让你独得了这份四世同堂的福?

瞧!女儿来信了,委屈得要死,嫌我抠!儿子回来了,热泪盈眶,却是为了职大一门功课不及格。照顾老母亲的小保姆突然不辞而别,老父亲又嫌我处理问题尚未不遗余力。你得忍,你得让,你得不断安慰,还得进而面带笑容自我检讨。再瞧!说话间在大人们的一片喝彩声中,小孙孙已用他那大的小的便盆搭起一座金字塔。我那小礼帽竟荣幸地被他扣在便盆上当了塔尖儿,惨不忍睹!但你还得忍,还得笑,还得击掌以示鼓励!

有兄妹鼎力相助,这还可以支撑!

四世同堂这座大厦,怕就怕在哪一层出了问题。得!中坚力量就不能虚担其名了,而必须奋不顾身地去当中流砥柱!但怕什么偏来什么,首先竭尽全力帮助我的妻子累垮了!多种难言的严重痼疾外带腰椎骨裂,几乎半瘫,终于住院治疗了。漫漫无期,只剩我一人独立寒秋了。而偏偏雪上加霜,可爱的小孙孙又患肺炎住进了另一家医院。天哪!草原城市是如此之大。一个在大东头,一个在大西头,而住在大北头的年迈父母也随时得去关照安慰!

我只得玩命了!

为了维护这四世同堂的家庭大厦,我开始骑着那辆与儿子同龄的破车奔波了。每日里从东到西,从西到东,再由南至北,由北至南,旋风般地穿梭于大街小巷之间。望着妻子与小孙孙痛苦的脸,只觉得自己罪孽深重。心急如焚、汗流浃背,恍惚感到腰开始弯了。我是一个作家,但已近两年没有写作了。忘了!忘了!现在更重要的是加强自身的精神文明建设!

　　对!我是中坚力量!

　　但低头再一瞧自己这副模样儿,却又觉得怎么瞧怎么愧对这词儿。一米六七的个子,瘦里吧叽的。不但后脑勺儿越来越秃,口袋里越来越空,而且精气神儿也越来越不济了。才过知天命之年,便已成"无齿"之徒。谌容说减去十年,我却似应加十年。天命之年已超前而过,不糊涂也得糊涂下去了。中坚力量?歪瓜裂枣儿一个,配么?配么?但这又怎么能推脱得掉?福气!我还得继续挣扎当个好儿子、好父亲、好祖父!

　　好在还有很多和我境遇相同的中年知识分子,我们在互相帮助、互相激励,力图更好地完成这人生之旅。

　　我感谢那些给予过我关怀和帮助的人们!

　　累,当时我感到真累,甚至累得有点怨天尤人!

　　但回首往事,或许这才是真正的幸福!

　　啊!人生……

第六辑　科技随笔

把天戳了个窟窿

据近日报载电传,南极上空的臭氧层的空洞又创新高,其面积约为两个多美利坚合众国之大。人类也真够能的。得!真把老天戳了个大窟窿。

其实,我们的老祖宗早就提出过"天人合一"的思想。内涵颇深,我想其间就包含了人和大自然的和谐与共存。而老庄哲学也绝非仅仅是虚无缥缈,比如国外一些前卫的科学家就对"道可道,非常道"作为这方面全新的诠释。总而言之,无论是东方还是西方的古代哲人都曾对人和大自然的关系做过深远的思索,只不该后人把他们相关的哲理性警示全忘了。

试回想一下,把老天戳了个大窟窿,给地球覆盖了一床大棉被(即全球的温室效应),也好像不过是近百年的事吧?人类似乎只顾坐享现代科技的成果,却无视它也是一把悬在头顶的"双刃剑"。这不,"铺天盖地"的大娄子闯下了吗?可怎么向后辈儿孙交代啊!

究其原因,崇尚时髦也仿佛难辞其咎。比如说,一位作家目睹了两年前沙尘暴袭击阿拉善、巴彦淖尔、呼和浩特,眼瞅着就要逼近京津地区了,便经过多方调查和翻阅了大量史料写成了一篇《大漠警示录》。意在为京津地区提个醒儿,谁料竟被一家科普刊物的主编婉拒了。宁可为靓女们的脸庞润丽献计进策,也绝不肯为地球的剥皮扬沙说几句话。后来多亏一家日报主动发表了，这才算为今年京津地区受沙尘暴袭击报了个警。

只顾盲目地追求时髦，绝对地有害于人类面对的二十一世纪。而过去时髦的是极左，动辄便狂热地高喊什么"我就是玉皇/我就是龙王；喝令三山五岳开道/我来了！"大炼钢铁剃秃了多少山头？仅仅为了这些就造成了亿万立方计的水土流失。而"牧人不吃亏心粮，定让草原变粮仓"就更为可怕，致使京津地区日渐陷入风沙的围困。至于说到为靓女美容，我也绝不反对科普刊物偶尔为之。只是反对从一个极端走向又一极端，似更应导向人们关注科技的发展与未来的大自然。

说到这里还必须指出，我早就认为"战胜自然""征服自然"此类口号有点失之偏颇。好像是人类近乎"自不量力"？又仿佛人类尚未摆好自己与大自然的位置？而古典哲学中所特别提示的"顺其自然"，反倒是应该由我们重新理解认真思索的。否则将"顺之者昌，逆之者亡"，后果不堪设想。

二十一世纪已肯定是科技信息的时代。仅以眼前而论，便有克隆、转基因、纳米技术等等令人目不暇接了。继1997年英国克隆出一只绵羊叫：多莉，1998年我们就克隆出个皇帝叫：雍正（怎么又牵扯到文学上了呢？罢！罢！剔除之！）总而言之，面对当代科技的迅猛发展，人类似更应慎而又慎地对待大自然了。莫忘前人教训，再不能顾此失彼地继续往天上戳窟窿了。而当代日新月异的前沿科学威胁似乎更大，弄不好将不仅仅是戳窟窿的问题了，天塌下来也很有可能！

绝不是耸人听闻，"双刃剑"之说早就在国际上不绝于耳。就拿克隆、转基因、纳米技术而言，仅就其对人类有利的"一刃"便曾引起众多举世著名科学家的忧虑。我之所以写了这篇《把天戳了个窟窿》，只不过算为随声附合做"嗡嗡叫"罢了。勉强可称为"门外科谈"，且又有类似克隆绵羊到克隆皇帝等诸多莫名其妙的联想。文人谈科学，难免！

也算一种神聊，我还要写下去……

假若生命无限

2000年全世界科技界公认的一件大事,便是人类基因图谱的编排绘制完成。虽说仍像一部展卷的"天书"尚待进一步破译,但其初露端倪的种种好处已足使全人类感到欢欣鼓舞了。比如,喜讯传来的当天,美国总统克林顿就和英国首相布莱尔互致电话祝贺。其中备受全世界媒体瞩目的一点便是克林顿声称,布莱尔今年喜得的贵子——利奥·布莱尔——起码可比他们多活26年。

从哪儿得出的这个数字?不得而知。但随后从网络和报刊上得到的讯息,却发现这绝非是空穴来风。有些国外著名的科学家就曾预言说,通过克隆、转基因、纳米技术种种,人类的寿命绝不仅仅于此,甚至可达到百岁千岁以至更长。

长寿,一直是人类追求的美好愿望,我也在追求。但必须有个"度",那也是"顺其自然"。自然讲人类的寿命应是生长期的5倍,也就是说人活到125岁足以称"尽享天年"了。超过这个"度",我实在想象不出未来的人类社会将是个什么样子?但确知"万寿无疆"于己于人都绝非是个福音。《格列佛游记》中大家只熟知"大人国"和"小人国",而其中的"不死国"所描述不死人的凄苦却少有人知。《奔月》是个东方古老的神话,但也似因吃了长生不老药才只能在广寒宫旦"寂寞嫦娥舒广袖"的。总之,古代东西方的哲人均对这个问题有过深层次的哲理性思考,当然普通老百姓大多数就更懂得"乐天知命""顺其自然"了。

问题绝不在于平头百姓想多活几年,关键还在于未来很可能出现的各类狂人。据外电报道,这种追求"虽然尚且遥远,但从理论上讲已纯属可能"了。遥想当年,秦始皇派徐福东渡,汉武帝承朝露炼丹,无不是为了永远"君临天下"这个目的。瞻望未来,谁又敢说欧洲绝不会再出现个希特勒,美洲绝不会再出现个墨索里尼?假若要真能成千上万岁,那就必将造成他的"生命无限"而人民的"苦难无限"了。难怪国外有些学者论述:勃列日涅夫早死了十年死得好,若不然他必将成为苏联解体的千古罪人;而苏哈托多活了十年活得歹,若不然他也不会由重振印尼之父变成灾难的元凶。中外古今这种例子多极了,从这一点上来讲,生命的意义似乎也在于"流水不腐,户枢不蠹"。还是"顺其自然"好,老百姓绝不愿永远匍匐在地山呼"万寿无疆"。

当然,人类基因组谱的绘制完成,从广义上讲对全人类还是一个极大的喜讯。据路透社9月11日电报道:"人类基因组计划进展快速,有百分之二十五已得到研究。"并说科研人员正在"寻找与偏头疼及阿尔茨海默症等形形色色疾病有联系的基因"。这就好!治病救人,尤其是消除那些先天性的残疾,从而达到高科技造福人类的最终目的。但我也注意到这则电讯中同时指出"这有可能导致人们滥用基因信息的危险",并说就连"美国国会对什么样的法律才能最好地保护人类仍然存在分歧"。从以上的消息可以看出,"滥用"是世界各国普遍关注的焦点,而即使为了"保护人类"却"分歧"依然存在。其中很可能就包括"万寿无疆"的问题,足以证明我绝非杞人忧天。

更何况,还联系着克隆……

也 说 克 隆

自从英国那只名叫多莉的绵羊问世之后,克隆这一前沿性的科技术语便闻名遐迩了。据英国《独立报》报道,其间又大体可分两类:治疗性克隆和以生殖为目的的克隆。前者英美均已批准用人类胚胎干细胞进行研究,而对于能否"克隆婴儿"的后者却似乎仍被大多数发达国家的法律所禁止。但现在已开始动摇了。英国著名的科学家理查德·道金斯教授等众多的学者就认为:如果胚胎干细胞的有限"治疗性克隆"取得进展,那么就有必要对现有的禁止以生殖为目的而克隆成年人的法律重新评估!

很显然,生殖克隆又给人类出了一道大难题。这不仅仅涉及道德、伦理、信仰、法律等诸多的深层次问题，而且也似乎是对自然法则和规律的一次挑战（或挑衅？）。除了大自然中的动植物依旧按天理生衍外，人类好像要"独立寒秋"自行其是了。精子和卵子似只剩个卵子壁了，就连"性"也很可能变成为一种纯娱乐活动。

  孰是？孰非？我尚对这种科学的克隆很难判断，但确知"文学的克隆"给人们留下的只会是混乱。比如说，1997年英国克隆出一只绵羊叫：多莉！1998年我们就文学克隆出一个皇帝叫：雍正！把一位翻手为云、覆手为雨、戮尸灭族、焚骨扬灰、烧书毁迹、一生专搞文字狱的封建帝王，转眼间便克隆成一位临危受命、力挽狂澜、励精图治、锐意改革、忧国忧民、朝乾夕惕的"千古一帝"。我并非只想从"维民所止"无头案中查出有多少屈死的冤魂，我只是感到如此近于"转基因"的"文学克隆"起码会对历史史观造成一定的混乱。（详见拙作《克隆皇帝》）

  话扯远了，还是由文学回到科学。但即使是科学的生殖克隆，也往往会引起人们对往事的不堪回首。君不见！第二次世界大战中希特勒不就想搞纯人种吗？那时尚没有克隆这一说，但这位杀人如麻的魔头却早已通过性爱、精子和卵子来施行这项"生物工程"了。假如那时已经精通了生殖的克隆术，那希特勒及其党羽肯定会身体力行的。只需取下自己身上的一丁点细胞，便可复制出千千万万个小希特勒、小戈林、小戈培尔、小希姆莱、小里宾特洛甫……可怕！

  或许会有人反驳：你怎么不往好人身上联想呢？但我却在想，往往就是因这个"好"也会出毛病的。"不孝有三，无后为大"，谁不盼望生个大胖小子？得！一经克隆满足了这个愿望再到哪儿去讨老婆？再比如，谁不盼望自己的孩子生得漂亮、长得挺拔、头脑聪敏、性格随和等等？但一经克隆满足了这些愿望又是不是显得有点儿单调划一了呢？一样样的靓男，一样样的艳女，人人如此，个个皆然，瞅多了恐怕也会大倒胃口的。总之，过多的"人为操作"，很可能会破坏大自然那种丰富多彩、生动活泼、相互制约、美妙共存的神奇架构。

  作为一个半科盲我的话似不可信，但世界著名专家的意见却可以参考吧？英国皇家学会克隆工作小组的成员、剑桥威康CRC研究所的著名科学家阿齐姆·舒拉尼就曾说过:"生殖克隆的结果是无法预测的,这种方法对得到的后代会产生大量和不可预测的有害影响。在可见的一段时间内,其风险要大于可获得的潜在益处。"而英国皇家学会一个克隆委员会的主席理查德·加德纳教授就更直接指出,人类应更"深刻理解克隆的真正含义"。

对于一知半解的我来说,提到"治疗克隆"我持拥护态度。但若说到具体的"人",那无论是精神或肉体上的"克隆"我均是坚决反对的。或许是鼠目寸光? 但小也有小的文章——

这就是纳米技术……

针尖上的狂舞

《美国新闻与世界报道》发表的一篇文章题目就叫:下一个大东西是小东西! 听起来怪怪的,但却是事实。说白了看,指的就是"纳米技术"。确实是小,比如说:"纳米炸弹"爆炸出的一些小液滴竟只有针尖的 1/5 000 大小。难怪今年元月,美国总统克林顿在加州理工大学为此发表演讲,呼吁国会向"纳米技术计划"再拨款 4.97 亿美元。他说:"想象有这样一些可能性:强度是钢铁的 10 倍而重量不到钢铁零头的新材料;国会图书馆的讯息能够压缩到一个糖块大小的设备中;在恶性肿瘤只有几个细胞大时就能探测出来……"这就是纳米技术,极小的东西能做出极大的文章。

有人说这是"又一场工业革命",我看并不过分。仅仅在这两三年里,一系列的突破便把纳米技术由科幻变成了现实。在医药、化学、生物、建材、计算机、军工、航天等诸多性质迥异的领域中均大放着异彩。比如说,美国康奈尔大学的研究人员便利用有机物和无机物组件开发出一个分子大小的马达。只相当于针尖的 1/5 000,想象去吧! 为此,我特别同意这样的结论:"纳米技术已经创造出足够多的小奇迹,然而这只是一场新工业革命的开始。这场革命之所以能够发生,是因为人类逐一操纵原子的能力越来越强。"

但纳米技术并不神秘,其实它就是科学家从大自然中学来的。或者也可以说是从生物界获得灵感,促使他们把科学转向"微观"发展。比如说,制造灰尘大小的超级计算机听起来是一件无法办到的事,但大自然的进化早在十亿年前就解决了这类问题。在活的细胞中,就含有各种各样的蛋白质组成的"纳米马达"。而这些"纳米马达"能够完成无数的机械和化学任务,如肌肉收缩以及光合作用等。科学家正是受了这样的启示,才开始了这方面的探秘。现在似尚处于初级阶段,但它的发展前景却是不可限量的。现有的种种小奇迹仅仅是开始,辉煌的成果似"需要的只有想象"。很多未来学家甚至预计,根据"大量可设计的粒子将按照人的指令组装自己",在未来二三十年里纳米技术"将从根本上改变人类的处境"。从制造带有陈年佳酿味道的新酒,一直到用"纳米技术在火星上制造出大气",似均非幻想,似均有可能。

但即使如此,我们仿佛也不应忘记了老子在数千年前的警示:祸兮福所倚,福兮祸所伏!纳米技术能造福于人类固然是好,但也绝不能仅凭各自的"需要"在"针尖上狂舞"。"顺其自然"仍是关键,不然后果将同样不堪设想。

这绝非是危言耸众!据《美国新闻与世界报道》载,就在几个月之前犹他州的美国陆军达格维试验场进行过一场"纳米炸弹"的试验,成功率是100%,但所幸炸毁的是危害人类的各种微小"敌人",比如其中包含有致命生化武器炭疽的孢子。也据该刊报道,对于这次纳米科学家的试验,"军方对纳米炸弹感兴趣是显而易见的"。幸亏是针对病毒和杆菌,如果朝反方向发展又会怎样呢?现如今的世界并不平静,处处都隐没着形形色色的恐怖分子和战争狂人。假若他们也想利用纳米技术,那么各种各样的纳米武器就有可能应运而生。如果人类不防患于未然,那后果将令人不寒而栗。须知,它更小、更不易察觉,更便于携带出没于世界各地,绝非是建立几个防御系统可解决问题的。

必须"魔高一尺,道高一丈",必须严禁无节制地在"针尖上狂舞"。一句话:纳米技术只能用于造福于全人类!更何况,人类也绝不能只让现代科技牵着鼻子走——

谨防沦为"技术的奴隶"……

《冯苓植文集》(散文随笔集)：忆沪上

当代的"勒德"分子

"勒德"分子，这个名称在我们中国尚很陌生。若按古典解释，系指那些不愿受机械化或自动化束缚的人们。若按现代意义的解释，则是指那些不甘沦为前沿科技奴隶的知识精英。古典的"勒德"分子以堂吉诃德为代表，徒劳地把风车当作魔鬼发起了进攻。而当代的"勒德"分子的发祥地竟会是美国的硅谷，以阿来·德塞为首的年轻科学家已为此联合创了 Starn'o 网站。他们声称："技术只是用来创造东西的工具，我们利用它来创造有持久价值的东西，而不是用它来控制我们的生活，我们不会让自己沦为技术的奴隶。"他们力图摆脱诸如手提电脑、移动电话和呼机，以及种种电子数码设备的束缚，力求自由地在大自然中扬帆冲浪、攀岩搏击，以至在阳光下学弹吉他。

当然，我们现在尚没有发展到这个阶段。无论生活水平和科技水平，好像还都不具备出现"勒德"分子的条件。但因为我们的未来也会是繁荣发达的，故而他们的一些做法也是值得我们借鉴的。比如，我们现在虽只有空调、电视、电脑等一般性科技产品，但副作用却明显地出现在我们的生活里。有的孩子玩电子游戏机入迷，已经成为电子游戏机的奴隶。儿女孝顺瘫痪的父母只有电视机，不能行动的老人便只能成为电视机的奴隶。而许多人已不习惯在没有空调的情况下入睡，也自觉不自觉地成为空调的奴隶。安于现代科技成果的享受，使自己和大自然的距离越拉越远。即使饱受光线辐射、视力受损，以及空调过敏、空调感染、空调冷气病种种困扰，也似乎很难自拔。难怪在一篇科技报道的提要中这样写道："科技进步推动了经济的发展，使很多人过上了富裕的生活，然而它的阴暗面也正在渐渐失去控制。它成日成夜地侵犯我们的生活，把我们束缚在计算机等现代科技的跟前，并且不断消磨我们的人性。"（爱德华·岩田报道）

但面对现代科学迅猛发展的二十一世纪，仅仅甘当个当代的"勒德"分子似乎远远不够了。须知，除了克隆、转基因、纳米技术之外，还可能有形形色色的机器人走入我们的生活（但务请千万不要以为人模人样的才算机器人）。因而"对于二十一世纪进步的前景,专家和梦想家的预测喜忧参半。好消息是未来所有艰苦的工作将由机器人完成,坏消息是机器人可能会使人类变得多余。"(见《参考消息》2000年8月28日第七版)。而美国经济趋势基金会的杰里米·里夫金则说得更具体:"尖端计算机、电信、机器人及其他信息时代的技术实际上正在每个领域和行业迅速取代人类的位置。"(摘自其畅销书《工作的终结》1995年版)。为此,有人已经超越当代的"勒德"分子发出呼吁了,他就是美国软件业巨头太阳微电子公司的首席科学家比尔·乔伊。他说:"我们正在没有任何计划、任何控制和约束机制的情况下被推进这个新的世纪。"并且他还期盼"加以控制——建立安全保障机制的最后机会很快就要到了。"(见1999年4月美国《连线》杂志)

最近又听到了英国科学家霍金可怕的预言:人类将于一千年后在地球上消失……我认为这绝不是骇人听闻,而是有其科学依据的。比如说,越来越先进的机器人是否将主宰人类,甚至最终还会觉得人类在地球上多余?再比如,现有的核武器已经能将地球毁灭几十次,但为霸权还在研发更灭绝人性的杀人武器……够了吧!别让地球变为一个毁灭人类的炸药桶!

我个人认为,即使对于相对落后的我们来说,比尔·乔伊的呼吁也是颇有现实意义的。防患于未然,但愿在腾飞的同时便能够解决这些问题。我非常欣赏美国硅谷科学家斯坦·金说过的一段话:"技术是伟大的,但它不是圣杯。一不小心,你就会轻易地被它夺去灵魂。"

现在谈这些或者是为时尚早,但"被它夺去灵魂"还有文学吗?

终于谈到了此文写作的初衷……

高科技下的文学

如果不按水平仅按会员证论的话,应该说我也算一位"跨世纪的作家"。但在高科技面前我却知之甚少,至今仍对电脑写作一窍不通。成天一笔一画地爬格子,实在是显得有点老气横秋别具遗老遗少的味道。

但最令我感到苦恼的还在于,写作中我还时不时总卡壳儿。近好些年来我一直交替着写两部长篇小说,却总陷入一个又一个困惑中举步维艰。一部是写市井百态的《澡堂子》,至今仍感到深陷于古老的文化积淀中不可自拔。一部是写全部以骆驼为主角的动物小说,谁又料想到这些蠢家伙更在我的笔下"拒绝进化"。去冬随张贤亮、阿来、邓一光出访意大利,见到诸位手持高级手机、数码相机等高科技小玩意儿便若有所悟。尤其是贤亮兄时不时在罗马街头用掌上电脑计算美元怎样兑换里拉,他这种把中国高科技带向外国的精神就更让我深受启发。显然是自己土头巴脑落后了,怪不得自己的笔下总透出故乡山西的老陈醋味儿。罢!罢!罢!姑且掷笔不写了,先到现代科技领域里浏览一番。

当然,最让我受启发的还是一部德国出版的有关克隆的书。我绝没有料想到,其间发表有关见解的竟会是一些当代最著名的作家。他们对克隆的认识,他们对未来的看法,均使我深深体会到作为一个作家再不能游离于现代科技之外了。正如美国硅谷科学家斯坦·金所说的:"技术是伟大的,但它不是圣杯。一不小心,你就会轻易地被它夺去灵魂。"请想一想看,"被夺去灵魂"你还能为"人类灵魂的工程师"吗?

"人类灵魂工程师"我是绝对不敢高攀的,但"一不小心"却促使我痛下决心多读了几本书。已近十个月搁笔没有写作了,而且"两耳不闻文学事,一心只读科普书"。随之便对克隆、转基因、纳米技术、机器人时代的祸与福、现代科技与人的未来等等方面有了些粗浅的了解。深有感触,真可谓"不看不知道,世界真奇妙"!

现代科学正在日新月异地改变着人类的生活,而生活又是作家文学创作的源泉。面对着被现代科技冲击着的现实,文学的未来也似乎是喜忧参半。科技报道说:"好消息是未来所有艰苦的工作将由机器人完成,坏消息是机器人可能使人变得多余。"而这一好一坏的消息对于文学创作却很可能是喜讯。没事干了成了"多余"该怎么消磨时光?得!作家那些卿卿我我钩心斗角的玩意儿便派上了用场。但有关克隆和转基因的报道却似乎是忧,"千人一面"或"同样伟大"很可能就是创作的大敌。然而更可怕的还是"高科技"正在"迅速取代人类的位置"

（杰里米·里夫金语），那作为"人学"的文学还有什么写头？难怪我笔下所有的骆驼拒绝进化，我想当初部分类人猿甘愿退居大猩猩也是因为这个原因。和大自然共生共息有多么好？既不受道德、伦理、法律种种约束，又避免了自己创造的高科技来取代自己。

但人毕竟是万物之灵，而一些科学家和未来学家的预言也只不过是迅猛发展时所产生的一种"失重感"。文学将随着现代科技的进步很快地辨明方向，进而重新寻找回自己应有的位置。而比尔·乔伊所发出的"建立安全保障体制"等"加以控制"的呼吁，似更应引起作家们更广泛的注意。

科学和文学本该就是人类的双翼。

让我们展翅迎接更美好的明天。

面向未来……

第七辑　草原思友

天津卫,奇逢袁世海

我有个绰号"游牧作家"。

游牧是实,作家却显雅一点儿。大概是因为在草原上生活习惯了吧,总在一个地方待不住,后来竟发展到了不是"逐水草而居",而是土头巴脑儿地想到外头见见世面。这或许就是我仅有的一点儿"现代意识"。

但就不该时空观念太差……

就拿那回"游牧"到天津来说吧,就有点儿玩玄!头天傍晚打了个电报,第二天从北京就上了火车。一路上兴致颇高,愣忘了这天是个星期日。得!一到天津卫就抓瞎了。没人来接,而我又忘了带介绍证明。且莫说东西南北方向难辨,就是摸到了天津作家协会又到哪儿找人?好在过去来时曾住过一家和平小宾馆,曾埋首于阁楼间搞过一个月写作,于是便寄望于此,但愿还有一两位好心人没有忘了我。

没辙了!只好去碰碰……

但不敢坐出租小卧车,没那个气魄。只雇了辆老大爷蹬的三轮平板车,求人家把我尽快"送货上门"。一路上车流人海,果不愧天津卫特有的繁华。可我心里堵得慌啊,别说有多懊丧了。像西红柿筐似的让平板车载着,本该也算得招摇过市了,但我望着两旁的高楼大厦,却只顾得一个劲儿暗自发怵。万一人家不认我这个傻不溜秋的土老冒儿,今儿这一晚上可怎么熬啊?

您还别说,傻人竟有傻福……

"货"到了,和平小宾馆还真认这个账。比我们那小地方强多了,作家竟也能受到尊重。顿时使我免了后顾之忧,也能够挺直腰板儿文质彬彬起来。地儿不错,住人不多,环境幽雅,服务周到。谢天谢地!总算有个落脚的地方等星期一了。再不敢有其他非分之想,只剩下背着手儿做潇洒状了。

谁料想,好事还没算完。

就在我被请进小餐厅用晚餐的时候,只见得里头窗明桌净、布置典雅,但冷冷清清却只坐着两位客人。围着一张小圆桌,一位年轻的只给了我个背影儿,而另一位迎面而坐的光头长者,却怎么瞧着怎么眼熟:两目有神,举止豪放,中式裤褂,别有风姿,虽年事已高,却仍显得虎虎有生气。瞧着瞧着,猛觉得心头一亮:

哟嚯!这不是袁世海吗?……

不是我想依附风雅,而是说什么我也没想到在这儿会遇到当今的"活曹操"。从小就听老母亲谈过,袁先生20世纪30年代曾到我们呼和浩特演出过。当时虽不过十几岁,却已开始"声"震塞外了。长大后又瞧了戏曲艺术片《群英会》,就更觉得果真名不虚传了。到后来便是板儿戏中的鸠山,虽让板儿人死死压着,但草原上叨叨的最多的还是:袁世海!袁世海!没唱几口,可余音绕梁,至今未绝。

国宝级的京剧艺术家,难得一会!但"文"与"艺"似乎仍隔着一行,我又总怕贸然闯入梨园世界自讨没趣。谁料想老先生却绝无门户之见,一瞧我进门竟主动打上招呼了。并非因为我"貌似作家",而是因为餐厅里就我这么个外人。那位给我背影的是他的公子袁小海,大有父风,一回头便也是串儿热情地招呼:

"坐!坐!……"

得!聊上了。这我才知道,这天晚上南北名角会聚天津卫,要在工人文化宫各显身手演出《群英会》。为什么?我忘了。只记得生、旦、净、末、丑,俱是当今最拔尖的京剧艺术家。听着真让人动心。要知道,岁数不饶人。演出一回就少一回,说不定哪天就少了哪位。但我绝不敢再有奢望,得见一位国宝级的京剧艺术家足矣。

"先生!您想不想去瞧瞧?"他说。

什么?什么?好事儿还能连连不断?面对着老先生赤诚的邀请,我一时间连矜持也忘了。再一瞧递过的戏票,九排,正中间。天哪!这不是成心把我往天津卫的头头脑脑当中插吗?还是两张,足见他替我想得多么周到。谁说艺人无文?他对文人的地位不是看得比我们自己还要高么?而且绝无某些文人扭扭捏捏故作高雅之姿,有的只是坦坦荡荡的梨园古风。这难道不是一种更深层次文化素养的体现么?刹那间,舞台上那阴险狡诈的"活曹操"消失了,在我眼前出现的却是生活中豪放妩媚的"活张飞"。

但我却似乎还不能去。

草原上游荡惯了,无遮无拦好辨方向。而天津大街小巷乱乱哄哄,我愣看不出这条路和那条路有何区别!得!爷俩这份情我领了,还是免到外头出丑。谁料想,正当我已"躲进小楼成一统"时,就听得窗下不时鸣响起汽车喇叭声。

嘀!好气魄的一辆卧车!

看来吉人自有天相,好事儿是追着我不放了。袁先生似了解我的苦衷,市里派专车接他去扮戏,他竟又想到了我这个底气儿不足的作家。来接他的两位他愣不客气地"请"下去一位,偏偏特邀我一起坐车去到剧场。气得那位只好冲着我翻白眼儿,但又不好发作,准是搞不清我和老爷子有多少年的情分。

这一夜,确使我大开眼界。帷幕拉开以后,袁先生便暂时消失了,舞台上却出现了个活灵活现的活曹操。三国纷争,竟显各路英雄本色。但在我的眼中,却似乎只有这位"乱世奸雄"独具魅力。我算不得个京剧戏迷,但仍被老先生一招一式一白一唱深深迷住了。甚至不由得联想起,听说就要投资数千万元拍摄《三国》了,但靠现实主义手法的表演,能比得上舞台上这"程式化"的曹操么?

京剧!国宝啊!

第二天,大概是在因为相识袁先生,竟变得事事更加如意了。天津著名作家蒋子龙、刘品青、张伟刚等,都闻讯赶来关照我了。听我昨夜竟有如此奇遇,便人人惊慕不已。据蒋子龙这位京剧迷说,昨晚的戏票是太难得了。他费气把力,才搞到一张后座靠边儿的。瞧瞧!我这外地人,却偏能在天津卫的头头脑脑间"加塞儿"。您哪!好事儿不能一人独享,趁机会一起见识见识去。

袁先生表现出极大的热情!

对文学界的朋友来者不拒,一律表示欢迎。尤其对蒋子龙同志,更有相见恨晚之感。在场的除袁小海之外,还有女公子袁菁。越谈老爷子越兴奋,恨不得给大家掏出点儿什么。得!跟着蒋子龙沾光了,一人得了一本老先生亲笔签名的传记体回忆录:《艺海无涯》。

是的!艺海无涯……

又是五六年过去了。虽然他也曾留下地址,但却始终再没见过面。唯一可供怀念的《艺海无涯》,也被内蒙古京剧界的一位朋友强索走了。有什么办法呢?他说:"这是我们老祖宗写的书,您就行行好赏给我吧!"但深深的怀念还是留下了。每当悠扬的京剧乐曲飘来时,我便会不由想起天津这次奇遇。

老爷子!这些年您还好吗?

多加保重……

敖德斯尔和他的小狗

——谨以此文悼念我的良师益友

我们的文联宿舍,被称为作家大楼。但比起银行、外贸、物资等部门的宿舍楼来看,实在是显得太寒酸了。不过仍有一景可看,那就是敖德斯尔和他的小狗。强烈的反差对比!

敖德斯尔是我国当代最著名的蒙古族小说家之一。左右开弓,精通于蒙汉两种文字的创作。最近意大利专门翻译出版了他的小说选集,难怪茅盾先生生前即对他的文学作品给予极高的评价。应该说,这位蒙古族作家不但名气大,而且块头也不小。心宽体胖,腰围甚至超过了裤长。虽已年过六旬,但沉甸甸的仍不失为一条蒙古族彪形大汉。

但他那条狗……

唉!实在不成比例,这是一条很小很小的鬈毛小狗。通体雪白,就连小脸儿上也覆盖着长长的鬈毛儿。顽劣异常,丑态可掬,却得了个颇带西洋宫廷气息的芳名:茜茜!高大的主人,矮小的狗。它越衬他越大,他越衬它越小。它总在他胯下绊腿绊脚,而他却总微笑着百般纵容。谁瞧见都会哑然失笑,但笑过后却会由不得再多瞧几眼。

反差绝不仅在于此。

敖德斯尔块头大是大,但自我感觉却未必良好。除了一脸祥和的笑,更多的却是为创作久久的沉思。从未听到他有什么牢骚,有什么怨言,有什么愤愤不平。据他的三个女儿说,她们从小竟未见老爷子发过一次火,比妈妈还要对他们温情脉脉。事实上也是这样,不要说对老婆了,就连对小外孙儿也甘愿俯首听从调遣。脾气好得出格了,好到就像夕阳下的草原,柔和而又悄无声息。

而那条小狗?

小是小,却自我感觉异常良好。绝不甘于寂寞,常常窜前窜后惹是生非。很可能自视为庞然大物,不论遇任何对手它都敢悻悻然狂吠不已。对手越是嗤之以鼻,它便越是大叫不止。像白线球儿似的弹来弹去,似在恨人们对它的咆哮不予重视。沉默的主人,咆哮的小狗。一动一静,不谐调中似也含有某种哲理。

也有共同之点。

好像在脑袋上。主人早早秃顶了,似很不甘心。精心地培育鬓角上数十根头发,长约盈尺,然后搭桥似的披过秃顶,故而照片上仍可显出翩翩学者风度。小狗呢?却是因鬈毛儿过长,时而遮住眼睛,故总拢在头顶上扎了一只小辫儿。虽更显得憨头巴脑,但已显出不辱占用公主茜茜之芳名。无可挑剔,反差中也有和谐,和谐中更透出了美。

但角色也常在互换。

《冯苓植文集》(散文随笔集)：忆沪上

　　小狗虽喜欢愤愤不平，瞅准机会就爱大叫不停。但只要是对方施舍给一条小肉干，或者一粒花生米，它就会变得悄然无声，变得格外妩媚柔情。然后便跃到主人的软床上，舒展身子人模狗样地睡了起来。天下事置于脑后，似乎变成了一条轻柔的云。

　　它的主人却不一样了。

　　敖德斯尔的沉默是有名的，即使胃里长了肿瘤，也未怨天尤人地透露出一丝声息。临到动手术的头一天晚上，他还微笑着和朋友们玩牌，竟无人知晓他正经历着生命攸关的时刻。直到动了手术得知是良性的，朋友们才从医院得知了病情的真相。沉默，永远是微笑的沉默。但到必要时，他也会拍案而起。为了内蒙古一些作家的职称，他一反常态为之据理力争。口若悬河，四处游说。最后，给很多同行把职称都争上了。致使好多比他参加革命晚一二十年、写作起步晚一二十年的同志，都得已与他"平起平坐"了。有的工资竟然超过了他。这时，他又变得那么沉默，有的只是满足的微笑。

　　多好的胖老头儿啊！

　　他又和自己的小狗在一起散步，又在容忍着小家伙的绊腿绊脚，又在沉思中编织着下一部小说；远远望去，高大的主人，小小的狗……

　　但和谐的根源还在于内涵……

　　谁都知道，敖德斯尔就降生在茫茫的大草原上。娇小的羊羔儿，忠诚的牧羊犬，就是他从小形影不离的生活伴侣。刚刚度过少年时代，他即成了祖国第一代的骑兵战士。跨着战马，冲过了硝烟弥漫的岁月，直到冲进了大城市里。放下了马枪，又拿起了笔，讴歌起新的生活。现在，他魂牵梦绕的仍是那茫茫无际的草原。对这小东西的宠爱，或许是他又联想起了蒙古包前的小羊羔儿？或许是他又联想起了勒勒车旁的牧羊犬？或者二者兼之？乡情！挣不断、撕不开的对草原深深的思恋！

　　内涵决定着形式……

　　他带着他的小狗还在散着步。默默的沉思，淡淡的迷惘，似乎他已经忘了自己在城市里。但在明天，他的笔下必将又荡起一首新的牧歌。

　　高大的主人，矮小的狗，一幅流动着的油画。

小活佛与洋老乡

参加内蒙古自治区的政协会议,总是令人感到相当生动活泼的。你不但可以在会上共商国是、畅叙民族友谊,而且还可以在会下不时遇到些奇人奇事。

仅以我今年遇到的两则为例——

幽默的马头琴大师

他的名字叫齐·宝力高。脑袋有点大,颇具现代派艺术家的风度。他是内蒙古公认的马头琴大师,草原上头一批国家级的一级演员。为人坦荡,风趣幽默,说话还捎带点刻薄,被人称为内蒙古的阿凡提。但这一切统统不足为奇,奇的倒是在北京雍和宫发生的一件奇事。

话得从头说起。

雍和宫,北京唯一的一座喇嘛庙。既是宗教圣地,又是旅游热点。这一天,只见一位洋味儿十足的中年汉子竟公然登上了活佛讲经的宝座。天哪!佛爷坐的地儿,岂容凡人沾染?一位值勤的小喇嘛当即上前喝止。谁料刚出得声儿,背后就受到一串念珠的猛击。小喇嘛刚一回头,就见一位白须白髯的老喇嘛向他大喝道:"他不配坐,谁还配坐?"小喇嘛愕然。老喇嘛随之提高了声音:"他就是活佛!"

你说奇也不奇?

可这是事实。齐·宝力高三岁时,即被按照喇嘛教的严格规则选为上世活佛的转世灵童。随之入主科尔沁大庙,成为受一方草原僧众膜拜的新活佛。我曾问过他某些经过。他说,当时确有经师们问过他老活佛生前的住室摆些什么?三岁的他,懵懵懂懂,胆子却大,竟莫名其妙地都猜对了。但他虽然成了神,却仍顽皮异常。受不了经堂里的拘束。总向往着牧场上无忧无虑的生活,尤其是回荡在草原上的歌。

多亏没几天家乡就解放了。

小活佛又自愿返归大自然成了小牧童。不摆弄法器却专门爱上了蒙古族的古老乐器——马头琴。十二岁他考入内蒙古艺校,师从一代宗师色拉西学习,并汲取了巴拉贡、桑都冷等学派的丰富营养。从此,他一步步攀登着艺术高峰,逐渐成为内蒙古新的一代马头琴大师。他的琴声不但为整个草原所热爱,而且传遍了全国,漂洋过海震惊了日本、蒙古、巴基斯坦、非洲的诸多国家和地区,被人称为"充满魅力的蒙古式小提琴演奏家"。

但他却只骄傲地自称:马头琴手!

现如今,昔日的小活佛门下也到处皆是弟子,这都是些勤奋学习的马头琴学员。在改革开放的形势鼓舞下,他组成了全国第一个马头琴乐团,并成立了全国马头琴协会。就连日本等国的洋弟子也纷纷渡海来学琴,他说为弘扬民族文化这就叫"功德无量"。作为一名内蒙古自治区政协委员,他参政议政的意识也极强。典型的阿凡提风格,幽默风趣,又颇能直指时弊。提完意见常常不忘提醒人们注意:"诸位,昔日的小活佛现在是一名共产党员了!"

他讴歌着改革开放!

现在,他有个幸福美满的家庭:贤惠的妻子和一双可爱的小儿女。也有人开玩笑地对他说,名流在爱情上也常常"走穴"。他不无风趣地回答:

"什么都可以改革,唯有良心例外!"

山西籍的俄罗斯人

我同屋所住的政协委员,名字是典型汉族风格的:张忠仁。

可进得屋内一见就让我傻眼了。这不是一位不折不扣的老外吗?高高的鼻子,蓝蓝的眼睛,黄黄的头发,魁梧的体魄。不说明白,我真以为我走错了屋子了。

可他说,他就是张忠仁。

更没想到,在我介绍了自己的姓名籍贯之后,他竟紧紧握住了我的手说:"咱们是老乡,我也是山西人!"什么,我望着他的高鼻梁蓝眼睛深表怀疑。他却宽容地笑着回答我说:"地地道道的,不折不扣的,山西定襄县北溪里村人!"

我深深被这位洋老乡吸引着。

原来,在我们伟大的祖国最北端有一条额尔古纳界河。大约在一百年前,这里还是块荒蛮、原始、神秘之地。两岸居住的人们大都是这样:在《走西口》的凄婉歌声中,出塞外、闯关东,一直来到原始的莽丛中淘金、伐木、种庄稼。这里流浪来的俄罗斯人很多。到了张忠仁的父亲这一辈,终于和一位俄罗斯姑娘相爱成婚了。又过了一年,在这个山西籍的农民家庭里终于有了位具俄罗斯血统的后裔。祖父给他起名张忠仁,妈妈给他起名布洛尼可夫,小名瓦洛加!

啊!真正的山西人,我俩的手握得更紧了。

张忠仁告诉我说,他的妻子也是一位俄罗斯族姑娘,在他们孩子们的身上俄罗斯的血统似乎越来越浓了,但他却永远忘不了祖父给他留下的名字,那"忠"那"仁"。在一些人纷纷借此移居国外时,他却更加留恋祖国这方最北面的故土,并且深深思念着祖籍山西定襄县,他说那里有着自己的根!

我再一次被他深深感动了。

他说,他不愿再回忆那些失常年代里的疯狂举动。而只愿看到祖国今日的欣欣向荣和蒸蒸日上。现在额尔古纳河上中俄两国的口岸已开放了,使他更加看到了祖国的光辉成就。对岸俄罗斯就有着他的许多外国亲戚,就连他们都说中国的步子迈对了。昔日的老大哥要向小兄弟学习,作为一个中国人能不感到骄傲吗?

我也为他感到由衷地自豪。

但他说,也有许多事情不尽如人意,比如不正之风。难道改革开放就必然带来贪污腐败吗?他说,他绝对忘记不了祖父给他留下的"忠"字。虽然身任过额尔古纳右旗政协副主席、内蒙古政协委员,但绝不为自己谋一点私利。按说在一个小小的旗县里他也算个头头了,可至今儿媳妇还没有正式工作。俄罗斯族也有俄罗斯族性格的特征,宁可自己掏腰包补贴也绝不给政府找麻烦。

我和我的洋老乡更心心相印了。

是的!一个俄罗斯族人,一个汉族人,作为山西籍的老乡,又在内蒙古的政协会议上不期相遇了。黄皮肤、白皮肤、蓝眼珠、黑眼珠;却又是同根所生,这本身不就是有点奇吗?啊!我们都是华夏子孙!

《冯苓植文集》(散文随笔集)：忆沪上

背猎枪的作家

数　　引

在内蒙古文学艺术的百花园里，吹拂着一股带着青春气息的和风，那是从森林里来的。

乌热尔图，猎人的子孙，驯鹿者的后代，一经从郁郁葱葱的原始森林中走出，便为祖国的文坛增添了一朵又一朵奇花异葩。请看下列数字吧！

《一个猎人的恳求》；

《七岔犄角的公鹿》；

《琥珀色的篝火》；

从1981年开始，连续三年获全国短篇小说奖。这不但在内蒙古是少有的，即使在全国，连续三届获奖也是极为罕见的。怪不得很多老作家赞叹说：

"真不愧是猎人的后代，放下猎枪拿起笔，也是连中三元！"

这还不算，再看看下列数字：

《森林骄子》；

《瞧！那片绿叶》；

又分别获得了全国少数民族文学奖，全国儿童文学奖。

还应该提到一个特殊的现象，乌热尔图写的作品并不多，却有一大半分别获得了全国各种文学奖。几乎二比一，这也是一个值得人们深思的数字啊！

但在这一切数字里，尤其应该引起人们注意的是：

他，才三十二岁……

有人说，他是文坛的幸运儿；有人说，他是生活的收获者。

他自己却说，我是两者兼有的。我幸运的是生活在这伟大的时代，尤其是在三中全会后文坛上荡起了和煦的春风。我收获的是曲折的生活给我带来的甘与苦，是生活使我思考，是生活促使我拿起了笔。

生活,三十二年的生活,在他身后形成一条曲曲弯弯的路,有阳光,也有泥泞,他一步一步走过来了。

回忆,有助于我们了解他的成长……

童　　年

三十二年前,一个鄂温克孩子在乌兰浩特诞生了。

父亲涂荣巴图,是一九四七年参加革命并入党的第一批鄂温克青年。母亲是一位温柔善良,但又性格坚强的达斡尔族妇女。

当他三岁的时候,举家迁居到了莫力达瓦尼尔其镇。他的童年是在嫩江岸上那葱茏的山峦和绿色的原野上度过的。蒙古族、鄂伦春族、汉族、达斡尔族、鄂温克族的孩子们,都是他从小嬉戏的伙伴。在金色的童年里,他甚至不知道自己是什么族,他只顾享受着阳光下的欢乐,绿荫里的幸福。

但有一次,他的身上却显露出祖先的遗风。那时他正在上幼儿园,有一回母亲因为忙,让他自己拿着钱去交学费。他在半路却买了饼给小朋友们分了,剩下的钱也平均每人分给一份。母亲有点生气。父亲却由此想到了鄂温克族仍留在山林那一支。那里仍保留着原始公社社会的一些习俗,私有观念是淡漠的,猎物从来是平分的。鄂温克人是从森林里走出来的,儿子身上仍流露着祖先遗风。

他,这时才知道自己是鄂温克族,但他做梦也不会想到,自己长大后却会沿着祖先的足迹,重返原始森林。他也不会想到,自己会又放下猎枪走出森林,意外地拿起了笔。是的!那时他没想到,自己长大后要去当作家……

他还小,他只懂得望着嫩江清澈的流水,在绿色的梦幻中生活着。但也就在这时,文学的种子在他幼小的心灵中潜移默化地播下。

母亲是温柔的、也是多才多艺的。她会唱那么多达斡尔民歌,会讲那么多达斡尔民间故事,从他婴儿开始,母亲就为他唱着绿色的摇篮曲。他在梦幻中睡着,他从梦幻中被摇醒。歌声,从小感染着他的心灵;歌声,从小影响着他的气质。

稍大后,母亲便开始为他讲那么多那么多的童话、传说、民间故事。达斡尔族的讲完了,母亲便又从鄂温克、蒙古、鄂伦春、汉族的民间故事里去汲取。但这一切故事的底色都是绿色的。他常常觉得眼前变幻的绿雾中,演化着一个又一个故事。闪现出美和丑、善与恶、高尚与卑劣……

每个母亲都是孩子的启蒙教育者。怪不得在他进小学读过安徒生的童话后,竟会高兴地惊呼:

"哦!原来妈妈就是个安徒生!"

除了妈妈,他至今仍感谢着自己童年的小学教师——么玉玲。

这个献身于民族教育事业的年轻姑娘,对各民族的孩子们怀着母亲般的感情。明亮的眸子、亲切的笑容、娓娓动听的话语,使他渐渐对语文课着了迷。他天天跑进图书馆,如饥似渴地读着每一本搜求到的书。他常常跑进尼尔其镇旁的森林里,默想着怎样做好一篇作文。老师的高尚情操引导着他,使他在天天追求着美。

他至今记得,有一次他背着大人淘气,偷偷地跑到嫩江的激流里玩水。老师知道了,便冒着小雨追到江畔,声声急切地呼唤着他。后来小雨变成了暴雨,老师又紧紧把他抱在怀里,用自己的身体为他遮挡着急风骤雨。他感到了老师的身子在冷雨中颤抖,但更多的感受到的还是老师的温暖。他哭了,望着老师满脸的雨水,还有那雨水后明亮的眼睛,哽咽着说:

"老师……"

"嗯?"

"我要写……"

"写什么?"

"写一篇作文,就写你……"

这或许就是他捕捉到的第一个文学形象!

他写了,仅仅一二百字,而且错别字很多,但这仍不失为他的第一篇作品。虽然老师为他修改了错别字,调整了段落,并且把他叫到身旁一遍又一遍地告诉他怎样才能写得更好、更感人,但在最后却这样对他说:

"你写得很好,可以后不要再写老师了,你应该写你的爸爸、写你的妈妈、写一个又一个阳光下成长的鄂温克人!"

写自己的民族!从这时开始,他幼小的心灵里有了这样的朦胧愿望。

也就在此后不久,他的父亲涂荣巴图调到了密林深处的猎乡敖鲁古雅工作,时常给他带回猎人居民点的生活照片。原始森林中的一切显得是那么神秘：猎枪、篝火；撮罗子、烟雾中的驯鹿群，强烈地震撼着他幼小的心灵。

他仿佛听到了一种遥远的呼唤……

少　　年

一切都俱备了。但这并不是说，没有那场中华民族的灾难，乌热尔图便可更提前地成为一个作家。

不！不能这样说……

因为那时阳光明媚，展现在他眼前的道路太多了，他可以在实验室里，成为一个出色的科学家；他可以在蓝天上，成为一个超群的驾驶员；他可以在牧场上，成为一个叱咤风云的骑手；他可以在办公室里，成为一个优秀的行政领导。

党的民族政策是重视培养少数民族人才的。何况他逐渐成长为青年，童年时的理想也正在随着现实逐步修正。

最深重的一击，是那场全民族的灾难，使他当作家的那点残留愿望，也彻底成为泡影了。国难、家难、个人的灾难接踵而来，他变成了一叶飘零的绿叶，任苦风凄雨吹打着。

那时他在海拉尔市二中读书，一夜间他尝尽了人间的苦难。革命的父亲变成了反革命、叛国投修分子，被戴上只有死囚才戴的镣铐游街示众，轮番批斗。母亲也因株连，停职反省，受尽摧残凌辱。就连家庭成分也一再看涨，忽而中农，忽而富农，他因此也刹那间变为"黑七类""狗崽子"。

他，一个内向的少数民族孩子，在狂乱的现实面前变得茫然了，哪还有什么理想？哪还有什么愿望？

但他毕竟是猎人的后代，倔强的性格使他绝不轻易屈服。家庭经济来源几乎断绝了，他光身子裹着一件破棉袄，冒着零下三四十度的严寒，仅仅凭着几块钱，仍饥一顿、饱一顿地守在空空荡荡的学校里：我是学生，我要学习！全国大串联，红卫兵把他排斥在外，他倔强地只身一人，一直由茫茫的呼伦贝尔徒步走到首都北京：不为什么，只为争气，我有这种权利！上山下乡，他更受到了歧视，同学们一批接一批地走了，他却连这种资格也没有。偌大的校园里，只留下了他

一个人孤零零的身影,饥肠辘辘,怒火熊熊,他几乎对着苍天喊出:

"我哪有罪?我哪有罪?"

他哪里知道,这正是黑白颠倒的年代,无罪者有罪,有罪者在肆虐!

他变得沉默了。如果说,童年时他受母亲的爱抚,还有柔弱腼腆的一面,现在他却在生活的磨难下变得更男子汉气了。他不告饶,也不分辩,默默地返回到母亲身旁。因为他是长子,父亲被关,母亲受压,弟妹又多,生活难过,残酷的现实逼他过早地挑起生活的重担!

严冬又到了,滴水成冰,他带着弟弟到风雪弥漫的山林里砍桦子。崎岖的山路,陡峭的冰坡,眼前只是一团团白色的迷雾,哪里还有童年那绿色的梦幻世界?作家这个名词早就让冰封雪裹了,剩下的只是为悲惨的一家取点温暖的愿望。露出破鞋外的脚冻得淌脓了,裂开口子的双手流着血。母亲怕儿子掉下冰崖雪壁,不顾一切地赶来接应了,望见儿子裹在一层风雪白毛里的身影,禁不住抱着他失声痛哭了。

生活啊!路在哪里?

他越来越沉默了,面孔也越来越冷峻了,这一切几乎和他的年龄不相称。要知道,生活越来越严峻,政治不过关,他不但没有再学习的权利、找工作的权利、还乡权利,甚至连劳动的权利也没有!

所幸天无绝人之路。这时,他没有想到,那仍处在密林深处的猎人部落向他伸出了双手——

回来吧,孩子!回到祖先曾经生息过的地方……

他乘着森林火车向原始森林驰去,心里说不清是一种什么滋味,是一种什么感情。在铁路交叉点等候换车的时候,和父亲的意外相遇,更使他的心情变得迷惘和沉重。

风和雪,咒骂和推打,父亲戴着只有死囚才戴的铁镣,也在这里等候换车。他老人家是等待被带回到现代文明的社会去批斗。文化在极左的叫嚣中被亵渎了,变成了诬陷罪名的工具,科学变成了千奇百怪的酷刑。

而他也在这里换车,却要去那仍旧保持着许多原始习俗的密林深处。这里甚至没有自己的文字,但却有着人类最古老、最原始、最淳朴的感情。

这真是历史的交叉点啊!进和退、来和往、光明和黑暗、古老和现实,交叉着、旋转着,在父亲沉默的目光中、鼓励的眼神中,变幻交织成深奥的人生哲理,使他感到痛苦、使他感到绝望。

他,毕竟才是个十六七岁的孩子……

青　　年

他终于来到了密林深处的猎乡——敖鲁古雅。回到了鄂温克族最古老的一支——淳朴而又剽悍的猎人当中。

鄂温克族,共约一万九千多人。是祖国各民族大家庭中人数较少的少数民族,但却为维护祖国的统一做出过巨大的贡献。至今台湾仍供奉着清代鄂温克将军海兰察的铜像,就是最好的证明。

像所有人类经过狩猎时代一样,大多数鄂温克人渐渐走出森林,或农、或牧、或半农半牧,跨入到现代文明的社会中。但尚有一支,人数不到二百人,一直留在山林深处,保留着狩猎部族原始社会末期的形态。解放后虽得到了党和政府的特殊照顾,但古老的遗风却在猎乡仍处处可见。

他正是来到了这支特殊的猎人部族中。

这里的猎人们有自己特有的价值观念和思维方式。他们把外界的那种狂热视同邪恶。为了躲开这一切,他们甚至逃出了现代化的猎村,赶着驯鹿走进了更深更密的深山老林中去。他们宁愿在兽皮围成的简易撮罗子前,点燃熊熊的篝火去做那古老的梦,而不愿接受这种所谓的现代文明。

他来到这里,仿佛可以忘却过去的一切,但是这里的猎人对他并不怎么热情。因为原始森林中的人们认为,拿不起枪就算不得真正的男子汉,就不值得尊重。

生活迫使本该拿笔的手,默默地在熟悉枪。他在猎人们卑视的目光下,起先只能干一些妇女们干的驮肉、打草等活儿。但他并不屈服。大森林好像给了他一股特殊的力量,唤起了祖先遗留在他身上粗犷的豪情。他每天比谁都起得早、走得远,偷偷举枪练习打飞龙——一种名贵的飞禽。

终于有一天,他在密林深处瞄准了一只狍子。他的心在激动地抖着,手也在激动地抖着。等到最后,他真不知道自己怎么扣动了猎枪。炸破森林的枪响后,他猛地闭上了眼睛。他真怕眼前留下的只是羞辱,但睁开眼后却明明白白看到大树旁倒下的狍子。

啊!这是他成为猎人的真正第一枪!

在他拖回猎物,按原始的分配办法为每一个猎人分肉的时候,他从他们剽悍而坦荡的目光中,看出了自己得到了承认,尝到了自己成为一个真正男子汉自豪的滋味。

夜幕笼罩了茫茫的原始森林,篝火映照出一张张粗犷的面孔。烈酒、歌声、豪放的笑声,似乎还表达不尽猎人们奔腾的感情,顿时他们围着熊熊的烈焰跳起了原始的篝火舞,高歌来庆贺又一个真正猎人的诞生。

就在这一刹那,他借着火光向黑黝黝的森林深处望去,仿佛看到了祖先在向他微笑……

第二天,猎人们就把他装备起来了。妇女们为他缝制了鹿皮套裤、犴皮靴子、狍子皮被褥。并且牵着驯鹿把他送往最优秀猎人的撮罗子里,开始一个猎人真正的生涯。

从此,他似乎忘记了这一切,童年时的梦,少年时的抱负,未来的理想,每天只顾领着猎狗、背着猎枪,出没于茫茫的林海雪原中。生活好像失掉了希望,狩猎只变成了一种生活的手段,再没有别的愿望了,只是为了养活父母,抚育弟妹。他从未想过再能走回现代文明的社会里去,更多想到的却是在这原始森林里了此一生。

最后的冬天是漫长的,也是严酷的。风雪弥漫了整个森林,到处都是没膝的雪。看不到一点春的痕迹,更看不到一丝绿的颜色。留在大地上的只是零下四十度左右的严寒,呵出的热气一刹那就可化成无数细细的冰屑。

他背着猎枪,牵着驯鹿,顶着风雪在这白茫茫的原始森林里出没着,在深深的积雪中跋涉着。大脑似乎被严寒冻住了,忘却了过去认的字、学的歌、演算的数字。二十世纪的年轻人仿佛退回到了洪荒的原始时代,几乎成了个没有思维的求生者。

现代文明离他越来越远了。没有月下花前的散步,没有荷塘渔船上的爱情,留下的仅是和大自然的搏斗：风雪、严寒、饥饿和凶猛的野兽。几次从野猪可怕的獠牙下逃生，几次从黑熊狂怒的咆哮中脱险。汗水在身上结成冰甲，呼吸使脸上挂满冰花，严酷的大自然随时可能将他吞噬。

但最难度过的却是漫长夜晚……

哪有房子？哪有篷帐？在黑黝黝的大森林里点燃一堆篝火，扒开地上的冰雪，裹在狍皮被子里，倒地便是睡眠。夜加倍的寒冷，风像把身上的一切都剥光了。何况密林深处还隐伏着黑熊和野猪，还有许许多多恐怖的传说和神秘的故事。

牙，不停地打战；心，不停地颤抖；身子，彻夜地哆嗦；泪，在脸颊上结成冰凌。好漫长的夜啊！痛苦，难熬。严寒和黑暗织成了一张残酷的网，加倍折磨着这被时代抛进原始森林的年轻人。

"妈妈啊！……"他本能地发出了人类这最原始的呼唤。

就在这一刹那，他突然好像从篝火跃动的火苗上，看到了母亲悲戚和慈祥的面容，似在对他窃窃私语，似在对他暗暗叮咛，似在对他轻轻唱起了童年听熟的绿色摇篮曲。

他哽咽着在冰雪中睡着了……

但母亲温柔的歌声并没有停止，而是在他的梦乡里更加深情地回荡着，把他带入了童年那美好的绿色世界中去：明媚的阳光，轻柔的和风，莫力达瓦葱茏的大地，嫩江日夜奔腾的清澈流水……

他又仿佛和童年那些蒙古族、达斡尔族、鄂伦春族、汉族，还有鄂温克族的小伙伴们，欢聚在明亮和温暖的教室里了。么玉玲老师又在为他们讲课。明澈的眸子，亲切的笑脸，娓娓动听的声音：

"孩子们！你们生活在这幸福的时候，一定要好好学习，天天向上！时刻准备着，用自己学到的知识和文化，建设我们伟大祖国这各民族团结繁荣的大家庭！"

"时刻准备着！"他在梦中激动地高呼着。

只有在梦中，他才听到了歌声，他才想到了文化，他才意识到未来对祖国承担的责任！

而现实？……

最后一个冬天是这样严酷和漫长！他几乎失声向着茫茫的森林大喊了："春天,快点到来吧！……"

成　　长

春天果然到来了！

生活这本书,终于翻过了这最不正常、也最不幸的一页。在我们中国,"国"和"家"这两个词是紧密相连的。国得救了,家也得救了。乌热尔图一家也正是这样,随着祖国日新月异的变化,又重新获得了幸福和欢乐。

奇怪！随着家里传来的一件又一件喜讯,他仿佛觉得森林也不是那样陌生和神秘了。但这时候他似乎也忘记了自己曾有过学习和当作家的愿望,而是整天忘我地劳动着,决心以实际行动报答原始森林对他庇护的恩情。

他仍在朝着一个更加合格的猎人标准迈进！

但是生活却在随时修正人们的愿望。有一次,他和一位青年猎手猎获大量猎物后,便策马冲出森林,在洒满阳光的山间公路上奔驰着。突然,在前面的路面上闪现出一群年轻的养路姑娘们,穿着五颜六色的衣衫,正在欢声笑语中劳动着。他俩不由为此一振,甚至觉得青春的血液都流淌得更快了。不！这不能用什么弗洛伊德的原理去解释,而应看成是猎人在春天里为自己的事业而骄傲、而自豪。

姑娘们都停下劳动,惊讶地望着这两个从森林里来的不速之客。他俩的腰板挺得更直了,气也出得更粗了,马也催得更快了。虽然他敢也不敢偷看一眼姑娘们娇媚的面孔,但在刹那间却产生了一种强烈地倾诉猎人业绩的冲动：

瞧！那片绿叶；

听！一个猎人的恳求；

看！七岔犄角的公鹿在密林中闪现；

瞧！琥珀色篝火畔猎人和他生病的妻子；

听！原始森林深处爷爷和孙子的絮语；

看！充满古老而神秘气氛的吃熊仪式……

啊！现实唤醒了他童年的愿望：他想写,他想写,他想写猎乡猎人们一颗颗崇高的心灵！祖国的春天使他的理想苏醒。他迫不及待地返回了密林中的猎民点，没有纸便剥下鲜嫩的桦树皮，但等他刚刚拿起了笔，便骤然发现或意识到，自己竟然连最平常的字都不会写了，词汇更在桦皮纸上逃得无影无踪！

坏了！知识呢？文化呢？

他折断了笔，撕碎了桦皮纸，惘然地望着森林浓荫间筛下的光斑……

但是祖国的又一个春天毕竟到来了，即使密林深处也响起了向"四化"进军的鼓声。知识就是力量，文化重新得到尊重。父亲的叮咛，母亲的嘱咐，唤醒了他的强烈求知欲望。狩猎的余暇，他如饥似渴地读着每一本能搜求的书。字不认识，词不懂得，他又开始倚着猎枪查字典，翻词典，一页页阅读《成语词典》。

猎人造就的倔强脾气：从零开始！

字典查破了，词典翻烂了，一本本书被篝火的烟熏黑了，文化却在潜移默化地积累着。随着大地渐渐地解冻，他默默地开始写作了。一切都好像是那么顺利，就在这一年他在《黑龙江文艺》上竟发表了处女作《山岭小卫士》。

愿望变成了铅字，整个森林为之轰动了。鄂温克猎人为自己猎手的成就骄傲，敖鲁古雅乡为自己骄子的创作大开方便之门。就连父亲母亲、弟弟妹妹也全力以赴，动员全家的经济力量来保证他的写作。

路似乎是平坦的，成绩似乎是唾手可得的！

但往往事与愿违，希望只闪了一下火花就熄灭了。在他的写作道路上，随之而来的便是失败。

1977年，电影文学剧本《森林里的歌声》失败了。

1976年、1977年、1978年，一直到1979年，他到上海创作并修改一部小说，又失败了。退稿接着退稿，失败接着失败。童年的理想在严酷的事实面前，仿佛又渐渐化为泡影。漫长的等待，痛苦的挣扎……

也就在这时，生活在他的面前展开了另一条路，也是一条更容易走，在世俗人眼中更光彩的路：

他入了党，被调当了敖鲁古雅乡的民警，随之又当了乡党委组织和宣传委员，随之又升任为乡党委副书记，随之便是传说中还要更进一步的提拔……

何况这时候他已经有了个幸福美满的家庭。妻子苏红梅是一位美丽温柔的达斡尔姑娘,有一个动听的少数民族小名叫芭拉。她给他带来了青春的欢乐,带来了真挚的爱情。这一切对某些人来说仿佛足够了:锦绣的前程、幸福的生活!

但他这位鄂温克的子孙、大森林的猎人,并不满足于这样的幸运。祖先遗留下来的倔强性格,使他敢于向命运挑战——

鄂温克人一定要有自己的作家!

他开始在沉默中顽强地学习了:安徒生唤起了他对真、善、美的追求。屠格涅夫教会他重新认识茫茫的森林和深沉的草原。契诃夫淡淡的哀愁促使他更加深刻地理解生活。欧·亨利让他懂得了小说的结构和技巧。海明威更促使他在创作上迈进了一大步……

当然这一切是植根在中国民族的土壤上,《西游记》《水浒传》《三国演义》《红楼梦》那更是他百读不厌的。

也就在这时候,祖国对自己这位鄂温克族的儿子伸出了双手。他的愿望是和祖国的意愿统一的:鄂温克族需要有自己第一流的作家!1980年他参加了全国少数民族文学创作会议;1981年又把他送入了北京的中国文学讲习所学习……

有多少老作家、老编辑、老文艺理论家都在关心他的成长。《人民文学》《民族文学》分别发现了这株新苗,派出专人前往森林组稿和辅导。并先后发表了他的《森林里的歌声》等小说,到文学讲习所后,组织上又特别分配了经验丰富的老师做他的校内辅导员,还特约了我国著名的短篇小说大师王愿坚同志做他的校外辅导老师。

他永远记着,王愿坚同志写作任务是那么重,工作任务是那么繁忙,但却总在百忙中抽出时间,认真对他进行辅导。为他讲述短篇小说的选材、结构、裁剪、找准"黄金点"——短篇小说的"眼睛"等技巧问题,并牺牲休息时间为他指点作品。

更应该提到的是,内蒙古自治区的一些蒙古族、汉族、达斡尔族的前辈著名老作家,更是对他关怀备至、热情辅导,竭尽全力为他的成长铺平道路。

而首都的中青年作家们,也把他当作自己的小兄弟。李陀、郑万隆、陈建功等等,常常和他在一起磋商作品,相互交流创作经验。

原始森林里肥沃的土壤,大自然里的阳光雨露,使他这株新苗破土而出,迎着新时期的号角茁壮成长了。也有些"红眼狂"的家伙,在私下说长论短。但更多的同志们却在浇灌扶植这株新苗,愿他成长得更加高大。雷达、阎纲、孟和博彦等著名文艺理论家,都纷纷发表评论,欢呼鄂温克第一代作家的诞生。

像清洌的山泉一样,一经喷发,便奔腾不息地从高山上的密林中流淌下来了。除了开头所叙述的那些得奖作品外,还有——

《老人和孩子》;

《绿茵茵的河岸》;

《棕色的熊》;

《越过克波河》;

《猎犬》……

一篇比一篇精美,一篇比一篇富有特色,但也一篇比一篇写作更艰难了。这不是说他的才思枯竭,生活底子用光了,而是他对自己的要求更严了。这充分反映了这位背猎枪的青年作家,在创作上也继承了自己本民族的特点:容不得半点浮夸和虚假。

原始森林的风,始终使他的头脑清醒着!

记者来了、编辑来了、评论家来了、电影导演来了、电视摄像师来了……都纷纷来到了呼伦贝尔大草原,跟踪来到敖鲁古雅猎乡的原始大森林:索稿、写评论、改编他的作品、采访他的事迹、拍摄有关他的电视纪录片……

面对这一切,他感到为难。

他理解同志们的心情,感激来自各地的关怀和鼓励。但同时他也深深感到,在荣誉和成绩面前自己也在经历一次危机。

这时他想起了原始森林中那一张张淳朴而真挚的面孔,仿佛听到了他们深沉的呼唤:

回来吧!森林的儿子……

是的!自己的一切都是大森林给的,那密林深处有取之不竭的宝藏。是该回去、是该回去!要像森林里那每一株参天大树,只有根子扎得更深,才能迎风茁壮成长!否则,在一阵荣誉的风前,就会拔根倒地,很快地腐烂,很快地枯死。

他这样想了,也这样做了!

《冯苓植文集》(散文随笔集)：忆沪上

　　某文艺理论刊物准备重点评论他的作品，并派编辑专门来组织他的创作经验谈，他婉言谢绝了。但他这谦虚慎重的态度，反而激起了编辑同志对他更深的理解和尊重。南方某刊物准备同时发他的小说和写他的报告文学，以便引起人们对他更大的关注，他又留下盛情而推辞了。他正确对待荣誉的品格，反而使这家刊物对他的未来更充满信心。

　　猎人的品德使他一步一个脚印，在写作上从不粗制滥造去追逐名利。他从不随便答应刊物的约稿，而是埋头默默地写作。一篇稿子常常痛苦地构思了一个月又一个月，艰难地修改了一遍又一遍。似乎写得越来越少，但事实上却越来越精了。尤其难能可贵的是，他在荣誉面前却产生了一种危机感。他说：

　　"我感觉在创作上越走越难了，有时甚至感到自己不会写作了。在创作的道路上伴随我的很少是荣誉和欢乐，更多的却是艰难和痛苦。但我仍然要学、要写、要顽强地走自己的路！"

　　多好的语言啊！既有猎人的淳朴，又有猎人的顽强！

　　路，他有自己的路！看吧！他又背起了猎枪，向着茫茫无际的原始森林走去。深了、更深了！浓荫渐渐隐去了他宽厚的背影，松涛渐渐淹没了他坚实的脚步声。密林深处不但有篝火、驯鹿、撮罗子和剽悍的猎伴，更重要的是还有他的理想和追求。

　　等待吧！当炸破森林的枪响后，林莽间必定有倒下的猎物！

　　等待吧！当他重新走出森林时，刊物上必将有他更成功的力作！

　　乌热尔图！森林的儿子，背猎枪的作家，人民寄厚望于你！

　　啊！森林、森林……

代州有个任秉友

　　我的故乡代州，在山西也算得个穷县。但绝不"略输文采"，近年被列为"国家历史文化名城"便是有力的证明。

应当指出,这座古城除了诸多的名胜古迹和那座闻名于世的鼓楼外,历朝历代尚产生过许多颇具影响的文人。据我统计,仅清代编纂的《四库全书》就收集过代州籍诗人学者多部诗文集。其风绵延,世代不改。虽吃着红高粱面,但后辈儿孙都仍不忘在"文"字上下功夫。任秉友就是其间代表之一。今人,现尚任着县文化局长,地道的代州"土特产品"。如此说,是因为这位文化局长"土"得实在可以。既不见西装革履,又难觅风度翩翩。如果你把他扔在哪个山野小村里,似很难再从当地老汉堆里把他挑拣出来。据说还很倔,也很怪。即使坐小车也得脱了鞋盘腿,如老农之坐热炕头。为此,至今老乡中尚流传着许多逸闻趣事。但就是这位外表极少"文气"的人物,偏是一位数十年来扎扎实实埋首创作的乡土作家。他曾毫不隐讳地对我说过,他是师承赵树理、马烽、孙谦、西戎等的,是山药蛋派的忠实门徒。事实上也还如此,外界种种光怪离奇时髦之论似很难影响到他。痴心不改,始终坚持以土写土。有人相劝,他竟傲然而答:我就是个山药蛋!

好一个山药蛋!倔得实在可爱。但埋首耕耘,就必有所获,打从20世纪30年代起,他就在三晋文坛开始崭露头角。作为第一届全国青年业余文学创作积极分子会议的代表,他曾在北京受到过周总理和中央领导的接见。随后便不断有充满乡土气息的佳作问世,渐渐走过了从"艺术总结"到探索人生的漫长创作道路。虽尚算不得硕果累累,却也算得写一篇是一篇,终于辑成了这部《任秉友小说选》。

或许是因同为代州人,读他的小说总是倍感亲切。挑灯夜读,常恍然觉得又置身于故乡的风土人情之中。其间,尤以中篇小说《三白牛大传》令我拍案叫绝。可以肯定地说,这是他创作生涯中的又一次飞跃。典型的山药蛋派,却又绝不乏现代思维。幽默,风趣,常令人忍俊不禁,但掩卷后又令人由不得久久深思。构思奇巧,角度独特,他竟能以牛的命运反映一个时代的沧桑变迁。但绝无矫揉造作之感,有的只是扑面而来的生活气息。可以毫不夸张地说,这是一颗特大的"山药蛋",三晋文坛又一土产硕果。

我为代州有这样的作家而高兴。忠于时代,忠于人民,忠于故乡的山山水水。为此,我虽然远在口外的内蒙古草原,但还是写了这篇短文寄回故里。除了表达对他的小说喜爱之外,我是想让更多的同行都知道。

代州有个任秉友!

苏莉!来自远天远地的女作家

以文会友,我认识苏莉就是从她的作品开始的。

大约在十年之前,临睡时我在枕畔偶然翻阅着呼伦贝尔的《骏马》杂志。夜,很深了,我却依旧被其间的一篇散文深深吸引着。凭窗远眺星空,我似乎听到了远天远地的英力达瓦发出的一声无可奈何的叹息。久久没有读到这样寓意深远的优美文字了,我竟激动地披衣而起当即给《骏马》的主编刘迁写了一封很长很长的信。

这就是苏莉的散文名篇《旧屋》……

绝不仅仅是为了提携新人,因为在当时我确实对她知之甚少。我之所以被深深地吸引,完全是由于作品自身发出的特有魅力。尤其令我感到惊讶的是,初次出手她便完全绕开了一些作家必走的弯路。不去猎少数民族的奇,不去标少数民族的异,而是从少数民族的"质"上去真诚地面对生活。力避哗众取宠,只求淡雅无奇。但正因为如此,才从"骨头缝儿"里展现了达斡尔人特有的民族风情。当时掩卷后我就曾有过这样的感觉:她创作的起点是高的,起码要比我高。但更出乎我意料的还在于,有人告诉我说她还只是个刚过二十岁的孩子,比我的小女儿还要小。

我联想起了养育她的那一方沃土……

英力达瓦,地处茫茫的呼伦贝尔大草原深处。面对静静流淌的嫩江,背靠着绵延原始森林的大兴安岭,在这绝少受到污染的自然环境里,自古就繁衍着勤劳智慧的达斡尔民族。人口虽仅三万余人,但却创造了一项中国之最——人均大学生列各民族第一。也难怪！达斡尔人崇尚文化,并善于兼容并收。年轻一代大多通多种民族语言,而老一代知识分子更兼通两种以上的外语。仅就近五十年而言,就曾出现过全国公认的大音乐家通福、大画家耶拉、著名电影演员鄂长林、舞蹈家巴图敖其尔等等文化名人。但他们对自己本民族的传统文化又保持得是那么好,至今英力达瓦仍散发着达斡尔族特有的神韵。一方水土养育一方人,看来苏莉的脱颖而出也就不足为奇了。

但我也曾为她的成长担心过……

须知,没有舆论的炒作,没有权势作为后台,一个远天远地的女孩子要想步入文坛还是相当困难的。而很快我就发现了我的这种担心是多余的,她那一件件纯属"普通来稿"的散文竟被一些全国著名的文学期刊纷纷采用了。《早春纪事》《地震》发表在《美文》上,《牛的故事》《老蟑和干菜》出现在《民族文学》上,《葵》《市声》《摇曳的午后》《地之极》《风筝远走》《把门儿的老杨》《广场和台》等等也分别刊载在《天津文学》《山西文学》《东海》《都市》种种有影响的杂志上,其间她的长篇散文《美丽江河》还被编入了上海出版的散文选《生命的眼光》……苏莉这种默默的追求,似又印证了那句老话:"酒香不怕巷子深",或也可以改作"文美不怕草原深"。

埋首耕耘,必有收获……

应该说,这些年来往往是少数民族作家的作品给人们留下了更深的思考。比如说乌热尔图的短篇小说在全国文学评奖中的"连中三元",阿来的长篇小说《尘埃落定》在国内外引起的广泛轰动。或许是因为乌热尔图和阿来均是我最好的朋友,他们所引起的这种特有的"文学效应"早引起了我的关注。苏莉的出现也不例外,她也使我想了很多很多。是的！他们似乎都在用汉语言文字进行创作,但却又绝不困囿于汉文化的深厚沉积。阿来就曾对我说过,他是用汉文进行创作,但思考间却往往用藏族语言。对他们来说,多掌握一种语言文字只是多了一份拓展空间的自由,而他们笔端下涌动着的永远是本民族最真实的感情。在某种意义上来讲是应该承认:民族的即是世界的。为此必须指出,他们的作品一出手便和当代的世界文学在接轨。乌热尔图和阿来在国内外引起广泛关注绝非偶然,而苏莉的刚刚起步似乎也应引起文学理论界的应有思考。请读读她的散文《牛的故事》吧！你会解读出她淡淡的忧郁，还有深深的民族自尊。或许正是由于这种深深的民族自尊，才使她的散文变得如此纯净如此美。

认识一下吧！莫力达瓦有个达斡尔女作家叫苏莉！

虽然远天远地，但翻开这部书你们便会接近！

她正在向你走来，她正在向你述说……

苏荣巴图！艺苑的游牧人

结识一位少数民族的作家，往往就等于打开了一部少数民族的史书。或许你看到的只是某些章节，甚至你很可能只理解了其间的只言片语，但绝对有助于你首先学会尊重。

我和蒙古族作家苏荣巴图已经相识二十多年了。往事悠悠，我们曾在巴彦淖尔盟共同度过了蹉跎的年轻岁月。我永远不会忘记第一次和他相见的情景：他来了，竟使我恍然想到了俄罗斯著名画家列宾那幅油画《查什坡克人致苏丹的讥笑复信》。可以毫不夸张地这样说，他就像这幅油画中走下来的某个人物。粗犷豪放，热情坦荡，不卑不亢，略带幽默的目光中还闪着几分狡黠。后来我才知道我们又多了一位别具风格的同行。虽然我尚没有读过他的作品，但当时我却深刻感受到了他带来的那股草原的劲风。

相处久了，我进而发现，苏荣巴图不但性格豪爽，而且是一位极具才华的作家。蒙汉兼通，功力深厚，笔触奔放，同时还颇具思想深度。但更重要的却还在于他从不主动炫耀自己，而仿佛总在潜移默化中展示着他那特有的气质。当时我们所在的地区文联也曾是个是非之地。文人相轻，口舌颇多。但他却能超然物外，总能潇洒地保持着自我的人格尊严。一开始我还仅仅认为是"飘逸"，但很快便发现或者称之为民族性格更合适。他把笔当作套马杆，只顾一心一意驾驭着蒙汉两种文字。他追寻的是文学上那片丰饶的"牧场",除此之外就无心他顾了。他就是他,一个忘我的文坛游牧者。

追溯根源,这或许是他先祖给他留下的遗风。在蒙古族中,苏荣巴图属陈巴尔虎一支。在几百年前,他的祖先曾游牧生活于贝加尔湖畔的巴尔古津地区。清代中叶辗转返回呼伦贝尔大草原之后,便一直生活于林海碧野之间。视野开阔,襟怀坦荡,必然为后辈儿孙的血液里注入热情奔放的基因。蒙古族有一句谚语说:牧人的胸怀里能驰骋下九十九匹骏马,却拴不得一只虱子。这或许就是苏荣巴图的写照。文如其人,他的作品里也展现着这种无私的激情。火一般的炽烈,风一般的无拘无束,似乎处处都散发着一种撼人的野性魅力。

或许有人会说,这也是一种矛盾。牧人的子孙离开了骏马,现在却拿起了笔。不!这种现象绝对是和谐统一的。君不闻!自古就有人说道:诗歌和骏马是牧人的双翼。马背民族从来就是文采激扬的。更何况,苏荣巴图的创作高潮来自改革开放的年代。必须指出,他还是个勇敢的探求者。当别人尚在战战兢兢地谈论"下海"时,他却早已义无反顾地"漂洋"了。带着马背民族那种持有的勇气,遨游蒙古国,闯荡俄罗斯。在色楞格河畔下留下了他的身影,在西伯利亚大森林留下了他的足迹。而所有这一切,正为他的创作注入了新的活力。炽热的生活,必然造就炽热的作品,我亲眼目睹了他的创作又有了新的飞跃。

我爱读他的作品。虽然说他的主要作品都是以蒙文创作,但从这部汉文创作的集子里还是可看到他才华的一斑。紧密配合着时代的节拍,努力讴歌着改革开放的丰硕成果。尤其值得称道的是,他那些别具魅力的游记作品。远东的夜,熊熊的篝火,游荡的水船,无可奈何的叹息和咒骂……均给人留下了极其深刻的印象。我在读他的作品时常常感到,就仿佛自己已经身临其境了。情一样的深,梦一样的美,还有淡淡的哀怨和惆怅。但愿每个读者都来读他的这本书,和我同样有着这种特殊的感受。

请打开这本书吧……

纳穆吉勒！好样的
——纳穆吉勒摄影展观后

纳穆吉勒，我区最具有代表性的蒙古族摄影艺术家。他的作品如《铁骑练艺》等曾深深震撼过我，而这次踏入他作品的展厅就更使我感到他摄影艺术的动人力量。完全可以这样说，他那一幅幅作品已远远超出了摄影的范畴，简直就是一座座"平面的雕塑"，一首首"凝固的诗篇"。看着，看着，我竟不由得发自内心喊出了：纳穆吉勒，好样的！

我和纳穆吉勒已经整整相识二十年了，现在又同处在文联家属大院里共度着离退休生活。我对他的过去知之不多，只知道他曾是个驰骋在马背上的骑兵战士。我和他的一见如故，完全是因为他为人的正直和忠诚。正如李树榕同志所说："实实在在，是他安身立命的本色，是他艺术生命的个性，也是他这次摄影回顾展的突出风格。"是的，这种评价是恰如其分的。生活中的纳穆吉勒和摄影中的纳穆吉勒，是靠正直和忠诚融为一体的。

看他的摄影作品回顾展，第一个印象便是真。真实地面对历史、真实地面对生活、真实地面对自己。第二个印象便是朴素，朴素地面对各类题材，毫无一丝华而不实或矫揉造作。可以说他的作品中处处无"我"，只有历史的真实和生活的真实。但似乎又无处不突显着"自我"，这就是他的作品永远和祖国和人民同呼吸共命运的个性特征。当我步入内蒙古美术馆的展览大厅时，就仿佛在翻阅一部共和国成长的史册，就仿佛在浏览一幅自治区欣欣向荣的画卷。无"我"即有"我"，纳穆吉勒的摄影艺术作品绝非是其他人所能代替的，也正因为如此，也就形成了在摄影界独有的纳穆吉勒风格。李树榕同志引用的这句话是恰当的："把大半生的心血和忠诚，溶进了一部红色的历史。"这就是纳穆吉勒的艺术作品，这就是纳穆吉勒的人生历程。

除上述之外，他的摄影作品在艺术上也是造诣极深的。独特的视角，别具一格的聚焦，都说明了他的摄影技术已达到了近乎炉火纯青的地步。作品《乌兰夫视察抗日根据地大青山》《雪原铁骑》《草原小雄鹰》《骄傲——内蒙古小摔跤手》《牧归》《美丽的内蒙古草原》《沙海航行》《曼谷风光》等等,均在摄影界引起过很大的反响,并参加过多次国内和国际的重要摄影展。总而言之,观赏纳穆吉勒的摄影回顾展,不但使你能够回顾历史的瞬间,而且也能得到一次美好的艺术享受。

而更难能可贵的还在于,纳穆吉勒对下一代的关怀和培养。他任内蒙古摄影家协会主席很长时间,却丝毫没有沾染上某些人那种嫉贤妒能的阴暗心理。任职期间绝不搞唯我独尊,而总是善意地关心着每一个同行。离休之后更是关心着中青年摄影家,把自己的余生贡献给内蒙古未来的摄影艺术事业。在我的印象中,他的学生就有高东风、车光照、哈斯巴根、比列格等区内外均享有盛誉的青年摄影家。尤其值得称道的是,蒙古族摄影家高东风评职称时刚刚三十岁出头,而纳穆吉勒却为他破格评定国家一级摄影家四处奔走。七十岁的老人为三十岁的小青年多方游说,其情其景确实感人至深。最后,高东风终于成了自治区最年轻的高级职称获得者。他却绝口不提自己的作用,只顾畅想未来了。

或许正是由于这个原因,纳穆吉勒的作品永远显得朝气蓬勃,纳穆吉勒也永远显得充满活力,难怪人们称他是内蒙古摄影界的常青树。

诗,一首静静流逝的诗
——追思著名诗人纪征民

是的!这像一首诗,一首静静流逝的诗。但这不是用笔墨写成的,而是用诗人自己漫长的人生。

1998年春节,窗外响起了阵阵喜庆的鞭炮声。按照中国人特有的风俗,大年初二正是亲朋好友相互拜年的最佳时刻。我第一个想起的便是他——远在包头的挚友纪征民。但奇怪的是电话就是怎么也打不通。不是没人接,也不是占线,听筒里永远传来的是一种古怪的声响:如咽,如泣,似预兆着什么不祥。一直打到大年初六电话才有人接了,但传来的消息却果真是令人悲痛欲绝的。嫂夫人告诉我说,老纪已经走了,于 1997 年底悄悄地走了。临诀别人生时只留下这样一段话:我是默默无闻来到人世的,还让我默默无闻地告别人世。千万不要为我的死去打扰朋友们,眼看就要过春节了……怪不得电话总是只发出如诉如泣的声响。老纪啊!你这是怕干扰了朋友们欢欢喜喜过大年!直到初六年已过了,你才放手让电波传来了这一噩耗。

默默无闻地来,默默无闻地去……

果真是这样的?早在我还是一个四处碰壁的初学写作者时,你已经是一位内蒙古文坛的著名的诗人了。当时在我的印象中,你仿佛不是在用笔写作,而是饱蘸着激情在用吊车的钢铁巨臂挥洒诗篇。完全可以这样说,你永远是我的文学前辈,永远是我学习的榜样之一。但当我初次和你结识之后,却发现你是那么朴实无华、那么平易近人!尤其在为自己"定位"这点上,你完全可以作为内蒙古文学界的典范。正视现实,尊重青年!难怪在你逝世之后,许多文坛的后起之秀竟为你写下了催人泪下的悼念的诗篇。你人好、诗好,却抛下敬仰你的朋友匆匆走了。不计人生的荣辱,仍把自己也化作了一首静静流逝的诗。但绝不是默默无闻地来,也不是默默无闻地去,因为在你身后留下了一条令人思念的河。

这就是你的诗、你的歌、还有你的散文……

夜深人静时,我又一次翻阅着你遗留下的文稿。不知为什么?面对着窗外静谧的星空,我却恍若总感到自己在翻阅一部交响乐的总谱。眼前再不仅仅是一行行的字,而是一行行跳动的音符。伴随着对往事的回首,似有音乐旋律在耳旁回荡。第一乐章,少年的梦幻,对新社会的向往。第二乐章,激情的投入,豪迈的讴歌。第三乐章,夕阳下的漫步,哲理性的思考。第四乐章,恬静的微笑,温馨的隐退……乐声似在耳旁渐渐消失了,但却在我的眼前清晰地勾勒出你的一生。而这一切,又使我想起了 1997 年在包头我们那最后一次的谈话。当时我正带领着一些作家在包钢体验生活,谈话是在二冶宾馆的一个房间里。你对我说:我们这代人一生的经历似乎太多了,从抗日战争、解放战争、新中国的诞生、抗美援朝、反右斗争、三年自然灾害、"文化大革命"、四人帮的覆灭,直至现在的改革开放!你还说,有对自己一生的总结，但更多的却是反思。你由衷地赞美着明天，并且也在娓娓倾诉着过去留下的遗憾。对照你的文稿再回忆这次谈话，我更加深了对你的尊敬，加深了对你的理解。你不愧为一个真正的诗人，你的一生就是一部令人难忘的交响乐！

但你却过早地离开我们走了……

是的！诗人驾驭不了时代，而往往是时代驾驭着诗人。但绝没有默默无闻的来和去，你留给朋友们的精神遗产却是永难磨灭的。第一是奉献，第二是忠诚！正是这两点，成为你人生交响乐的核心主题。难道不正是这样吗？对人民的无私奉献，对祖国的赤胆忠诚，使你从20世纪50年代起就忘我地投入了生活。绝不是短暂的走马观花，更不准备他日的衣锦还乡，而是把自己整个生命全融入了"深入生活"里。从青年时来到这"呦呦鹿鸣"的塞外荒野，一直到魂归宏伟的炼钢炉旁，你一直在讴歌着时代翻天覆地的变化，你一直在赞美着创造奇迹的钢铁工人！奉献，使你成了工人中的诗人！忠诚，又使你成了诗人中的工人！忘我、无私，构成了你整个生命的篇章。坦荡、飘逸，又使钢城的人民永远难以忘怀你——诗人！诗人！我们的诗人！

请同我一起打开这两部纪征民的遗作吧！

这里面有一颗永远在跳动着的心！

火一样的热，情一样的深！

读吧……

写给《永远的情书》

或许，这本身就是一首流淌的诗……

她来了。风尘仆仆，从天津赶到了呼和浩特。我问她：干什么？她回答：看希望。我有些愕然，她却清纯地一笑再也不做解答了。或许是出于怕给朋友添麻烦，或许是出于天真的自信，她竟乘班车越过了绵延起伏的大青山，驰过了海海漫漫的大草原。她的身子是那么单薄,却还是只身到了离国界线很近的一个荒僻远村里。老、少、边、穷,这里几乎把上述几项扶贫的特点都占了。它所在的荒野还有个很特殊的名字:活佛滩。

她去那里看什么希望?直到她回到呼和浩特我才找到了真正的答案。她告诉我说,活佛滩的得名是因为这里曾出过一位活佛,而她却更期盼这里能走出一位自己的大学生。她说,缘分来自希望工程,她正在资助这里的一个贫困女孩儿读书。这次是专程前来看看她……啊!我由不得就要肃然起敬了,谁料她竟对我这种表情深感惶恐,一个劲地回避着。好半天才话锋一转对我说:你知道我看到了什么吗?我回答:穷山恶水。她却眸子一亮对我说:不!不不!是一首流淌的诗……她说:我送给了小女孩一条小花格裙子当礼物,没想到她当即就穿了起来。面对着茫茫的旷野活佛滩,马上竟情不自禁地舞动旋转起来。背后就是那土黄色的简陋校舍,而我却只感到眼前似恍然飞腾起五彩的云朵。伴随着这梦幻般场景的是那小女孩银铃般的笑声……

是的!这本身就是一首流淌的诗。当我再次望向她那双仍沉浸在迷幻中的明眸时,恍然感到她在我的眼前也变成了一部打开的诗卷。应该说,我平时是很少读诗的。过多的矫揉造作,拙劣的故作深沉,标语口号式的阿谀奉承早使人们因其"滥"而远之。宁可再去重读古人的"两个黄鹂鸣翠柳,一行白鹭上青天",也不愿去聆听某些人那些自以为大气磅礴之作了。而现在面对着这样一部打开的诗卷,还是由不得我不继续翻阅下去了。一首首篇幅并不大,却折射着清晨的霞光。

文如其人,好像她也并不例外。诗和人是完全吻合的,在我的印象中,她仿佛永远是个长不大的小女孩。单纯,率真,甚至还好像略带几分任性。说她天生就好像不是一个诗人,那是因为她似乎并没有"文以载道"或"诗言志"的过重负担,仿佛丝毫也没有那种"天降大任于斯人"的良好感觉。说她天生就好像是一位诗人,那是因为她就犹如孩子在玩弄魔方一样,却常常能在漫不经心中架构、变幻语言和感情。似乎上苍对她格外垂青似的,极为普通的语言,极为普通的感情,一经她重新组合倾泻在稿纸上,便变得格外亲切动人。比如这首诗:

不是戈壁/障碍了久远的风烟/未知的期盼/望穿纵深的相思地/许是千古流落的苍凉/在静无人声的旷野/驼铃依稀//南行的雁阵/伴你晨霜暮雪的吟诵/在

灼烤中知觉/遥远的辉煌/往昔的空落/不可追记的亲情//流水落红中/所有的故事/所有的故事与你唱和/与你共舞/然后/与你相视无言//夕阳下/一幅秋景/慰我终身……(选自《独对秋景》)

也许可以反过来这样说：人如其文。试想，如果她失去了那份单纯，或许她也就失去了那份忘我的潇洒；如果她失去了那份率真，或许她也就失去了那份激情的抒发；如果她失去了那几分任性，或许她也就失去了那份孩童玩魔方时梦幻般的无拘无束。很显然，她的诗篇绝不属于"大江东去"的行列，倒很像那山涧汩汩流淌的溪流。大海不是她的归宿，好像只是为了坡地上那几株干渴的禾苗。但单纯并不等于浅薄，而率真却往往能道出最深刻的人生哲理。君不见！在安徒生的童话中，正是那童稚的声音揭示了皇帝赤裸裸的丑态。读她的诗也常会给你这种感觉：意外的惊喜，片刻的沉思，或许是深深的感情共鸣。人如其文，文如其人，请读读她这首诗：

……无法理解你姿势的含意/因你总是离我远行/也许秋天本该这样/心事重重//天高云淡/秋水伊人/河里已放满写着你名字的小纸船/不羁的灵魂/是否也会故作安然//想你/我就流泪/善良与懦弱与生俱来/我别无选择/一年里最为难过的季节/又开始了青涩的蔓延/触及心事的弦外之音/也在这一刻乍响/过多的阳光/使我困惑于背后的寒冷/我已被你的爱怜撕成了碎片/在雨中/幻化成翩翩飞蝶/那住满忧郁的日子/再也不会变成美丽的风景了……(节选自《走出深秋》)

我一向对中国文学的未来是寄期望于年轻一代的，而读她的诗更使我对这种期望充满了信心。没有沉重的传统因袭，没有沉重的历史负担，有的只是清纯、清丽、清新的诗风。我是通过她了解她的诗的，也是通过她的诗了解她的。她给我留下了这样的印象：人真诗也真！追根溯源，这或许就是她能在天津诗坛上崭露头角的真谛。人们啊！要珍惜真正的感情。

但认识了她，她却又要返回到天津了。临别时，她似乎仍忘不了那活佛滩上旋转的五彩云朵。那女孩显然成了她的希望，她满怀深情地对着我说：从此，我对内蒙古又多了几分思念和牵挂。

啊！流淌的诗还在继续着……

《冯苓植文集》(散文随笔集)：忆沪上

人间自有真情在
——安谧和年轻编辑的故事

这本身就是一首诗，就是一首歌，就是一首激荡着人间真情的交响曲。

安谧，一条地道的山东汉子。生性坦荡，激情满怀。打从青年时代起即献身草原，四十多年来一直埋首于诗歌创作。硕果累累，当之无愧地成为当代独具魅力的著名诗人之一。他的诗永远和牧人的心弦共颤着，至今仍像一阵阵的和煦的风在草原上四处回荡，难怪有的评论家这样说：他的诗不仅是印在纸张上，而且是印在马背上。当万马奔腾的时刻，大地上便处处响起了他的歌。

但安谧的一生却并不像他的名字那样安谧。几经风雨，几经沧桑，虽终于盼到了诗人可以尽情讴歌的时代，但他却偏又被严酷的病魔摧倒了。中风失语，半身偏瘫，几度徘徊在生死线上，后经他那贤惠妻子无微不至地关照虽然转危为安了，但他却又面临着这样无情的现实：作为一个诗人，他需要行万里路，却下肢偏瘫了；他需要放声高歌，却张口难语了；他需要奋笔疾书，却右手已完全不听指挥了。他只有散落于各大刊物的精美诗篇，却绝对没有落下个一官半职。他离休了，作为一个清贫的诗人，他只能默默地离休了。怅惘地望着屋顶，心头只留下最后一个愿望：收集出版他所发表过的诗。那些散落于各大刊物的诗，那些他曾为之呕心沥血的诗！但这一切却又是那么艰难，沉默间眼角旁只能多了两行泪。

这或许也可算作两行诗……

也难怪！如今的出版界正面临着极大的困难，也有着自己难言的隐衷。即使如谢晋这样闻名于世的大导演，出书后也得去自寻出路。而一些有价值的学术专著，作者也往往因自己包销而望书兴叹。尤其是诗歌界，似乎就面临着更大的冲击。为此，对于他这样一位失掉语言和行动能力的诗人来说，那就更如是个梦幻。到哪儿去求人？到哪儿去找赞助？到哪儿去寻求安慰和理解？

安谧，似一生将难安谧！

我也曾为此感叹、惋惜、甚至愤愤不平地诅咒过。我也曾为诗歌的贬值哀怨、忧虑,甚至深深地绝望过。但谁曾想到,就在人们尽量转移诗人出诗集的念头时,内蒙古人民出版社竟主动提出要为他完成这一心愿。他们婉拒那么多大款、大腕,或者有助于自己升迁的出书者,却偏偏来到这语言失聪半身偏瘫的诗人面前。多么难能可贵啊!在当前社会上处处泛滥着向钱看的情势下,这简直可以称之为壮举。人间自有真情在,这也反映了内蒙古人民出版社如何看待人生的价值。

草原,绝不会忘却给它做出奉献的人!

编辑阿古拉泰奉命登门组稿来了。这是一位在诗坛早已崭露头角的蒙古族年轻诗人,带着马背民族特有的坦荡和率真,亲自来完成这项特殊的编辑任务了。我在一旁亲眼目睹了这一切,深深被这动人的场景激动着。没有热情的寒暄,有的只是无言的凝视。泪光、微笑,伴随着相互的理解,使陋室里顿时荡漾起一股激动人心的暖流。谁说文人自古相轻?请看看他们紧握的双手吧!谁说老少必有代沟?请看看他们会心的眼神吧!我为此热泪盈眶了,衷心祝贺多灾多难的老诗人那夙愿就要变成现实。

但我更赞美年轻人!

应该说,为了完成出版社交给的任务,青年诗人面临着许多困难。不能语言交流,更难得书写对话。他必须猜测老诗人哼哼呀呀的每个发音,他必须判断老诗人颤颤抖抖的每个手势。这是在用心灵编辑,在用理解编辑。这是在排除一切困难捕捉老诗人在诗海中尽力溅起的一朵朵浪花,是在尽倾一片真情开掘老诗人意识深处的一汪汪清泉。诗人安谧被一次又一次感动了。看得出,他那闪着泪光的眼睛里更对未来充满了希望。他一定还会写,还会写出更加动人的诗篇。再不要过多责备我们的下一代了!他们绝没有困惑于迷乱的现实之中。不!人间自有真情在!这真情正寄托在他们的身上。

现在,编辑精美的安谧诗集就要出版了,我拉拉杂杂地写下了上述这一切。

虽然我并不十分懂得诗,但我却在这动人的场景中的的确确听到了一首溢满人间真情的歌!

让我们欢呼诗歌的时代到来吧!

《冯苓植文集》(散文随笔集)：忆沪上

史志奇人刘映元

夜幕低垂，华灯初上。作为一个耄耋老人，我却仍急匆匆地穿行于车流人海之中，寒风刺骨，步履蹒跚，怀中还抱着一部上百万字的厚书。

沉甸甸的！像搬着一块古砖……

按说，这不应该是一个早步入人生暮年退休文人当有之举，即使诺奖获得者莫言赐我一部《丰乳肥臀》，似乎也不会如此"激情四溢"的。须知，我越老就越反应迟钝，抽劣烟，喝次酒，早已浑浑噩噩"超然物外"了。更何况一入隆冬便蜗居于六层顶楼数月不下，致使腿脚和语言均处于退化之中。要怪似也只能怪内蒙古通志馆主邢野那通电话，愣把一个老头"忽悠"得屁颠屁颠的。难怪老伴见我气喘吁吁抱书归来，即惊讶地问："是何方神圣的大作，竟使你舍得拼了老命？"我上气不接下气答之曰："刘映元！"

刘映元？只见老伴一脸茫然……

一

也难怪，刘映元这个名字是够让人感到陌生的。现如今三四十岁的人很少有人知道。至于说到我对刘映元先生的大作为何如此激动？那只能归结为四个字：神交已久！也就是说虽从未谋面，却从他的文字之中早已认识先生了。往事悠悠！记得在"文革"期间，我在基层挨斗、挨批、挨关似乎还受得了，唯独无可读之书，让人"饥渴难耐"。多亏此时有人偷偷送了几本《内蒙古文史资料》给我，才使我得以在小煤油灯下熬过漫漫长夜，也算得"饥不择食"，但也就在与此同时我开始"认识"刘映元先生了。

奇才！怪才！我常常为他的文章拍案叫绝……

按说，内蒙古当时汇集印行的那批文史资料纯属内部书刊，且执笔人大多为"旧社会过来"的当事人和知情者。故在那样特定的历史环境下，大多数执笔者均可能抱着一种"不求有功，但求无过"的心态去完成任务。因而只顾记述，多有保留,当然便难免"略输文采"了。而刘映元先生史志性的文章就大不一样了,视角独特,别具匠心,在这批文史资料中绝对可称得上"独树一帜"。首先,映元先生并不单选重大的历史事件和人物下笔,以求自己的文章分量随之"水涨船高"。而是以其那支生花的妙笔另辟蹊径,从而为文史资料的写作打开了一扇全新的窗口。比如写旧社会之丐帮、戏子、土匪、窑姐、文化人、旅蒙商、跑堂的、卖药的、青帮大佬、拉骆驼汉、长头发教徒、三不管地界的爷们等等,均能写得活灵活现极为传神。不仅如此,他的笔触还把您带入旧时归化城的烧麦馆子、饸饹馆子、葫芦馆子、清酒馆子、大戏馆子等等热闹地界一游。使人仿佛穿越时空隧道,又重新置身于乱乱哄哄的边塞古城闹市之中。当然,我并不是说映元先生缺少写重大历史事件的史志性文章,我只想说是他这些专写三教九流的作品首先引起了我的注目。

太精彩了!是该拍案叫绝……

有人也许会说,此类题材本来就容易"讨好",乃充分利用了读者的"猎奇心理"。非也!差矣!要知道,没有饱经沧桑的人生阅历,没有洞察社会的文化积淀,没有操弄文字的语言功力,在那样特定历史条件下"讨好"和"猎奇"往往也会招致飞来横祸的。即以《包头死人沟的"梁山"》一文为例,是专写原绥远地区丐帮的。看似"别开生面",其实在那"上纲上线"的年代里是很难写的。传统观念认为"丐是因贫困所逼",故稍不留意即会引发"阶级情感"问题。而映元先生却能以其老到的文字功力,将其亲身所见所闻栩栩如生地写进了史志里。绝不涉及"阶级",更不流露"情感",似乎只顾从旁观者的角度记录着丐帮的生存状态。含而不露,点到为止,绝少个人的感慨,更无太史公似的评述,但又绝不仅仅是记述、记述、还是记述,文中时而可见"画龙点睛"之笔,常常令人忍俊不禁喷喷称"妙"。比如说,关于"梁山"丐帮的人员构成,他仅写道"还有一个给孙殿英当过县长的人,也在这里讨吃",几笔便勾勒出死人沟绝对是处"藏龙卧虎"之地。与死人为邻,与棺材为伴,抽着大烟灰,养着哈巴狗,似乎确要比后人所说的那种"放了三年羊,给个县长也不当"的日子,还要活得"洒脱"……当然,刘映元先生其他史志性的文章也写得极为精彩,对老绥远的历史源流及沧桑变幻也均有极其生动的展现。而我之所以偏爱先生所写三教九流之文章,这或许是因为我长时期从事的就是文学创作。在我看来,刘映元先生的许多史志性的文章就是典型的"报告文学"。是他,不但开拓了《内蒙古文史资料》新的领域,而且从此也使史志和文学结了缘。

高人哪!我多么想尽早结识这位老前辈……

二

但由于我当时尚在大后套工作,天各一方,并认为这位学贯古今的"大笔杆子"必然"门槛甚高",故没敢贸然造次拜访。却谁料随后听到的消息又令我大吃一惊,有人竟告诉我,曾在内蒙古图书馆见过他,穿着一件光板子老羊皮袄,腰里还扎着一根绳。典型的农村老汉打扮,却偏要灰头土脸地进城来查书。还有人这样告诉我,在旧城的老烧麦馆里也曾见过他,混迹于一群市井之辈中正在喝茶闲聊。半两烧麦一坐就是大半天,和三教九流的喝茶者相聚甚欢……直至此时我才逐步零零散散了解到,先生在青年时期即成为名噪一时的大记者。著名学者常任侠称他为"绥远青年诗人刘映元",《申报》等著名报刊也常以整版篇幅转载他的通讯报道文章。据说他还奉傅作义将军之命到延安抗大学习过,但绥远和平解放后却又下过监狱,而旋即又被提前释放,并被聘为呼和浩特政协委员及内蒙古文史办编外采访人员。人常说:"识时务者为俊杰",反右斗争之后他竟又"未卜先知"地"自寻出路"了。1960年即自觉自愿地将自己下放于农村,脚踏实地认认真真当起了农民。文人蜕变到土得掉渣儿,扔在老农堆里你绝对难将他挑拣出来。但这又不能不说这是"大智慧"之举,果然后来还多亏五里村乡亲宽厚才使他躲过了"文革"这一劫。随后便是改革开放后的复出,重又"文如泉涌"了。虽然此后不久我也调回了呼和浩特市,但又怎好意思去打扰老先生的"奋笔疾书"呢?

除此以外,似乎还有两个原因——

其一,既然已初识先生的"庐山真面目",当然也就觉得他熟知旧绥远的政、军、农、商、教,以及各族各界高层人士和重大事件不足为奇了。更何况,我毕竟比先生小二十多岁,在改革开放大潮的涌动下似乎也只顾了自己的"文学追求"了。其二,随着突破"两个凡是",各式各样的文学作品也似雨后春笋般涌现了。

足以令人眼花缭乱目不暇接,当然曾被视为"奇葩"的《内蒙古文史资料》也就随之渐渐淡出人们的视野了。总之,那段时间人们均很浮躁,我也跟着浮躁,故而竟对先生有所忽略了。

罪过!也算一种不知天高地厚的表现……

直到1999年退休了,我才重又捧读起刘映元老先生的文章。那是因为浮躁之后必将回归沉静的反思,面对着诸多哗众取宠的文学作品似仍需寻求回归。当然,我所百读不厌的仍然是先生写三教九流相关史志,并且回味无穷地发现他绝对可称之为"大家手笔"。比如说,人们议及先生文字功力时,往往仅用"语言流畅,朴实无华"而论之。且不说这就是文学创作中很高的境界,就单论先生文字中那含泪的调侃、辛酸的幽默、迥异的"画龙点睛"、诙谐的似褒似贬等等,也均是先生常人难及的语言特色。结合先生坎坷多变的经历,我甚至怀疑他似乎一直在"游戏人生""游戏文字"?为此,我进而觉得先生的史志文字颇值得专家学者研究。

好在刘映元先生终于迎来了人生第二春……

据说,他似乎一夜之间就变成了内蒙古西部地区的一部《大百科全书》,不但各盟市纷纷来请教查询。而老先生在彻底"解脱"之后,似也显得更是"不用扬鞭自奋蹄"了。不顾老迈年高,由昔日一篇篇小块文章开始向一本本大部头的史志专著拓展了。如《绥远兵匪志》《边疆文化史》《傅作义先生年谱》等等。当应指出,老先生精疲力竭"发挥余热"写出的这批文章,确是奠定了他在文史界不可撼动的权威地位,但不知为什么对比他前期所写作品,比如《包头死人沟的"梁山"》《我所知道的长头发教》《西口菊部旧闻——呼和浩特梨园史话》等等,又总觉得读起来稍显"一本正经",不那么"有滋有味"了。时而显得下笔匆匆,时而又略显拖沓。有人把这归咎于先生的老迈,有人把这归咎于对他的稿约太多,更有人把这归咎于他再不用在史家所言"直笔"和"曲笔"上徘徊了……而在我看来,回想一下司马迁所说:"昔西伯拘羑里演《周易》;孔子厄陈蔡,作《春秋》;屈原放逐,乃赋《离骚》;左丘失明,厥有《国语》……"或者尚可给人一些启迪:

自古中国文人就难逃这个怪圈……

1990年末,我意外得知了刘映元先生逝世的消息,作为一个晚辈也曾哀痛不已,并曾对着夜空悲叹曰:"一个时代的传奇结束了……"不久之后又进而发现:我们都是山西人,先祖均为明朝戍边军人,世代均住在明长城脚下,只不过先生为左云人,我是代州人,但在老绥远我与老先生又均属走西口的后代……为此,我曾追悔莫及,由于自己的一拖再拖,最终还是和先生"失之交臂"。终身抱憾! 但一转眼便又是二十二年过去了。随着老一辈的旧绥远人的逐渐故去,那段老绥远的历史似乎又被尘封了。况且随着科技的发展,"平面媒体"都要日渐消失了,有千奇百怪的新鲜玩意儿,谁还顾得上拾那些"陈谷子烂芝麻"?

但事实却告诉我们:是金子总会发光的!

社会上更不乏"独具慧眼"之人!

这就是内蒙古通志馆的邢野……

三

邢野,对这个名字我早有所闻,却交往极少。只听说,有人把他称为文史界的"独行客",有人把他称为出版界的"另类人"。交友极广,三教九流无所不及,竟凭借"内蒙古通志馆"出版史志类书籍达上百种之多。其头衔甚多,堪称精英。又别具慧眼,尤以"淘宝"著称。而《刘映元文集》即其"淘宝"所收获的又一重大的成果,竟连我这个古稀之年的老糊涂也只能对他重新审视、"刮目相看"。难得呀! 似乎他也在为我和众多老绥远人了却一桩心愿。而更为难得的还在于,《刘映元文集》是他自掏腰包投资二十余万元出版面世的。非亲非故,看得出他这纯属是为了保护珍贵的历史文化遗产而"不惜血本"呀! 我佩服他的鉴赏能力,更佩服他的远见卓识。更何况从刘映元先生四百多万字的遗文中要精选出一百万言的精品,并把它编辑成一部装帧精美如此厚重的文集,那不只是仅靠慷慨的投资就"万事大吉"了,尚需深厚的功力和辛勤的劳作才能完成。

内蒙古通史馆功不可没……

就在几乎与此同时,我又进而发现自己过去的担心显然是多余的。刘映元先生不但没有被人遗忘,而是时间越久他的遗文便越显得弥足珍贵。比如内蒙古文史馆新任馆长张建华先生就亲自为文集作序,不但深为了解这位老文史馆员的其人其文,而且给予他极高的评价。再比如,由呼市作协主席尚静波先生主编的《呼和浩特现当代文学简史》,也专为他老人家开辟了一章,并称之为"史志文学"。评价之高,可见一斑。而说到区外,我个人就曾接到山西友人来函多次索要先生的作品。仅我的故乡忻州地区,我就曾寄出过《内蒙古文史资料》多套。

好酒年头越长越散发着醇香,好作品年头越久越彰显它独特的魅力!

谨以此文追思并怀念刘映元先生……

第八辑　萍踪拾旧

粤海有感,天下真小

若在古代,内蒙古和广东相距那可真够遥远的。地北天南,除了相互种种离奇的传闻,诸如广东人如何爱吃蛇,内蒙古人如何啃骆驼之外,确很难有什么交往了。

关山阻隔,万里迢迢。

所幸我生在现代,科技的发展使天下缩小了。等我刚一跨出茫茫的腾格里大沙漠,便有缘结识了许多广东作家。

首先应该提到秦牧先生。

这是我所敬仰的前辈老作家,一本《艺海拾贝》几乎被我翻烂了。我佩服他的学识渊博,却怎么也学不来他那笔触的朴实自在。相识是很偶然的。在北京人民文学出版社改稿,秦牧就住在我们隔壁。当时并未注意,只觉得在改稿者之间多出了个戴瓶底眼镜的老头儿。灰白的头发,灰白的制服,随和的再不能随和了。不显山,不显水,倒像个和我们一样的初学写作者。对谁说话都是那么谦和细语,只是夜晚那鼾声实在太酣畅淋漓了,恰和白日形成鲜明对比。我初次走出死寂的沙漠,当然更有一种"穿林海,过雪原,气冲霄汉"的感觉。年轻气盛,便难免有点奇怪"老头儿改稿竟能睡得如此香甜"!正当此时,有人才告诉我这是秦牧先生!我大吃一惊,顿时觉察出自己的浅薄。绝非鼾声变成了音乐,而是发现了早起早睡特有的写作规律。当时正值"文革"后期,我们正围绕着以阶级斗争为纲改稿改得焦头烂额,而他却仍超然地在"艺海拾贝",当然鼾声会酣畅淋漓了。随之,后来便有了交谈。只不过他的广东口音我有些听不懂,于是交谈中便经常出现"两道车走,并行不悖"的场面。终于,老先生和我合影留念了。我绝不敢拿此以示炫耀,望着先生对着满桌书籍写作的背影,只在照片的背面深有感触地写下了四句话:"地北天南,一影相连,天下真小,学海无边!"

再说说陈国凯先生。

改革开放以后,《收获》和《特区文学》联合办笔会。一群"解放了的堂吉诃德",自我感觉良好地逛完了羊城又去深圳。我们第一次会面了。这位老兄虽地居天南,却颇具北方汉子的豪放性格。这恰好和他的身高和块头成反比,对我热情得实在可以。细一打听,原来蒋子龙写的一篇有关我的评论已发在他主编的《特区文学》上,他也直言不讳地说:"那是多么正直的人。他的朋友就是我的朋友!"得!内蒙古的土老帽也跟着沾光了。友谊与日俱增,仅几天就像相识了数十年的老朋友。除无话不谈外,还给予我种种特殊待遇。使我不但受宠若惊,而且简直有点招架不了。比如说,我抽烟惯于抽一个牌子,特意带来常吸的内蒙古烟。他竟误认为是自己照顾不周,内疚地特意自掏腰包买了几条"三五"烟送上门来。他就是这么个人儿,绝不能眼瞧着自己的哥们儿在深圳地面上掉价儿!还有一件事情,也使我至今久久难以忘怀。在某次作家聚会间,当时有位深圳文联的同志按省市介绍每位作家。可能是因为疏忽,也可能是内蒙古太偏远,这位同志竟把内蒙古的两位作家全遗漏了。我倒无所谓,后多亏白桦提醒总算功德圆满了。谁料事后陈国凯竟主动承担责任,连连向我道歉不止,好像是因为他办事不周差点把内蒙古甩出祖国一般。他就是这么个人儿,绝不能让朋友受一点委屈!

再说说吕雷先生。

我和他是在庐山上相识的。借大型文学丛刊《百花洲》主办笔会之光,我得以结交了这位年轻的朋友。如果说,与上述两位中、老作家的结识尚有情节可言的话,与他的相识几乎像一部现代派的小说:无情节可言。他淡化着出现了,从不解释什么也不说明什么。似意识流作品那样,莫名其妙地便在你心头引起了共鸣。发展到后来,没他竟少了游兴,有他恶作剧中也仿佛获得了灵感。这是个奇怪现象,怪不得张一弓说:这小子的作品也一定有点琢磨头!事实也是这样,后来我读了他几篇小说,的确出手不凡。和大家的友谊也是这样,淡入的,无须金兰结拜,便会取得你深深的信赖。又是多少个年头过去了,这位年轻的朋友仍在我的心中意识流着。无情节,却永远萦绕在思念中。

羊城的朋友!你们好!

天下真小。过去闻名塞北的两广杂货,非得个一年半载难到内蒙古。现在呼和浩特至广州已有直达航班了,也就不过睡一觉就可到达羊城。广东话如今在草原上也很时髦,而内蒙古的马王也在广州很露脸儿。万里关山尽在机翼下消失了,剩下的只有友谊。

天下真小,朋友真多!

在湘西,猴儿向我致敬

去年岁末,应"湘泉笔会"之邀赴张家界游览。苍山叠翠,满目葱茏,恍惚间竟由不得想到了草原。也难怪!大半生浪迹于戈壁荒漠之间,见"绿"就难免浮想联翩。天哪!张家界多像堆砌起来的草原,而草原又多像摊平了的张家界?

但虽有联想,却绝不敢在同行间大发感慨。须知,这位挥笔就将《开国大典》搬上了银幕,那位泼墨就渲染出了《战火中的青春》;这位正在续写《张铁匠的罗曼史》,那位刚刚回叙过《耶稣、孔子、披头士列侬》……均为名人名士,又分别来自京沪等各大名城。而我呢?至今仍生活在穷乡僻壤,天生就显得有点土头土脑。思想贫乏得可怜,笔下哪来的百万雄兵、战火纷飞?以至于思想家救世主和罗曼史?自惭形秽,故同行时总是自觉拖后,生怕影响了参加笔会作家们的整体质量。记得游金鞭溪时,我愣让同行们在终点整整等了近一个小时。致使北京作家赵大年慨而言之曰:只要冯苓植这小子出现了,咱们这帮作家才算凑齐了。

切莫怪我!要知道我曾被长期下放于腾格里大沙漠旁劳动改造。久和牛马骆驼羊打交道,几乎连人的语言都退化了。荒原辽阔无垠,我的目光却很狭窄。没辙!下笔只有写动物小说了。小到写了沙丘间无声无息的沙漠蜥蜴,大到写了荒漠间沉默忠诚的双峰骆驼。还曾写过一条怯懦的狗,一只误入人间的黑天鹅,一头不识自己真面目的白唇鹿,两只争抢高枝的百灵子,一头等待被汤褪的瘸驴,还有一群颇具人情味的北方狼……总之,一位位都很难登大雅之堂,绝无法和各位同行作家的笔下人物相提并论。故退居于名流之外倒也安逸,力求避开"鱼目混珠"的尴尬处境。

是有点形只影单,但迷人的景观很快便弥补了这一切。山美、水美、人更美,多情的湘女更令人目不暇接。再加上几杯湘泉美酒下肚,竟一时间有点飘然欲仙之感。谁料想越甘于寂寞越不得寂寞,猛然间便听得身后响起一片欢呼。惊回首一看,原来是一只猴儿正蹲坐在石栏上向我行举手礼。猴头猴脑的是有点欠严肃,但毕竟是它使我一时成为引人注目的中心呀!

感激呀感激!虽动作极不规范,但似乎仍比某些影视演员强。更何况,自己总算接受了生平第一次致敬,哪还顾得了是人还是猴儿啊!晕晕乎乎,顿生联想:莫非是因为自己写动物小说感动了上苍?莫非是因这猴儿把自己看成保护动物的绿党?但不管怎样,却总算得到了一个难得的知音。何以为报?当举手也回致敬意。又谁曾料想到,尚未待我动作,这只猴儿已一跃到我肩上,又摘我的眼镜,又抢我的相机,还要掏我的钱包。再看,随后早闪出了驯猴人的身影,谦恭地笑着向我伸出了手……

天哪!原来接受致敬也需要钱呀!

结 缘 津 门

1

从事文学创作二十多年,我早已和天津结下了不解之缘。究其原因,似乎是因为天津人的率直。"吗人?""吗事?""吗问题?"几个"吗"就把你心里打扫得干干净净。好客仗义,颇符合我这草原"游牧者"的脾气。

遂有了文字姻缘……

20世纪80年代初,我刚由长篇转写中篇小说,心里没底儿,烦着哪! 是当时的《新港》文学月刊主动向我伸出了手,愣派顾芳和任芙康同志把我从三峡漫游途中找到,点石成金,终于帮我完成了一篇像样的中篇小说《去年的故事》。随后,《新港》改名为《天津文学》。为了提高,品青、少敏、伟刚诸同志又把我专门弄到了津门。百花文艺出版社的郑法清和甘以雯同志也不失时机地前来帮忙,遂又有了尚令我满意的中篇小说《死海》和《古德、您哪、拜!》。天津哥们儿可真讲义气! 为了表示对偏远地区作家的支持,竟还在《小说月报》上用了我一张土头巴脑的照片做封面。正是津门这种热气腾腾的友谊,终于为我的中篇创作掀起了一个小高潮。

难忘津门……

但更值得称道的却是这几年。文学界不太景气,而且不乏一些让人眼花缭乱的小玩闹。身在遥远的草原,瞠目结舌之余难免就是消沉。又多亏津门来讯了。蒋子龙同志在电话里告诉我说,功夫绝不在文章之外,应该沉下来稳下来……随之我变得心平气和了,开始在书房里捕捉一只银狐的幻影。去年,蒋子龙同志主编的《天津文库》面世了,作为其间系列之一的我的长篇小说《狐说》也出版了,我和津门,其缘难解。我在这里只想插一句,此处《狐说》之"说"读音应为"shuì",有些天津哥们儿也念错了。

津门,使我还在写……

我还发现,爱到天津搞写作的绝非我一个。北京作家谌容、部队作家叶楠、河南作家张宇、东北作家马原……好多好多都似在津门相聚过。天津港,融汇百川。天津人也似不乏这种气魄,广为结交天下朋友!

我爱津门……

2

我爱津门。从文学结缘为发端,竟潜移默化地有了较广泛的了解。至于说到工商界,那我就得感谢以下两位朋友。

其一,辛一夫!

在我看来,此人可算得天津卫一位怪才。工书法,兼搞长篇小说创作,且精通跳舞。舞步典雅而又潇洒。虽年近六旬,却常令一些妙龄女郎陶醉。他的小说我尚能看懂,但书法已练得腾云驾雾令我不甚了了。结识此君的最大收获,当应属他引导我了解昔日的工商界。

天津八大家……

我记不清了,或许他本身就是天津八大家某家的后裔,或者他家和天津八大家有着极深的渊薮。总之,听他娓娓道来,才知津门商界原来尚有这么多古老的故事。遥想当年,天津虽在天子眼皮子底下,却市区遍布着列强的租界,黑社会也闹得颇具津门特色。八大家的兴衰起落,似从几个侧面也反映出商海的变幻叵测。时而高潮迭起,时而危机暗伏,时而觥筹交错,时而刀光剑影。八大家的传奇既反映了半封建半殖民地的过去,也为我勾勒出津门商界昔日的畸形繁荣。

其二,马老板!

尚且年轻,却算得上一位女中豪杰了。开了一家火爆的大饭店,但竟专门爱招待没什么油水的文艺界朋友。若论豪爽,就在草原也算得可以。对饮扎啤,我竟落了个一败涂地。望而生畏,从此再不敢"班门弄斧"。

当代的典型女商人……

当然,她带我了解的是天津的现代商业。记得我来到津门不久,在众多的文友陪同下,她便带我和我的小女儿吃遍了整个食品一条街。从硕大的油麻花,到耳朵眼炸糕,一直到名贵的鲥鱼。意在从饮食文化入手,进而了解天津欣欣向荣的现代商业,果然收获颇丰。我的目光渐渐越过了食品一条街、旅馆一条街,看到了整个天津卫的商界:兴旺发达,前程似锦!再不仅仅是天津八大家了,有多少人正在利用商业大埠的传统优势振兴天津?

怪不得他们都在为自己的城市感到骄傲!

去年,我又造访天津。没见到辛一夫,似乎八大家的故事已说尽了。却见到了马老板,她的饭店又迁新址了。办的更大、更火、也更气派了。从一滴水看世界，这不正说明天津商界一天一个样吗？

没敢碰杯，只祝福天津……

3

结缘津门！在天津结识的朋友越多，我竟也在不自觉中扮演半个天津人了。在品青和祖光等好友怂恿下，我的笔触也开始涉及天津了。工业题材，试看天津如何深化改革开放！

但仍然是从一滴水中看世界……

这就是天津人怎样引回了德国的名牌摩托车生产线：纯达普！项目虽算不得惊人，但整个过程和其间的内涵却太激动人心了。须知，当时仅仅得到的是一点商业情报，而好些国家已捷足先登了。纯达普，第二次世界大战前后曾闻名于世，最先进的生产流水线是慕尼黑人引以为骄傲的。天津人若想后来者居上，尤其是以最低价引回，没有奇招儿绝对不行的。但天津人不愧是天津人，很快就看出了这不仅仅是个讨价还价的竞争问题，而更重要的还在于有个感情问题。

得人心者得天下……

要知道，不但纯达普的主人对生产流水线感情极深，就连世代相袭的工人们也依依难舍。眼看就要出卖，有些部件竟不翼而飞了。天津人好样的！不但在商战中善于利用矛盾，而且充分了解纯达普人的心理，竟然在空无一人的厂房里发表演说：纯达普不是被卖掉了，而是作为中德友谊的象征被迎到天津……奇迹产生了，空空荡荡的车间里渐渐涌满了工人，而那些不翼而飞的部件又归到了原位。最终，中国人以感情赢得了胜利，流水线以最便宜的价格被迎回了天津。据说，还不到日本同类流水线价格的十分之一。

一点水中看到了天津人的坚韧不拔……

我们原本想搞一部多集电视剧。写商战，写天津人如何在世界市场上参与商战。为此，我曾采访过市里领导，深入过工厂进行了解，并访问过多位德国专家。后来，种种原因，这部电视剧没有拍成。但我并不后悔。须知，我得到的更多。透过这扇窗口，我懂得了什么是改革开放，我更看到了天津人正如何雄心勃

《冯苓植文集》(散文随笔集)：忆沪上

勃地面向二十一世纪！

难忘津门，更难忘津门的朋友！

祝愿天津明天更美好！

未来……

戏 说 酒 友

喝酒，最忌喝孤酒喝闷酒。尤其心情不好，总出事儿。您想想！连个能敞开胸怀撒酒疯的对象都没有，能尽得酒中的乐趣吗？故伟大如李白的豪饮者也不能免俗。他能"斗酒诗百篇"，却不能不"举杯邀明月"。您哪！喝酒怕冷清，需要酒友！

尤其是面对湖南的"酒鬼酒"之类名酒，选择酒友就显得尤为重要。这个酒名起得好呀！不遮不掩，颇显湘楚人豪放之气魄。但我总觉似有欠缺。"酒鬼"一词有伤酒友面子，还不如干脆称其为"鬼酒"。鬼绝对不是个坏字眼儿，难道酒不就是个令人激动的小精灵吗？择友不同，它就变幻莫测。可为你洗涤灵魂，让你晕晕乎乎，尽显人间真情。也可让你口吐狂言，张牙舞爪真如恶鬼附体一般。"酒鬼"一词似还可显出厂家的责任心。因不愿你成为酒鬼，便事先向你提醒酒中有鬼。完全看你怎么掌握分寸了，尤以选择酒友更为重要。当然，友情倒不怕沾"酒鬼"之嫌，还是以不砸"酒鬼酒"的名牌为好。此乃纯属戏谈，皆因遥闻酒香忆及酒友也！

书归正传！酒友大体可分为三类：良友，诤友，狐朋狗友！以我切身体会，与此三种类型的酒友共酒，感觉绝对不同。良友使人感到祥和，诤友使人醉中猛醒，狐朋狗友使人蠢蠢欲动。可惜！我身居茫茫的北国草原，酒中之良友诤友竟俱出自南国的湘江之畔。或许是深得"酒鬼酒"的就近点化，竟使我这次在海南笔会上从他们身上受益匪浅。

酒中良友非聂鑫森莫属。文学中的湘军干将,此次椰城初次相识。这小子不显山、不显水,修炼得颇为洒脱,但不知为何在貌似厚道中却甚得女士青睐,舞场中我等俱都败下阵来。但一经交为酒友,便很快发现了其魅力的所在。随和、淡泊,在酒中尽显其真诚。一开始我虽酒瘾难耐,但看各地来的作家都文质彬彬,便也端坐做道貌岸然状。他来了,竟甘愿伴我也做酒徒。但他一方面绝不鼓励你"狂轰滥炸,"另一方面也绝对不扫你的兴。祥和,祥和,难得地祥和。晕晕乎乎间,酒似乎真正化成了个小精灵,沟通了心灵,加深了理解。我只感到了一种人格的力量,使我心平如水,举杯间,似对世事看得更淡泊了。他在时,我一次也没醉过。他走后,当夜我即烂醉如泥。良友,或者是因酒中良友离去了……

而提到酒中的诤友,我便不由得想起了叶蔚林,这老兄原来笔耕于湖南,现为海南作家协会主席。厚道人一个,厚道到我在这位老大哥面前竟有几分畏惧。这或许就是他成为我酒中诤友的先决条件吧!记得在海口烂醉如泥的第二天早上,我要乘机返回北国冰雪封冻的草原了。老叶亲自前来送行,还专门带来了一瓶法国拿破仑白兰地"大将军"。我难免见"酒"眼开,这位老兄却似忘了即将离别而对我告诫说:送你这瓶酒,是为了让你节制酒!且不说烂醉如泥后会留下种种话柄,就论年龄也不该这样放任自己了。你知道这几年有多少朋友先后离我们而去了,我可再不愿看到你也……老叶从不说这样婆婆妈妈的话,似难得地为我动感情破"戒"了。送美酒,劝戒酒,少有的酒中诤友!至今这瓶"大将军"仍在我那陋室中醒目地摆着。见酒如见诤友。虽然我现在有时仍然喝,但叶兄嘱咐的"节制"还算做到了。能不听吗?到哪儿去找这种酒中的诤友!

至今论到第三种,笔下竟犹豫起来。你把人家当成狐朋狗友,人家看你又是什么形象呢?物以类聚,人以群分,自己当然也就列入对方的狐朋狗友之列了。还是得研究研究喝酒的学问,以追求酒文化的更高境界。酒中也有淡泊以明志,宁静而致远。学问大了,还得潜心禅悟。且搁下此题不论,闭目敛神只遥闻"酒鬼酒"香飘北国。

对了!这才是真正的酒友……

《冯苓植文集》(散文随笔集)：忆沪上

名 山 拾 絮

天柱峰·名山思绪之一

20世纪的最后一个深秋，承蒙鲁彦周兄之邀请，我赴安徽参加了作家和企业家联谊的"迎驾"笔会。

"迎驾"的美酒早已名扬天下，我从茫茫草原匆匆赶来，真有点如牧歌中所唱的那样：鸿雁展翅向南飞，万里关山为一醉……微醺中，似乎更能感受到安徽大地的山美、水美、人更美！但身不由己，即使在醉眼蒙眬的状态中却仍难抛开文学。也难怪！彦周兄号召力是如此之大，除我之外应邀前来的皆是当今文坛的大款（如张贤亮）大腕儿（如王蒙）等等。没辙！他们总在其间搅和。

安徽真绝！有山皆秀，无峰不美，怪不得国外友人把它称为"中国的小瑞士"。而从那些陡峭的山崖上新开凿出来的石阶看，天柱山很可能是安徽众多名山中的"后起之秀"。但对我来说已经足够了，真恨不得立马把它移到我们一望无垠的茫茫草原上，多一些险峻、多一点神奇。

但有一个孩子却挡住了我的视线，那就是年轻的女作家王丽萍。或许她已经有了孩子，但在我们这帮老头子中还只能算个孩子。说实在话，来安徽前她对我来说是绝对陌生的，但随着攀登"后起之秀"的天柱峰时却在我的眼前突现出来。这不仅是因为她自由自在无拘无束地穿梭于一帮老作家之中，而且我还发现那些追逐名人签名的少男少女对她"情有独钟"。文人们尚未认可的一位年轻作家，却被广大读者和观众首先认可了。安徽可谓人杰地灵，山有"后起之秀"，人也有"后起之秀"。不成！我得跨过"代沟"了解一下年轻作家成功的奥秘。

千万别怪我多事！须知，来参加"迎驾"笔会的作家都在六七十岁之间。王蒙在其间的一次座谈会上就曾经说过：我们这一页该掀过去了！而诗人邵燕祥就说得更为彻底：我早打算收摊了！我心服口服深有同感，但新的一页又会是什么样的？年轻作家新开张的摊子又卖的是什么新的产品？我却由于久居草原知之甚少。而眼前不正是个绝好的机会吗？得！我得在天柱峰上来个"不耻下问"。

谁料这一打听不要紧，这个孩子竟会是个"多产作家"。不但已完成了电视剧达八十多集，而且出版的几部散文集也在读者中颇有影响，当应"刮目相看"，但谁料她在天柱峰上给我的回答却颇令人惊讶。没有丝毫自鸣得意，有的倒是稚气的坦白。她只是说：我的作品只不过是些"文化快餐！"我知道，她这是想把"崇高"留给我们，但惊讶之余难道不应该对自己的过去深深反思么？"文化快餐"这个词儿显得是不那么神圣。但很多有名的作家在过去的岁月不也是某种"文化快餐"的炮制者么？随着一次次政治运动，便有一份份"文化快餐"。但所不同的却在于，她和年轻一代的作家似在探求着人民群众真正的需要。能把这一切仅仅当作麦当劳或肯德基对待吗？显然不能。或许正由于他们这种贴近人民的无拘无束的创作态度，她将在未来新一页中写下浓重的一笔。

没有"使命感"的她，终于连拉带拽地把我这个老头子拖上天柱峰的制高点。

我看到了一座新的山，也认识了新的一代人……

九华山·名山思绪之二

在一片云飘雾绕中，我们终于登上了佛门圣地九华山。与五台、峨眉、普陀并列，这就是我久已仰慕的佛教四大名山之一。前三处均去过了，今日终于完成了我遍游佛教名山的心愿。阿弥陀佛！

但就不该在瞻仰地藏王菩萨在石板上留下的那双不可磨灭的脚印时，我却在恍惚间不禁想起另一座曾经辉煌的殿堂——那就是文学。也曾在我们的心目中神圣，也曾出现过许多虔诚的顶礼膜拜者。但文学殿堂却绝非是一块清静无为的净土，过分的虔诚却往往引来的是灾祸。上头供奉着的是庄严的地藏王菩萨，下头走过的却不乏昔日因文学而引火烧身的受难者。诸如同行的王蒙、邓友梅、张贤亮等等……

多亏了大殿中的一尊肉身菩萨深深吸引了我，才使我从这不沾边的联想中解脱出来。据说他属于寺庙最下层，只不过是一个撞钟的和尚。但由于佛法的"普度众生"，他苦修苦练终于成了正果。肉身菩萨确实是个难解之谜，尤其是这样一个撞钟和尚就更令人费解。要知道，草原上的活佛去世后为保持肉身是须经特殊处理的,内地的大德高僧为保持肉身也须经禁食,内外药浴才能完成。而他却只不过是众多僧人中一个最不引人注目的撞钟和尚,绝享受不到活佛和高僧的那种"生荣死哀"。哪来这种"不朽"？难道只能用"佛法无边"解释么？

似应求助于现代科学,但就不该在顶礼膜拜间我又糊里糊涂地联想起了文学殿堂,联想起了自己。明摆着嘛！自己在文学殿堂里充其量也只能算个撞钟和尚,而且绝对难成"正果"。须知,大半辈子生活在茫茫的大草原上,久和牛马骆驼羊打交道,竟连人的语言也快退化了。所写对象也大多是动物,大到从不吭声的骆驼,小至无声无息的沙原蜥蜴。纯属"沉默文学",当然连钟也撞不响了。命中注定速朽,岂能再改做如此联想？不可高攀,文学殿堂中的"撞钟和尚"当属他人。

在地藏王菩萨塑像前找准了自己的位置,便悠然地想尽赏九华山葱茏叠翠了。却谁料在奇峰峻岭前又有人挡住了我的视线,啊！鲁彦周兄！突发奇想,这不是文坛上真正的"撞钟和尚"来了吗？丝毫不带贬义,而彦周兄也绝非文学界的芸芸众生。遥想当年,他和张贤亮并称文坛上的美男子,其小说和改编后的电影《天云山传奇》曾为平反冤假错案推波助澜。电影的经久不衰,至今仍有人来安徽寻找天云山。彦周兄在文学界的成就是有目共睹的,把他比作文坛上的"撞钟和尚"似有点不伦不类。但望着他那苍翠峰峦映衬下的满头银发,望着他那为笔会往来奔波的夫人,这个念头却在我心间久久挥之难去。

难道不是吗？在当前文学处于不景气的情况下,他不顾年届古稀,不顾身患哮喘,却自愿充当起了文学殿堂里的"敲钟和尚"。瞧瞧！随着他敲响的钟声,王蒙、张贤亮、邓友梅、邵燕祥、谢永旺等著名老作家来了；吴泰昌、叶兆言、邓刚、储福金等诸多中年作家来了；王丽萍等年轻作家也来了,都聚集在他的周围,共同瞻望着文学的未来。为文学而忘我,又在续写着另一部《天云山传奇》。

啊！我看到了一座虔诚的山,也看到了一个虔诚的人……

黄山·名山思绪之三

黄山,我仰慕已久的好多次机会都错过了的名山,这次终于魂牵梦萦地来到了它的身边。

但我也有一种担心,在名山旅游中往往爬山不见山。同样的山径,同样的石阶,很难放眼尽览名山的全貌。这得感谢安徽作家尹曙生兄了,在凌空飞驾的缆车上,他把我推到了最有利的观看位置上。这条缆道的跨度为亚洲第一,长达六千多公尺。缆车开动,起先似飞入一片浓雾之中,视野中白茫茫一片,真使人有点担心"难识黄山真面目"。但片刻间似被浮云托起,再看身下便尽显出群山巍峨奇秀的身姿。白的云、翠的峰、湛蓝的高空,再加上尹曙生出神入化地讲解,真使我飘飘然有神游"太虚幻境"之感。

啊!黄山,你果然美甲天下!但我认为还是老诗人孙静轩先生说得好:峨眉天下秀、青城天下幽、华山天下奇、泰山天下……但黄山似乎把这一切都综合了!老诗人有如此感叹,几乎道出了每一位作家的心声。难怪很多外国友人在遍游黄山之后也对我方的管理人员说:黄山当属于全世界的,你们一定要替世界人民管理好!黄山归来不看山,或许就此我将对自己这种常年在外的"游牧生活"画上个句号。

但更令我难忘的却是那些千姿百态的黄山松。饱经岁月沧桑、历受风雨磨难,却一株株昂然挺立,奋然向苍天托起一片葱茏。听听!有的被称为迎客松,有的被称为情侣松,有的被称为民族团结松……一株株岿然不动,任凭后人去做种种联想。我不该"迎驾"美酒喝多了,游山中竟觉得伙伴们似也化成了一株株松。瞧瞧!这株显得多么神态飘逸,立其畔顿觉神清气爽。啊!不对,原来是邵燕祥兄!而这株则不争苍翠,似早已选好了自己的位置。天啊!又不对,原来是谢永旺兄。再看这里又出现了一双情侣松,不对,还不对,原来是"合肥"的邓刚夫妇。多么令人喜爱的两口子,也可不算眼花。怎么?怎么?醉眼中怎么还是情侣松?这回是真的看花眼了,走出来的竟只是张贤亮……但仿佛这就是前兆,第二天他就在徽州左镇参观时又做了一次"新郎"。在一次民俗活动展示时,他竟被"彩球"击中,"百忙中抽空又结了一次婚"。但贤亮兄似对自己的年龄尚有自知之明,随遇而安地在"拜完天地"后竟调侃地说"似乎那丈母娘对他更合适"。好人啊!总不忍扫大家的兴。

遍游黄山可谓之尽兴,但眼前却有人仍不断挡住我的视线。然而这回不是同行的作家们,却是一位稚气未脱的大学生和他的母亲。母子俩在一行人中是最不引人注目的,始终对自己保持着低调的处理。经过了解,我才知道他们就是"迎驾"集团老总的妻子和儿子。这位为作家和企业家联谊做出奉献的老总我见过,而且以一个酒徒的身份和他做过颇为倾心的交谈。现在他因开会提前走了,却留下他的妻儿忙前忙后地照顾着全国汇聚来的作家。尤其是这位稚气未脱的小伙子,他使我想了很多很多。既看到了作为父亲的良苦用心,又看到了作为母亲的殷切企盼。望着这位小帅哥充满朝气的面容,我似乎对安徽名牌企业的纷纷崛起更充满了信心。小伙子来光明顶上留张合影吧!你也是一株松,一株迎着未来茁壮成长的小松!

我回来了,又回到了冰雪纷飞的大草原上。但在一片白茫茫的雪雾中,天柱峰、九华山、黄山的葱茏翠绿却时不时仍在我的眼前闪现着。多亏了屋里温暖如春,我喝着带回的"迎驾"美酒又在为远方的朋友祝福了:

干杯!祝安徽省有个更美好的未来……

"百 花" 缘

按说,我和"百花"是无缘的……

我的前半生一直浪迹于茫茫的戈壁荒漠之间,那里水少沙子多,驼峰上难得见到鲜花,游牧者的帐篷旁有的只是红柳和骆驼刺。

但是他却来了……

他叫刘国良。十几年前,当"百花"一恢复工作,他就莫名其妙地来到了我生活的这块穷乡僻壤里。我告诉他说,这里没有鲜花,所有的植物都带刺,扎手。他回答说,你见过仙人头、仙人鞭、仙人掌吗?那也算得养花者家中的高级观赏植物。我愕然了,这不就是刺儿头、刺儿鞭、刺儿手吗?邪门!

但我终究和"百花"有了关系……

我发现,或许是由于"百花"设在海河之畔,这里的编辑似乎都缺少点"百花仙子"娇娜的气质,反而像多了点津门好汉的遗风。刘国良就不用说,就连头儿郑法清也仿佛过于豪爽。常为作家挨骂,而且终究不悔在所不辞。特别应提到的是一些女编辑们,诸如甘以雯等等,更多了些女性的韧性。不管你是多大的作家,稿子总是公事公办。笑容长存,可不行就是不行。逼着你修、逼着你改,还一个劲儿委婉地劝你"悠着劲儿来"!

我深受其"苦"……

一九八六年我到天津写作《古德、您哪、拜!》,就亲身尝过这种滋味儿。这是一篇写老鸟、老狗、老人等死的中篇小说,被逼着改了多少次我记不清了,但一个结尾就被逼着装卸了四五回我是记忆犹新的。当时我真想和"百花"古德、您哪、拜了,但事后竟没想到这篇小说收到了那么多读者来信。我算服了。

我爱"百花"……

我爱"百花"的风格,我爱"百花"的处事,更爱"百花"的人们,包括那位为"百花"开车的孔夫子第七十六代贤孙。我知道种花的未必就能得花,而往往容易收获蒺藜。但我总相信好心必有好报,收获带刺的也没有什么关系,君不见玫瑰也够扎手的吗?

愿"百花"欣欣向荣……

铁 杆 友 邦
——巴基斯坦纪行

前　　言

大约在四十年前,除了因公出国之外,个人出国旅游简直就是一种梦幻。除了一个个穷得叮当响外,谁也不愿冒风险去给自己找可怕的"海外关系"!等着因公出国访问?像我这种人就像等着天往下掉馅饼一般。

您还别说,馅饼还真砸到我头上了……

1978年1月,在粉碎"四人帮"之后,于百废待兴中第一个中国作家代表团也要出国访问了。这对于历经"十年浩劫"磨难的作家们来说是值得扬眉吐气的,只是至今我仍不知为什么偏偏远天远地会选中了我!或许是因为中央台正在联播我的一部长篇小说(当时电视极少)?或许是因为我相对比较年轻?但不管怎样,我总算幸运地跟着团长杨沫、副团长曲波,以及乔羽等著名诗人和作家出访了。目的地即近邻:巴基斯坦!

虽然后来我也曾应邀出访过一些国家……

但给我留下最深印象的还是巴基斯坦。这不仅是因为它山川秀美风景如画,而更重要的还在于它对中国人民的友谊真"铁"!不但当时的总统齐亚·哈克亲自出面接见,而且中国作家所到之处群众无不发自内心地欢呼:巴克泰尼、多斯弟、金达巴!意为:巴中友谊万岁!为此,归来后我曾在人民文学出版社出版过一部游记《巴基斯坦纪行》。近日,因国家领导人出访该国,报刊上竟出现了"铁杆友邦"之说。为证实中巴友谊确实真"铁",特选择"游记"中之几节以飨读者。

云　中　行

夜幕笼罩着北京机场。

候机室里,文化部副部长贺敬之同志,巴基斯坦驻华大使馆公使衔临时代办法索先生等,前来送行。飞机就要起飞了,法索先生紧握着我们的手说:

"去吧!到我可爱的祖国吧。巴基斯坦人民一向认为,中国是巴基斯坦最可靠、最忠诚的朋友,一定会捧出一颗赤诚的心来欢迎你们。去吧!你们会感到像回到家里一样……"

寒风中,我们告别了法索先生和祖国的亲人,踏上了巴基斯坦航空公司的班机,向友好邻邦的翠绿色大地飞去。

波音707客机,很快地升到了一万公尺的高空,在茫茫的云海里飞行着。机舱很大,可容纳一百八十多名乘客。舱内是密封的,隔音设备很好,听不到什么噪音。我望着机窗外白绒般的云海,静静地遐想着:

啊！在这现代化的客机上，我们两国之间的距离是大大缩短了。现在正是北京时间晚七点，再过六个半小时，我们就可越过冰雪晶莹的帕米尔高原，飞过两万公里的路程，直达巴基斯坦的美丽首都伊斯兰堡了。

而在古代呢？那时没有现代化交通工具，但是我们的祖先却凭一双脚板，或跋涉于热浪蒸腾的沙漠，或攀登于冰封雪锁的峻岭，到巴基斯坦去取经，想想吧，这需要多大的勇气和毅力啊！

据史载，晋代的高僧法显，曾于公元400年到达巴基斯坦。法显是晋朝山西省平阳郡武阳人。他渴望得到中国当时尚没有的佛经，就偕同其他僧侣于公元399年出发，遍历巴基斯坦——印度次大陆，十四年后取道锡兰（现在的斯里兰卡），由海上返回祖国。还应该提到的是南北朝时期的宋云。他是瓜州敦煌人，于公元518年，奉北魏胡太后之命到西域取经。他取道南路，从敦煌到和阗，然后沿法显经过之路，越过葱岭，进入巴基斯坦，前后历时三年，于公元521年返回祖国。再后来到过巴基斯坦的，就是大家所熟知的唐僧——玄奘（公元602—664年）。他俗姓陈，名袆，唐代洛州缑氏（现在的河南省偃师县缑氏镇附近）人，是一个世界著名的大旅行家和佛学家。唐太宗贞观元年（627年）八月，他由长安出发西行，开始到印度——巴基斯坦次大陆去取经。但实际的情况并不是像《西游记》里所描写的那样，有孙悟空、猪八戒、沙和尚来保驾，更没有小白龙变成的白马供他骑乘，而是凭他自己百折不挠、不惧艰险的顽强精神，完成了这次旅行的。他经历长途跋涉之艰险，纵贯今中亚细亚南部和阿富汗东北部，最后穿越开布尔山口，进入现在的巴基斯坦北部。玄奘在外历时十九年，跋涉五万余里，遍游了印度——巴基斯坦次大陆全境，于公元645年越过帕米尔，取道和阗而返回祖国，结束了他闻名世界的伟大行程。

法显、宋云、玄奘的旅行，是中巴两国人民友谊源远流长的历史见证。他们的一些著作和有关他们的传记，如《大唐西域记》《洛阳伽蓝记》，以及《晋书》内的《高僧传》，早成了研究中巴友谊史的重要资料。由巴基斯坦库雷希教授主编的《巴基斯坦简史》，特别注明了史料来源之一是中国史书的"中国游历者法显、宋云、玄奘等先后来到次大陆，留下了对佛教及这里的民族和国土的见闻录。"巴基斯坦人民尊重这古老的传统友谊，至今仍在白沙瓦平原的坦喀希拉，珍惜地保存着传说中的唐僧讲经台。

上述的几位旅行家,都是有史籍可考的。还有许多历史上没有留下名字的赶车者、拉骆驼的人、商贾、工匠、使役等,也都为沟通中巴两国人民的友谊,做出过伟大的贡献。如在两汉时代大规模发展起来的举世闻名的"丝绸之路",就是由这些先驱者踏出来的。而上述的几位旅行家,正是由这条"丝绸之路"越过葱岭,进入巴基斯坦绿色国土的。玄奘等和这些无名英雄,都是伟大历史的创造者⋯⋯

波音707航行在茫茫的云海上。我透过机窗向外望去,大地上的一切都被滚滚的云朵遮掩了。远处,一弯新月挂在云涛上,闪烁的繁星在湛蓝的天屏上眨巴着眼睛。

是啊! 我们绝不应该忘记那些不畏艰辛的伟大先行者,正是他们在这茫茫云海下开出的这条"丝绸之路",曾经在历史上发挥过重大的作用。

"丝绸之路",是因为运送过大量美丽的丝绸而得名的。在这友谊的大路上,一千多年前曾经走过往来不绝的车马,和一串串昂首缓步的骆驼。在东来西去的马蹄声、车轮声和驼铃声中亚非各国人民你来我往地进行着贸易和文化交流。把我国的指南针、火药、造纸、印刷术,传到亚非各国去;把亚非各国的算术、医学、天文等介绍到中国来。而这条通往亚非各国的"丝绸之路",巴基斯坦是必经之地。难怪巴基斯坦朋友告诉我们说,巴基斯坦就是一座巴中友谊的天然博物馆,处处可以看到两国人民友好的历史遗迹。

飞机仍在云海中穿行着。坐在机舱内,就好像它浮在苍穹间静止不动了。但是,它却以古代旅行者所不能想象的速度,向巴基斯坦美丽的国土飞去。一个小时、两个小时⋯⋯我渐渐在遐想中睡着了。朦胧中,是谁推了我一下,我一看手表,已经在夜空中飞行了六个小时。再向机窗外望去,云海间闪烁的群星,仿佛在向我顽皮地眨着眼睛说,醒醒吧! 快从古代的遐想中回来吧! 喜马拉雅山的雪峰已从机翼下掠过,信德河的流水正在你的脚下奔腾。就要到了,就要到了⋯⋯

邓小平同志在访问尼泊尔时说得好:现代科学的发展,使各国人民间的距离缩短了。

我的心激动地跳荡着,忙和大家一起收拾行装。飞机徐徐降落着。透过机窗可以看到,机翼下灯光辉煌,勾画出一座现代化城市夜的姿容。刹那间,飞机呼啸着降落在巴基斯坦首都伊斯兰堡的机场上。

我们一走出机舱,便被热情的朋友们包围了。巴基斯坦政府文体部的官员、作家们、诗人们、教授和学者们,以及巴中友协的朋友们,一下子涌到我们的身边。一闪一闪的镁光灯;一张张真挚的笑脸;一声声热情的问候;一次次紧紧的握手。按照传统习惯,巴基斯坦朋友们为我们戴上了友谊的花环,那玫瑰花环,散发出沁人肺腑的清香;那金丝编成的花环,下面都坠着一颗颗闪光的金子般的"心"。巴基斯坦的朋友们说,我们用浓郁的花香迎接自己远方的亲人,并向他们献上一颗金子铸成的心。像花雨一般的玫瑰花瓣向我们洒来了,这是友谊的海洋中飞溅起来的无数迎客的浪花儿!

乌 柏 树

夏克巴利山,巴基斯坦人民敬仰的友谊山。

晨光中,葱茏的山峦屹立在蓝天白云间,显得格外静穆安详。一条高速公路,顺着蜿蜒曲折的坡地直达山巅高地。初到巴基斯坦,我们在去往伊斯兰堡的途中曾路经这里。现在我们怀着激动的心情,将驱车专程驰往这美丽的山顶林园。

一月里,在我们的友好邻邦,大地上依然是一片翠绿。不但呢子大衣穿不住了,就是仅仅穿着一件毛衣,也感到有些燥热呢。

汽车向着翠绿的高地驰去。这绝不是为了去欣赏幽雅的园林。主人们是怀着虔诚的心情,带领我们去瞻仰一棵树——我们敬爱的周总理 1964 年 2 月亲手种下的一棵象征中巴友谊的乌柏树。从那个时候起,夏克巴利山就在巴基斯坦人民心目中有了特殊的地位。人们深情地把这棵树叫作友谊树,把这座山称为友谊山。十多年来,乌柏树下流传着许多中巴两国人民友谊的动人佳话。

时间正在一月,恰好是敬爱的周总理逝世两周年前后的日子里。多么令人激动啊! 敬爱的周总理,我们在巴基斯坦又见到了您⋯⋯

汽车在肃穆的气氛中,蜿蜒行驶在翠绿草坪中镶嵌的水泥路面上。同车前

往的巴基斯坦朋友,怀着无限敬仰的心情告诉我们说:

"周恩来!这令人敬仰的光辉名字,不但属于伟大的中国人民,也属于勤劳的巴基斯坦人民。我们永远不会忘记他为巴中友谊做出的卓越贡献!"

是的!在巴基斯坦的日日夜夜里,我们不断听到敬爱的周总理的名字。人们把他称为"毛泽东派来的伟大使者","巴中友谊桥梁的设计家、建筑师"。他老人家曾五次访问过这翠绿色的国土,在巴基斯坦播遍了友谊的种子。每当提到他老人家的名字,我们就感到巴基斯坦的朋友,手和我们握得更紧了,心和我们贴得更近了。

一九七六年初,我们敬爱的周总理与世长辞了。巴基斯坦全国也沉浸在一片悲哀之中,洁白的花朵洒遍了这翠绿色的大地。中国人民的老朋友,曾为中巴两国友谊做出过贡献的巴基斯坦当时的总理布托先生,沉痛地说:"这位卓越的领导人的去世,使巴基斯坦人民感到亚洲的一盏明灯熄灭了,我们同中国人民一道痛悼这位真正伟人的逝世……"

工人、农民、学生、机关职员,都纷纷自发地开追悼会。在文化古城拉合尔,人们绘制了巨幅的周总理画像,甚至走上街头进行悼念活动。有的人还写下血书送到中国大使馆,表示"要用血来保卫周总理亲手培育的巴中友谊"!巴基斯坦的一位诗人也这样写道:

> 他是斗争课的伟大导师,
> 为的是全世界人民的生存;
> 他将永远活在我们心灵深处,
> 黑暗中给我们以光明,督促我们永远前进。

在那哀痛的日子里,巴基斯坦人民的心,是和中国人民紧紧连在一起的。人们饮泣着反复地说:"我们拒绝承认伟大的周恩来已经离开人间,已经离开我们而去……"更令人感动的是,有几位与周总理同年的巴基斯坦老人,竟泪流满面,双手伸向蓝天,喃喃地祈祷着:"真主啊!怎么不叫我死——以代替这位伟大的人呢?中国人民离不开他,巴基斯坦人民离不开他啊!……"

虽然我们敬爱的周总理永远离开我们了,但是他老人家亲手培育的中巴友谊的树苗,却正在巴基斯坦的国土上根深叶茂地成长着。拉瓦尔品第的《今日报》,当时就这样写道:"一棵由周恩来总理在伊斯兰堡栽下的纪念树,正在茁壮成长。拉瓦尔品第的人民成群结队去那里看周恩来总理种的这棵树,并且祈祷这棵纪念巴中友谊树继续成长。周恩来总理栽的这棵树的树根已伸到广大群众的心中。"

汽车驰上了伊斯兰堡公园的翠岗。我们怀着深切的思念慢慢走下了汽车,踏着敬爱的周总理留下的足迹,向着用翠柏围起来的林园走去。老远我们就望见了一位穿着巴基斯坦民族服装的老年园丁,正在乌桕树下辛勤地劳动着,像在把心血浇注在根部的沃土里。

离乌桕树越来越近了,柯岩同志的诗句突然在我心田响起:"周总理!您在哪里?……"刹那间,我觉着伊斯兰堡瓦蓝色的群峰都在深沉地回答我:"他刚离去,他刚离去……"人逝物在,乌桕树啊!见到你怎么能不使人想起我们敬爱的周总理?

我们站在乌桕树下低头致哀。蓦然间,我们又仿佛看到了他老人家浓黑的剑眉、炯炯闪光的眼睛;又好像听到了他老人家赤诚的话语、爽朗的笑声……我的眼睛湿润了,泪珠儿滚出眼眶,滴落在乌桕树下的草坪里。侧目望去,那老年的园丁,眼角上也挂着泪水。他那深沉的目光迎着我们的眼睛,仿佛在说:"放心吧!中国朋友,我会很好地照顾这象征巴中友好的友谊树的……"

我们望着这株友谊树,心潮久久不能平静。乌桕树是一种珍贵的树,生长速度虽然慢一些,但质地坚硬、根深叶茂,经得起狂风暴雨的侵袭。现在它已经由一株树苗,成长为一株一丈多高的小树了。密密的枝条吐出嫩芽,挺拔的树干充满生机。它迎着早春的阳光茁壮地成长着,过不了多久它就会为夏克巴利山覆盖上翠绿的浓荫。这一切,正象征着中巴两国人民的友谊与日俱增。

我站在伊斯兰堡公园这块高地上放眼四望:啊!逶迤的山峦、翠绿的草坪、白色的楼房、瓦蓝的湖泊,仿佛处处都覆盖着这友谊的浓荫。敬爱的周总理!前人栽树,后人乘凉。我们将要踏着您开辟的友谊之路,走遍巴基斯坦全境。听吧!巴基斯坦民间歌手,为您访问谱写的歌曲,至今仍在这翠绿色的国土上四处

《冯苓植文集》(散文随笔集)：忆沪上

回荡：

> 巴克秦尼、多斯弟、金达巴！
> 巴克秦尼、多斯弟、金达巴……

上述两句歌词的大意是：巴中友谊万岁、万岁、万万岁！乌柏树啊，友谊的树，是生根在巴基斯坦人民心田中的树！

镜　子　宫

拉合尔，保留着许多历史遗迹，耸立着许多灿烂辉煌的古代建筑。在这座古老的文化名城里，好客的主人为我们安排了满满的游览日程，使我们饱赏了巴基斯坦人民勤劳和智慧的结晶。

这些举世闻名的名胜古迹，生动地体现了莫卧儿时期建筑艺术的特色。我们看到了轮廓鲜明的圆屋顶，修长耸立的转角塔，架在石柱上的宫殿大厅，以及正面墙上的巨大的拱顶式门廊。

朋友们在介绍这些古代建筑时告诉我们说，从十六世纪开始，莫卧儿王朝统治着印度——巴基斯坦次大陆。这个帝国时盛时衰，持续了三百年之久。就在这个时期，巴基斯坦的建筑艺术日趋完美，并形成了自己独特的风格。拉合尔，以风景秀丽著称，又是战略要塞，莫卧儿帝国历代统治者，均派自己的王子来此担任总督，并不惜耗费巨资，动员无数人力，要求以"巨人般的气魄从事建筑，以珠宝匠的细致进行装饰"，在此为自己修筑巡幸的离宫、消夏的别墅、巨大的城堡、华丽的林园……到沙·贾汗登基以后，穆斯林的建筑艺术又达到一个高峰。它的一大特色是广泛采用了大理石，使建筑物更富于美感，更加壮丽。沙·贾汗要求他的宫殿必须有"精美的透雕窗棂和栏循，以及碎石镶嵌的花木禽兽等华丽图案。"他穷奢极欲，又在拉合尔修建了巨大的皇宫和富丽的花园。我们在拉合尔参观的，大多是这个历史时期的建筑物。

先从夏里玛公园谈起吧！

夏里玛公园，巴基斯坦人民的骄傲。它像一颗璀璨的明珠，镶嵌在浓荫密布的拉合尔市区内。这是沙·贾汗于1647年下令建筑的。完全按照他的要求,用乳白色的大理石建筑物、银色的喷泉、清澈的池塘、各色的奇花、密布的浓荫等组合而成的。这座幽雅的园林美极了,真是青年人谈情说爱的好地方,难怪人们把它称为夏里玛(谈情说爱的)公园。

一走进这美丽的林园,我们马上被眼前迷人的景色陶醉了。幽静雅致,一片翠绿,满眼春意,马上使人感到心旷神怡。向远望去,只见一片绿雾中,隐隐约约闪现出许多富有莫卧儿建筑艺术特点的乳白色的亭台楼阁。再看眼前,就在那密密的浓荫正中,有着无数银色的喷泉。它们从白玉般的石刻花蕊中,珍珠般地向外喷洒着,落入了白玉石砌成的池塘中。据巴基斯坦朋友介绍说,夏里玛公园中大约有四百个喷银吐玉的喷泉。它们组成了喷泉的甬道,喷泉的露天宫殿,构成这令人流连忘返的迷人胜景。巴基斯坦的朋友还告诉我们说,在节日里,每个喷泉的石托上白天将摆满鲜花,夜晚将摆上一盏盏明灯。到那时候,夏里玛公园将更加迷人。想想看吧!宁静的夜晚,透过密密的浓荫,繁星般的灯火倒映在波光粼粼的水面上,千千万万颗耀眼的明珠,喷着,洒着,欢快地落入倒映着灯光的池塘里,那真是如入幻境啊!

再看喷泉的两旁,那是葱茏翠绿的草坪。上面布满了枝干交错的巨树。密密的树荫,又为这翠绿的草坪搭起了翠绿的巨大屋顶。我们坐在草坪上谈啊,说啊。谈中巴两国人民友好的深情;说中巴两国人民的互相尊重。就在我们的谈话过程中,七八只小松鼠从粗大的松干上飞快地蹿了下来,拖着一条蓬松的大尾巴,在绿色的草坪上跑来跑去。这些小东西真好玩呢!浑身毛茸茸的呈栗子色,圆睁着一双亮晶晶的小眼睛,样子可爱极了。这些小家伙一点都不怕人,有两只大胆的竟然跑到了我们身边,扬起身子抱着前爪,坐在自己蓬松的大尾巴上,歪着脑袋向我们要东西吃呢。陪同的巴基斯坦朋友说,瞧!它们也在欢迎中国客人啦!

事后我们了解到,园林内严禁伤害小动物,不遵守的要罚重款的。而且游园的人们常用糖块面包渣喂它们,渐渐地小松鼠养成了不怕人的习惯。不过小东西们还是满机警的,只要你一伸手,它们就会一甩毛茸茸的大尾巴,飞快地窜到那翠绿的树冠上去。

夏里玛公园的景色简直让人看不够。我们正在草坪上漫步着，突然从树丛深处走出个四五岁的男孩子，黑黑的大眼睛，红扑扑的小脸蛋儿，长得可爱极了，这难道不是这绿色园林中绽开的一朵最美的花吗？孩子的父母亲从树丛后闪出来了，我要求和这美丽的孩子照张相，他们激动地答应了。当时陪同我们参观的一位记者，就用照相机为我们拍下了这生动的画面。现在，我不但带回了孩子动人的微笑，而且带回了夏里玛公园的迷人景色。瞧！它就在我书斋墙上的相框里……

再说说奇幻的镜子宫吧！

在拉合尔，还有一座保存完整的古代王公城堡。据史载，这座城堡修筑于莫卧儿王朝阿克巴时期，建成于十六世纪的末叶。它为一平行四边形，长一千二百英尺，宽一千零五十英尺，历经几世纪的风吹雨打，现在仍然雄伟地耸立在拉合尔市区里，作为巴基斯坦劳动人民勤劳和智慧的结晶供人观赏。它有点像缩小了的我国的故宫，但又具有自己独特的风格。在豪华建筑的附加装饰物上，比同时期的其他建筑更富于想象力，这是巴基斯坦建筑史上早有定评的。它不是把自己的宫殿建筑在城垣里的平地上，而是筑起了高耸的城墙，在城垣内垫满了土石，把那些亭台楼阁、深宫大殿、喷泉池塘、园林花圃，建筑在高耸的基础上，让当时的那些王侯权贵能居高临下，作威作福。

那些城垣是用巨大的褐红色的岩石筑成的，很高很厚，我们的汽车就是沿着这城垣开出的坡道环城而上的。一登城垣，即达平地，一组组宏伟的建筑马上映入了眼帘。你看看那镜子宫，简直让人惊叹不已。确实证明了在阿克巴时期，拉合尔的工匠们比其他地区的同行更富有想象力。别具风格的宫殿内外，装满了各色各样的玻璃，砌上了各色各样的石块，嵌上了金银相间的线条，镶上了大大小小的镜片，组成图案，构成画面，装饰得五彩缤纷，琳琅满目，光彩耀眼，奇幻迷离。在灿烂的阳光照射下，人们仿佛置身于珍珠玛瑙、各色宝石构成的宫殿中，令你目迷五色，眼不暇接。再看那宏伟的巨柱殿，更使你流连忘返。一根根巨大的石柱，都是用整的玉石般的石块雕就的，有数十根之多。正中，笔直的巨柱托着君王宝座所在的石殿，使他可以高高在上，向朝见的臣民发号施令。这组建筑庄严、雄浑，恰和镜子宫形成鲜明的对比。

这些穷奢极欲的君王终于被扫进了历史的垃圾堆，只留下巴基斯坦劳动人民智慧的结晶供后人观赏。无论在朝晖下,还是在绚丽多彩的晚霞中,一看到这些宏伟的建筑物,就不由得使我们赞叹巴基斯坦劳动人民的高度鉴赏能力和建筑才能。这是巴基斯坦古老文明的体现,也是巴基斯坦人民高度的智慧和美好的理想的结晶。难怪后人们用"砖和灰泥谱成的韵文""凝固的音乐""石砌的诗篇"等,来形容这些莫卧儿时期的宏伟建筑物。

亡　灵　城

塔塔,逝去的城市。

汽车在绿野间飞驰着。四野是那么恬静,使我们不由得沉浸到对逝去岁月的回忆之中。据巴基斯坦朋友介绍说,在十七世纪中叶,塔塔曾经发展成为莫卧儿王朝时期的学术文化中心之一。当时这里有着许多穆斯林经学院、清真寺、辩论厅、大学院等。并且聚集着许多世界知名的穆斯林学者、诗人、经师、作家、医生等等。连同权贵豪门、商贾市贩、贱役工匠,以及从各国来的留学生,人口曾达数十万。后来,塔塔经历了战争的浩劫,随着莫卧儿王朝的衰败,渐渐沦落了。据史载,莫卧儿王朝的王子为争夺王位发生过多次战争,失败王子的基地往往被烧毁一空。后来又发生过种族和宗教信仰的纷争,十八世纪的帝国主义入侵,加上卡拉奇等新兴城市的兴起,于是塔塔一蹶不振,逐步失去了它的重要地位,直到现在,这个城市疮痍满目,只留下穆斯林世界最大的墓群之一,塔塔坟场。为此,人们把它称为逝去的城市。

汽车高速度飞驰着,把我们送到了一座幽静的清真寺前。到了！眼前就是塔塔。太阳已经偏西了,周围是一片安谧的农村田野,静悄悄的,昔日的繁荣景象已经一点也看不见了。只留下这座修复的清真寺,作为逝去塔塔的象征。在参观附近的墓群前,我们首先参观了这可以缅怀古代的建筑。

巴基斯坦政府是很注意保护古代文物的。这座具有浓郁伊斯兰风貌的古代建筑物,是莫卧儿王朝的沙·贾汗于1647年下令动工修建的。现在早已按其本来的面貌修复了,并派有专家专门管理。它坐落在绿色的田野里,通体洁白,塔尖高耸,显得异样宏伟庄严。我们是按照当地人民的习惯,穿着套鞋踏入这清真寺的。寺院由两部分组成。前面是幽雅的林园:树丛、甬道、喷泉、花圃、草坪。

后面是建筑宏伟、别具匠心的经房和祈祷广场。望着这一切,我们怎么能不感叹古代巴基斯坦劳动人民的勤劳和智慧呢？举例说,你站在这面的壁龛穹顶下的轻轻呼唤一声,隔着宽阔的祈祷场地,对面壁龛穹顶下的人就可以清晰地听到。这难道不是建筑声学上的奇迹吗？真使人联想到北京天坛的回音壁。塔塔的清真寺引起了我们无穷的联想。这仅是当年塔塔无数清真寺中的一个啊！再加上权贵的府邸,豪门的巨宅,以及各种相应的宏伟建筑,可以看出,塔塔昔日的建筑规模是很大的。

就在这偏僻的地方,巴基斯坦人民也早安排好了迎接中国客人。他们早为我们准备好了丰盛的茶点,想尽一切办法为我们解除旅途的疲劳。在参观完清真寺后,我们被带到对面的庭院里略微休息。绿色的草坪上摆好了餐桌,设好了躺椅,看得出为了我们这短暂的参观,他们已经准备了多少个日夜。我们相互畅叙着,心中都有着说不完的话儿。但是日已西斜,我们还要参观那世界著名的塔塔墓地。

这个穆斯林的墓葬群,就在附近不远的地方。走到跟前一看,我们才明白了巴基斯坦朋友带我们来这里参观的原因：这里绝不是一个个连绵不断的小坟丘,而是一片片望不到头的古建筑群。长眠在这里的,有贱役工匠,学者名流,权贵豪门。从坟墓的大小,墓上建筑的规模,就可以判断出死者的身份和地位。

我们参观了几座塔塔历代总督的坟墓。这些家伙都是用大理石在地面上砌起了豪华的寝陵。面积很大,建筑结构宏伟。外面是大理石雕的巨柱,上面是大理石雕的巨檐,正面是大理石砌的拱门,里面是大理石筑的寝殿,顶上是五个拱圆形的琉璃瓦塔顶,高耸的塔尖直向云天。踏进寝殿,地面全用光滑的大理石铺成,正中用洁白的大理石砌成了一个正方形墓台,上面镶砌着数目不等的象征性石棺。墓台和石棺上浮雕着精美的图案。石棺的数目,象征着地下长眠的人数。可能在这下面深埋着这位当权者的妻妾嫔妃及其他亲属。

这些建筑富有莫卧儿王朝的建筑特点。这个王朝的历代帝王和豪贵权门,总是在生前就压榨和威逼人民为他们修筑寝陵。塔塔这几个还不算巨大的,据史载,沙·贾汗为他妻子修建的塔杰——马哈勒陵墓,动工于 1631 年,直到 1653 年才最后完工,每天要动用两万工人。被后世人称为"大理石之梦"。塔塔权贵们的寝陵虽然没有这样豪华,但其建筑规模也够惊人的。不知有多少巴基斯坦古代的劳动人民,为此被榨尽了血汗……

塔塔墓地的其他墓葬,从外形结构规模大小来看,也可以猜出死者的身份。有的是露天用的大理石砌成墓台,上面镶有石棺;有的是较小的墓台,上面有较小的石棺;有的是仅有一个标记;有的仅存一堆黄土;有的什么都没有了……随着岁月的流逝,这巨大的坟场上的建筑也开始颓败了。就连那塔塔历代总督的寝陵,也开始坍塌下陷了。据说巴基斯坦正在修复其中的一些有代表性的,以供后人游览。

夕阳余晖中,望着这苍苍茫茫的大墓葬群,我更明白了为什么把塔塔叫作逝去的城市。

夕阳坠落到地平线下了,塔塔的原野沉浸在一片淡淡的暮霭中。我们和这里的朋友还有多少话要说啊,但是时间却在催促我们尽快返回卡拉奇。我们只好向他们告别,离开了黄昏中的塔塔。

回头望去,那清真寺的塔影还耸立在晚霞中……

鸳　鸯　鼓

拉瓦尔品第,是巴基斯坦北部最大的城市。

在伊斯兰堡拜访巴基斯坦国家文体部后,我们在这里首次和巴基斯坦作家们开始了交往活动,并参观了巴基斯坦国家画廊,欣赏了各种风格、各种流派的画幅。最使人难忘的是,我们访问了全巴民间艺术展览中心,听到了饶有风味的巴基斯坦民间歌手的吟唱。

巴基斯坦是诗歌之乡,人民热爱诗歌,酷爱吟唱,尊重诗人。临行前巴基斯坦驻华大使馆公使法索先生,得知乔羽同志最善于写诗,就曾对他这样说,到巴基斯坦以后,你将是最受欢迎的人。事实证明确是这样。在巴基斯坦的日日夜夜里,无论在高等院校、招待会上、宴会餐厅、林园草坪,朋友们大多即席吟诵,用诗歌表达他们真挚而热烈的欢迎。在诗歌吟诵当中,听众们往往情不自禁,手舞足蹈,每遇佳句,或抚额或击桌,激情地大声欢呼着:

"瓦！瓦！"

在全巴民间艺术中心我们遇到的这两位歌手,一位是长着浓密白胡须的长者,一位是永远带着淳朴微笑的中年人。他们穿着白色的民族服装,套着黑色的坎肩,裹着洁白的包头,盘膝坐在地毯上。长者面前放着一对小鼓,样子古老,和我国那种常见的小鼓差不多,只不过略扁一些,鼓面中多着一圈黑色的鼓脐。中年人面前摆着一架坐地式手风琴。这种手风琴和背在身上的手风琴构造基本相同,但却是放在地面上演奏的。歌手一手推拉风箱,一手按动键盘,两手配合,控制音量和节奏,奏出悠扬的乐曲。

吟唱开始了!

首先是那长者扣响了膝前的一对小鼓。只见他的双手一接触鼓面,浑身便焕发出青春的活力。他时而用手指,时而用手掌,忽急忽慢,忽抑忽扬,激情地敲击着鼓面,有节奏地迸发出清脆而悦耳的声音。这鼓声,有时如雨打芭蕉,有时如珠落玉盘,声声激动着我们的心。就像长者的双手不是在敲击鼓面,而是拨动了我们的心弦。鼓声引起了我们强烈的共鸣,使我们的情绪顿时欢快起来。与此同时,那中年歌手推拉着坐地式手风琴,让悠扬的乐声伴随着激越的鼓声自然而然地出现了。片刻,他那发自内心的歌声,便在展览大厅里回荡着:

> 这清脆而激越的鼓声,
> 激荡起我心中的深情;
> 啊!尊敬的中国客人,
> 我用歌声向你们致敬……

穆克塔尔先生在一旁小声为我们翻译着、解释着,并且一再提醒我们注意,歌手们繁忙的双手曾三次向我们抚额致意。我们注意到了,望着他们善良而深情的眼睛,一时真不知道说什么才好。这时多亏了杨兰春同志,他情不自禁地按照巴基斯坦的风俗习惯,脱口喊道:

"瓦!瓦!"

两位民间艺术家满意地笑了。随后,他们又应我们的请求,吟唱了一首巴基斯坦古老的民歌。鼓声变得那么深沉,声声撼动着人们的心弦;歌手唱得那么悠扬，句句唤起了人们对青春的怀念：

> 当朝霞隐去了远天的晨星，
> 山泉旁便闪现出你顶水的身影；
> 啊，美丽的姑娘啊！
> 我身上有数不清的毛孔，
> 每个毛孔里都有一双期待的眼睛；
> 纵然有这么多、这么多的眼睛，
> 也看不够你那美丽的姿容……

展览大厅里静极了。我们都深深地沉浸在这动人的歌声里。在场的乔羽同志最激动了，细心地听着翻译译出的每句歌词。他是在向巴基斯坦民间歌手学习，到友好邻邦采"风"来了。归国后，他发表在《人民日报》上的一首诗，就是这次采"风"的成果之一。

吟唱结束了，我们深切地向巴基斯坦民间行吟诗人致以谢意，并且特别注目老年歌手身前那对会说话的鼓。长者向我们解释说，这对鼓就像一对情人，一只是男鼓，一只是女鼓。如果只留一只，歌手是无法倾诉他满腔的深情的。说着，他还用手敲击着鼓帮、鼓边、鼓脐，向我们解释着各种声音所代表的含意。我们听着这金石般的鼓点，好像渐渐地听懂了他在倾诉什么。黎汝清同志激动地说：

"按照中国的习惯，这对鼓应该叫鸳鸯鼓！"

陪同我们参观的穆克塔尔先生听过解释后微笑了。他告诉我说，巴基斯坦人民热爱中国人民、信赖中国人民，无论你走到什么地方，巴基斯坦的男男女女，都会伴随着这激越的鸳鸯鼓声，向你们表达满怀的深情……

至今，那深情的鸳鸯鼓声，仍像在敲击着我的心坎。

玄 奘 台

坦喀希拉，巴基斯坦巨大的天然历史博物馆，至今仍保留着中巴友谊的历史见证——玄奘讲经台。

来到白沙瓦不久,我们便在巴基斯坦朋友的盛情安排下,驱车到这里参观。汽车穿过崎岖不平的丘陵坡地,载着我们来到一片戈壁滩里的浓荫下。这里简直让人忘记了在北京正是数九隆冬的严寒季节,仿佛是提前过炎热的盛夏了。

现在,坦喀希拉昔日的繁荣早已深深埋入地下,这里显得空旷、寂寥,只是点点星星的泥屋土堡,沉浸在安详幽静的浓荫里。但是坦喀希拉确有繁荣的过去,唐代的玄奘也确实来过这里取经。据《大唐西域记》里记载,说它"国大都城,周十余里。"又说它"地称沃壤,稼穑殷盛,泉流多,花果茂,气序和畅"。为什么后来衰败了呢?据历史记载,一千多年前在巴基斯坦的白沙瓦平原上分布着好些小国,坦喀希拉就是其中一个小国的国都。后来由于相互兼并,外国入侵,坦喀希拉毁于战争,渐渐失掉了它的重要地位,荒落下来。一千多年流逝过去了,繁荣的过去和历史的遗迹在哪里呢?时间冲刷着一切,到哪里去凭吊坦喀希拉的悠久文明呢?

放心吧!巴基斯坦政府重视考古工作,早已把湮没了的历史挖掘出来,陈列在坦喀希拉的历史博物馆里。在巴基斯坦朋友的陪同下,我们参观了这座设备完善,规模宏大的博物馆。刹那间,坦喀希拉繁荣的过去呈现在我们的面前,巴基斯坦的悠久的历史呈现在我们的眼前。

原来,由于巴基斯坦地处亚、非、欧三大洲交通要冲,随着历史的变迁,它曾经受过多种文化的影响。大量的出土文物证明:印度文化、希腊文化、波斯文化以及由于莫卧儿王朝兴起带来的中国文化,都曾在巴基斯坦的历史上起过作用。一尊尊精美的佛像,一件件造型生动的石雕,一个时期一个时期丰富的出土文物,都有力地证明了这一点。但是这一切又都是巴基斯坦的,证明了巴基斯坦综合了多种文化,形成了自己特有的文化。

在这座博物馆里,你不能不惊叹巴基斯坦人民的高度智慧和悠久的文明。在这里仅举一个例子:博物馆里陈列着一尊为自己信仰献身的苦行僧塑像,简直让你望而惊叹。苦行僧盘膝合十,闭目入定,由于饥饿,浑身皮包骨头。你可以看到额头上的条条经络,你可以看到胸脯上的根根肋骨。造型准确,形象生动,简直可以乱真。其他展出文物,你看了以后也会由衷地感叹巴基斯坦人民古老悠久的文明……

坦喀希拉博物馆也是一座中巴友谊馆。里面陈列着大量的中国古钱、瓷器、画卷等各种工艺品。据说，这都是从坦喀希拉出土的。望着这一件件中巴友谊的见证物，我们对两国人民之间源远流长、情同手足的友谊，更是浮想联翩……

事实证明，坦喀希拉本身就是一座巨大的天然历史博物馆，好多历史遗迹，在展览厅里是陈列不下的。比如说巴基斯坦人民盛传的玄奘讲经台，那只好留在坦喀希拉的山谷中供后人凭吊。现在它虽然仅仅是一座久经风雨侵蚀的石台，但它在人们心中引起的联想和思索，却无比广袤，无比深远。

一般的历史博物馆只不过使人缅怀过去，但在坦喀希拉却使人展望未来。巴基斯坦朋友说得对，讲经台只不过是中巴友谊的一块奠基石，在这历史的基础上，正在兴建中巴友谊的大厦。他们告诉我说，在这里，巴中两国人民正在共同兴建一批巴基斯坦的重要工程，现在巴基斯坦人民已经把坦喀希拉亲切地称为"中国城"，预示着这里不但有繁荣的过去，还有更繁荣的未来。在我们看来，援助永远是相互的，这是我们应尽的国际主义义务。巴基斯坦朋友听后，紧紧地握着我们的双手说：

"秦尼！秦尼！在坦喀希拉，巴中两国人民的心贴得更紧了……"

时间晚了。由于在白沙瓦又有一处巴基斯坦朋友在等着我们，我们没来得及参观"中国城"，便匆匆离开了坦喀希拉。但是这里的一切，却永远刻在我的心里。

再见了！坦喀希拉，你这中巴友谊的历史见证地……

第九辑　动物趣谈

话　说　骆　驼

我是写动物小说的,《花城》约稿,实在不敢拈花惹草地到花城去卖弄。好在广州又名五羊城,动物也占有一席之地,那就先率着几种草原常见的动物来遛遛。地北天南,姑且借此拉拉家常话儿。

先说说骆驼!

骆驼名声极好。论个头,当为众畜之首。但没脾气,一只羊儿完全可以把它胯下当成凯旋门走来走去。不仅如此,还哪儿艰苦就往哪儿去。留下水草丰美的牧场给哥们弟兄,自己甘愿到最偏远的戈壁荒漠去安家落户。颇有当年下乡知青的献身精神,却至今仍未见刮起返城风。故留下了"沙漠之舟"的美称,常使文人墨客感叹不已。

尤其是它那忍辱负重!

你常听说过虎啸、龙吟、狮吼、狼嚎、马嘶、牛哞、羊咩、鸟鸣等等等等,可听说过骆驼是怎么嚷嚷的吗?没有。面对茫茫的戈壁大漠,永远是只顾着不吭不哈地跋涉。沉默,久久地沉默!但这沉默绝非是"沉默乃处世之宝"的沉默,却有点似日本人所倡导的"沉默是金"那种男子汉的气魄。若不然,也不会踏出了古丝绸之路,更不会踏出了近代史上远通俄罗斯、乌兹别克斯坦、蒙古等国的茶道。

动物间真正的男子汉！没有一丝牢骚，只知道任重道远。生命不息，奋斗不止，好一身人间也难得的阳刚之气。

但如若你能深入到瀚海深处的骆驼王国，或许你马上就会为自己的感叹倒吸一口凉气。天哪！原来每一处"骆驼王国"里只有一位男性公民，它就是"驼王"。而其他的除育龄母驼外却大多是被阉割了的骆驼，俗称"使役驼"。创造上述种种奇迹的又恰恰是这些失去性势的家伙。绝不像人间的太监，它没了那方面的追求也就没了权势的欲望。无阳而刚，好似一个流动着的斯芬克斯之谜。着实让某些人类仿生学家兴奋不已。

阉割竟有如此的妙用！

是的！当新的一茬小骆驼降生后，大约一半是小公驼。初生时无忧无虑，并不受驼王的歧视。但当它们的性势略显觉醒的时刻，就难免父子生分了。然而，绝用不着老驼王分心，牧驼人自会为它消除隐患。苍凉的荒漠上点燃了一堆篝火，骆驼王国的臣民们被一峰峰聚拢了。优胜劣汰，绝大多数小公驼都被轮着个儿阉割了。当那团血糊淋拉的玩意儿扔在篝火旁时，很快就被窜过青烟的牧驼犬吞食了。随之，性势的觉醒立即停止，剩下的只有两眼蒙眬。到最后一切追求也没有了。唯一的任务便是顺着缰绳去塑造坚韧不拔的骆驼群体形象。

当然，既讲优胜劣汰，就总有个别小公驼例外。身架初显傲岸，性势已露锋芒。百里挑一，作为后备的驼王。幸运是幸运，但正如"人生识字忧患始"一般，这位今后的日子也就不那么好过了。为避免近亲繁衍，大多立即就被输送到另一个陌生的骆驼王国去。就因为保留了那玩意儿，就得远离父母兄弟姐妹，孤零零地到他乡异土去"个人奋斗"。而且这仅仅是开始。须知陌生的骆驼王国里仍有老驼王，绝不肯轻易让出一个后妃嫔妾。绝没有人间国王传位那样文质彬彬，要想称王称霸就必须诉诸暴力。说不定半道就有伤亡夭折的可能，得！总会还有一峰未被阉割的小公驼来替补。

难啊！似还不如挨一刀一了百了呢！

但怪就怪在这里，既有了性势就有了自我，就有了欲望，就有了追求，就似乎懂得了自身存在的价值，就仿佛明白了贪婪占有的意义。当然，绝非是为了"以权谋权""以权谋利"等等,骆驼王国只懂得个"以权谋色"。人间虽也有此情,但绝不如骆驼来得光明磊落。为此,那幸存性势的小公驼,往往得在外国狂躁不安数年。头一次挑战,大多落个头破血流。第二次挑战,也大多只能落荒而逃。第三次挑战,很可能还是陷入了更大的孤独。但既有了性势,就必然欲火如炽,一年一度的血雨腥风也就势在必行!

好在一年就那么一回!

正如俗话中所总结的"人,有羞没够;牲畜,没羞有够!"骆驼一年只发情一次,平时骆驼王国里的气氛还很祥和。

但其间又自有其独特的规律,颇令人感到造化的神奇。骆驼的发情恰和气温成反比例。天气越热,越显得冷静。天气越冷,情欲则变得越加炽烈。也难怪!炎热时掉得一根毛儿不剩,赤裸裸的相互难有吸引力。严寒时披上了绒毛的甲胄,雄赳赳地就难免引发了男欢女爱。这期间的现任和候补驼王大都会因情而"疯",其情其景常令骆驼王国的上帝——放驼人也谈"驼"色变。这家伙不但敢于攻击任何同类入侵者,而且"色胆包天"地竟敢藐视"上帝"。就连人类偶尔涉入它的禁区,它也会狂追不舍置其于死地而后快。你爬上树去,它会猛啃树干;你躲入井中,它会倒下紧压井口将你捂死;你若被它追上撞倒,它将会死死将你碾成一堆肉泥。当然,"上帝"毕竟是"上帝",自有制服它的办法。问题是那保留了性势的小公驼,为了这一年一度的欲火中烧那可惨了。

几度春秋,几番搏斗,老驼王终于年老力衰败下阵来了。小公驼没有白保留那玩意儿,也终于涉上了高高的沙丘,成为拥有无数嫔妃妻妾的新驼王。君临一切,好不惬意。但远远望去,就见那昔日威风凛凛的老驼王已经被牵走了,须知驼掌早已被列入了珍馐佳肴。而又过不了多久,又总会见远离驼群的深处,隐约出没着一峰可怜巴巴的孤独的小公驼。

新的一轮开始了。

只有那些失掉性势的骆驼,绝对地超然物外。没有欲望,没有追求,也就没有了烦恼。顺其自然,形象越来越好,说不定它们还感谢,早就挨了那一刀。

啊!骆驼……

《冯苓植文集》(散文随笔集)：忆沪上

戏 说 驴 子

再说说驴子！

驴子，农村山野间最常见的家畜了。干的杂活儿不少，却绝对耐不得寂寞。恰和骆驼的任劳任怨相反，常常爱大发牢骚。而且不分地点场合，一遇机会就长吁短叹。据说，开始因其声震四野，尚令众兽不敢轻举妄动。但自从发生了"黔之驴"事件之后，对它的叫声便随之传为笑谈了。更有甚者，竟被追而贬之为"蠢驴"了。

其实有点冤枉！

驴子干活儿向来不挑不拣。驮柴、驮水、还专爱驮着小媳妇儿回娘家。爱喊、爱叫，那也纯属是爱的咏叹调。嗅觉极好，老远闻到异性的气息，便昂首竖耳赤诚地歌唱起来。奔放、豪迈、无遮无掩，实在为"小人物"中难得之举。而主人又拴着人家，不让其火辣辣地去奔享爱情，那发点牢骚的长吁短叹算得了什么？

说到"蠢驴"，那就更名不副实了。知情人都明白，骑骆驼骑马出事儿的少，骑小毛驴的往往正闯了祸。故民谚曰"毛驴是个鬼，摔下来不是胳膊就是腿"。鬼，说明它狡黠。要不，阿凡提也绝不会总是骑着它四处找财主和巴依的麻烦。试想这位幽默大师如果骑着一匹高头大马疾驰而来，说不定大伙儿以为是佐罗呢！

但说来说去，驴子还只能算个牲畜界的"小人物"。比不上牛能耕耘犁耙，比不上马能驰骋疆场，只配伴着老婆娃娃们干些杂务活儿。可有谁曾料想到，就是这么个小牢骚鬼竟在历史上获得了无比崇高的地位。不但出现在诸多的民间传说中，竟在外国也成了一大政党的招牌。

这实在是一种独特的文化现象！

君不见，有时驴子的身上竟沾满了仙气。谁都知道，道教的始祖老子是骑着青牛出函谷关的。可就是没人能搞明白，他的嫡系传人张果老是多会儿把牛换成了驴？而且总爱倒骑着，优哉游哉地放手由它走去。没几分仙气儿成吗？这可是方向和路线性的大问题！仙人都把身家性命交给了它，足以证明了驴子绝非人间的凡物。就不该，有时驴子也在兴妖作怪。据民间传说言，武则天当了皇帝后,也颇想学男性皇帝那样占有三宫六院七十二嫔妃。但试了几位面首之后,总觉难尽欢畅。于是便有驴妖出现,独占后宫,甚至进而有了爱情的结晶——驴头太子。后母皇累遇反叛,驴头太子却能东征西战血染沙场,直至拼掉了自己的驴头。此传说尚在小说演义中可见。虽意在维持男性尊严,给中国历史上第一位女皇帝头上泼污水,但无形中却提高了驴子的身价,使其不但得以逞雄宫闱,而且驴字后头一次挂上了太子二字。兴妖作怪值得,尽使六宫面首无颜色!马、牛、羊、骆驼,均没有这个福气。唐太宗虽曾为随他征战的骏马留下了石刻的浮雕,可却被砸碎了偷运到了国外。但传说却是砸不烂的,至今驴子仍在和武则天谈情说爱。

其实在国外,驴子的身价也很高。美国四年一度的总统竞选,即又被称为驴象之争。小小的驴子竟敢与巨大的象决一雌雄,足见它在老外心目中也绝非等闲之辈。试想,满街举着驴头问鼎白宫,是何等的荣耀光彩?国内国外一样,凡驴不凡。

但仍断不了挨骂。

也难怪!在历史沉积越厚的地带,驴子这种个性似乎就越不合时宜。即使有美国人举着它的脑袋呐喊助威,在这东方古老的土地上仍被人称为蠢驴,雄性驴子更干脆被称为叫驴。不甘寂寞,吵吵嚷嚷,活该!

驴不但蠢,而且还有时顽固不化,生性倔、犟,性子来时,须从它前头拉着,后头赶着,它才肯乖乖就范。于是自古便有人想到要改造驴子的性格,让它与名声极佳的马交配。而驴子也不保守,主动热情地予以配合。果然效果奇好,下一代竟只知道埋首干活儿,更听不到一丝怨言和牢骚。并且有了个新的名字:骡子!

就只不该,天阉!

羊 城 羊 话

按说,在广州话羊似有点班门弄斧之嫌。瞧那五羊城的雕塑:犄角锐利,目光有神,居高临下,一副奋力向上的模样儿!但越瞧就越觉得和我们草原的羊不一样。这大概是应了古时那段话:橘生淮南则为橘,生于淮北则为枳。原因是:水土异也!

我说的是北方的羊!

羊,草地上最温驯的动物。味道好极了,但绝没有一点脾气。难怪小伙子常常用这样的歌调儿勾诱姑娘们:我愿变只羊儿来到你身旁……如果都像五羊雕塑那样竖着犄角走过,那非把女孩子吓跑了不可。虽山羊略比绵羊调皮了点儿,但大都尚能做到:我愿你举起鞭儿,轻轻地抽打在我的身上。绝无先礼后兵的现象,而且主人的鞭儿越重它们就越恋群儿。群起而入,群起而出,一听不到主人的鞭声就会变得浑浑然而不安。"文革"前筹拍的电影《鲁迅传》中曾引用了胡适一段话:老虎总是独来独往的,只有绵羊才成群结队!用意何在?自当别谕。但从动物学角度讲,起码还是符合事实的。

还是李季先生说得好!长诗《王贵与李香香》里有这么一句:羊群走路靠头羊……他了解羊群组合的实际。羊,大体分山羊、绵羊两类。但无论哪一类,数量有多少,大体头羊只有一位:雄健的公羊,又称种羊,群里的所有的羊只必须臣服于它。牧羊人只要制服了头羊,整个的羊群也就服服帖帖的了。不但在草原上如此,就连屠宰场上也是如此。老年间北京就时髦吃涮羊肉,每年不知需要杀多少只羊。但羊儿也畏死,临进屠宰场总是蜂拥着后撤,颇费人力时间。这时候就需要一只特殊的头羊了,在前头大摇大摆地引路,随之群羊便前后有序一只只慷慨引颈。头羊有功,当然免死。周而复始,把同伴一批批地变成了火锅里的涮羊肉。

头羊何来如此巨大魅力,竟能使伙伴们为它赴汤蹈火?究其原因,乃唯独它保留了雄性性势。羊类社会,极其残酷。接羔有两个季节,曰,接冬羔,接春羔。但无论冬羔春羔,凡雄性者一律阉割,幸免者极少。经此一刀,从此后它便更名为:羯子,或者羯羊。变得格外恋群,就知道吃肥了对人类做无私奉献。有个别未阉割干净的,就难免有点不守本分,和古代某些太监似的惹是生非。但毕竟比不了刘瑾、李莲英,大多很快地就成为涮羊肉或手把肉,只是味道稍差一点儿:膻!至于母羔,则性功能越强越好,一年后则可变为适龄母羊。像珍珠一般在绿野里撒满羊群,这是草原上滚滚而来的财源。羯羊恋群,母羊恋公羊,当然那唯一保持性势的头羊就成了羊群的无冕之王了。绝不像人类,谈情说爱中那"我可以为你死!"往往是虚言,而羊群确能为了雄性头羊去粉身碎骨。

但头羊也往往受到挑战。最近内蒙古电视台实地拍了一部极其珍贵的动物片:《野羊》。其中有许多难得的镜头,颇发人深省。野羊无主,当然牧人们就无法对其阉割。雄者谁能独占花魁,那就要在搏击中看真本事了。随之,镜头里更出现了战败者另谋出路的情景:不顾人设的羊圈羊栏,进而竟溜进了家羊王国。先还是偷偷摸摸,后来便是喧宾夺主了。也难怪!母羊们也似乎懂得赶时髦。就像我们吹捧那些在境外并不走运的歌手一样,只要一进来便狂热地以身相许。而那原有的头羊也因为不是进口货,似也明白只能拱手相让。窝里斗是常见的,对外头却自惭形秽挺不直腰板儿。羊儿这是怎么搞的,从哪儿学来这种坏毛病?

但您还别说,交配生下来的第二代还颇野头野脑地有点野性子。牧人们并不排斥它,电视片里还特意记录下了它们的某些特性。要知道,即使在羊群里搞封圈围栏也不成了,好些年前我们就花上百两的黄金买来澳大利亚的种羊。要不,羊儿只能个儿越来越小,皮毛越来越沙,穿皮夹克吃涮羊肉都要大受影响。来几个冒牌的野货就来几个冒牌的野货吧,关键是自己要能挺直腰板儿!

啊!成群结队的羊……

山 野 鹿 语

本来只准备吆着畜群到花城逛逛,谁料随后竟又跟来了猴子跟来了狼。干脆,免受了这种拘束,谁愿跟着来就跟着来。好在广州是个开放城市,而且草原也并非为牛马骆驼羊特有。比如,我就在贺兰山下看到一只小鹿,竟颇为悠然自得地混居在牧场上的羊群里。

我一直在研究达尔文的学说,但就是始终搞不清鹿这个物种为何能保持到如今。按说它应当属生物链中最弱的一环。既无钢牙利爪,又无强悍的体魄。除了那一身杂有斑点的保护色,剩下的便只有战战兢兢随时准备逃窜。而且鹿尾可以保胎,鹿茸可以壮阳。野兽们虽不知它的肉身有助于男欢女爱,却也视之为最易到手的珍馐佳肴。实在奇怪!按弱肉强食优胜劣汰之说,它本该是早应绝灭的物种。但钢牙利爪身躯庞大的狮子、老虎、大象、披甲的犀牛,甚至连狡诈的豺狼等俱都渐渐列入了濒危物种,而它却繁衍生息不止,处处展露姿容。难道怯懦也是一种生存的手段?当然,白唇鹿也濒临灭绝。但谁让它有那样的嘴头子呢?人类早已总结出来了:笔头子,嘴头子,惹祸全因这两头子!

至于我在贺兰山下见到的那只混群于羊群中的鹿,嘴巴绝没有这类问题。据我向牧人打听的结果,原来是他进山拉木料偶然捡到的。不知哪个违法的歹徒偷着狩猎,它的母亲便因外出觅食成了牺牲品。这是完全符合鹿的习性的。公鹿大多是些花花公子,只知道为争夺配偶相互决斗。一旦成王,便只顾纵欲,生儿育女概不负责,完全交于母鹿去哺育。而母鹿为了后代有充足的乳汁吃,便不得不留下鹿羔儿去四处觅食。但隐蔽得极好,色彩完全和大自然浑然一体。一般来说,母鹿若在外遇害,仔鹿也就跟着完了。而这只小鹿的劫后余生,纯属是偶然。因为牧人们一向视鹿为吉祥的动物。在喇嘛庙一年一度的"萨玛"仪式(又称"跳鬼"或"跳神")中,戴鹿头面具的舞蹈者一出现总会受到欢呼,在牧人们看来鹿是驱魔避邪的,于是这只鹿崽受到了善待。牧人们将它交给一只乳汁充足的母羊哺育,日久天长它竟认定了母羊就是自己的母亲。

惭愧!动物界也免不了"有奶就是娘"!但和人类又有所不同。它并不是因此而身价百倍,甚至自视甚高。而是降格以待之,自己也把自己当成了一只羊,幼弱时如此,稍长时如此,即使身高超过了母羊也如此。这是我亲眼目睹的。当时我正劳动下放在阿拉善草原,也是在一次进贺兰山拉木头途中遇到的。那情,那景的确很感人。虽然仍是只小鹿,但已需深深地弯下脖子去探母乳了;母羊也对它视如己出;完全由着它的性子瞎折腾。有时它顽皮地跑远了,母羊还会亲昵地向它发出呼唤：咩……随之，尽心尽职的牧羊犬就会闻声窜去把它拢回羊群来。看得出，它和狗也相处得挺好，一齐归来时还相互追逐着嬉戏。你咬我一口，我弹你一蹄子。貌似认真，其实谁也不会动真格的，只是一种更亲昵的表达方式。当时我就被深深地陶醉了，只觉得既那么隔绝而又那么和谐，一种强烈的反差造就了一种大自然的神奇的美。但我却忘记了现实对人和动物也有很严酷的一面，忘乎所以就会产生意料不到的悲剧。

我终于恋恋不舍地走了，脑子里仅仅留下个童话。谁知等我第二次进山拉木头的时候，山野下这一切竟都如梦般幻灭了。那悲戚的牧羊人缓缓对我说，它不该也渐渐忘却了它是一只鹿，而更不该的是它自己也完全把自己混同成了一只羊。似乎觉得人、狗、家养的驴、蒙古包前的马对它如此亲昵是天经地义的。这里是这样，别处也是这样，人间到处都充满了爱。唯有一次本该引起人们深思的举动，也被牧羊人当作笑谈忽略了。那一次羊群游牧到了额吉淖尔——母亲湖畔，这只小鹿也随着群羊到湖边饮水。这是它第一次面对着这样天然的大镜子，引颈间它蓦地被水面那映出的影像惊呆了。怪物，简直是怪物！显然它不了解那满身花斑的纤巧动物就是自己，刹那间吓得回头就跑，致使整群羊也跟着它莫名其妙地惊蹿着。从此就显得有点恍惚，求援似的对人对狗对羊群更依恋了。是信任，也是在寻求保护。就不该当另一羊群也来母亲湖畔扎下蒙古包的时候，它也把这种信赖和求援扩充到了那人、那狗、那羊群。这也是大自然设置的一面镜子，但它还是没有从这些惊诧的目光中认清自己。更不该的是它还在寻求沟通和理解。终于引发了在那人的授意下那狗的扑上。悲剧发生了，那羊群已觉得理应撵走这混群的异类。据牧羊人说，当时它竟一动不动，只顾惊讶地睁着一双怯生生的眼睛，似至死都不能理解。好在看它从小长大的这边的人和狗已冲上去了，它终于受伤后却保住了一条命，而且被笃信佛教的主人又送进了山林。悲戚的牧羊人最后仍向我叨叨说，不知道现在它怎样了？是的！关键在于它现在觉悟不觉悟自己是只鹿！

从此这个故事的童话色彩消失了，却带着一股神秘的氛围伴我生活了这许多年。有时我觉得我就变成了那只鹿，也同样多次陷入了那种不可理解的险境。但看我受困的人和狗却少有见义勇为的，而我的山林又在哪里呢？

《冯苓植文集》(散文随笔集)：忆沪上

人们！要好好认识自己！

说　　马

马在人们的心目中形象极佳。虽久居人类胯下，但从古至今却受到中外一致推崇。即使你现在到雅典、罗马、佛罗伦萨等地访古，仍不时可以望到它们居高临下的雄姿。当然是石雕铜铸的，但依然可以想象它们当年的尊荣。归途中如路经原列宁格勒，您还可以看到彼得大帝跨马的青铜塑像。人不必说，马更神采飞扬。再要路经茫茫的西伯利亚原野，还不时可以听到那首古老而凄婉的歌：可怜我这匹老马……奇怪！马是多会儿也沾染上了鲁迅先生所说的某种"国民性"？

追索马被人类驯养的历史好像已近万年了。起码在原始部落时期它就早已出现在人类的生活里。这一点在古玛雅、古印第安人、古安尼特人，以至从我们祖先的考古挖掘中都可证明。最初，人类大概只把它作为猎食对象。食草类。既无钢牙利爪，又少嗜血天性，唯一优势是矫健善奔。不找这样的大块头食物，难道偏要找狮子老虎去玩命吗？于是多余被捕猎的马匹便被渐渐驯养起来，和猪一样成了人类食物的备用品。可以说，第一个发现四条腿比两条腿跑得快、并开始在马背上打主意的人绝对是天才。但使马能真正脱颖而出的却是马镫。别小瞧了这简单的玩意儿，绝对可称得上是划时代的伟大发明。

这份荣誉绝对属于咱们中国！英国剑桥大学的李约瑟博士已做出了权威性的考证。在他那部举世闻名的《中国科技史》内，对马镫发明的评价是足以令中国人自豪的，不但使我们改变了马沦落为猪的命运，而且使马从此参与了改变历史的进程。须知，有了马镫之后人和马便浑然成为一体。人有了马奔腾的四蹄，马有了人敏捷的思维，于是便有了跨越疆界的战争。一代天骄成吉思汗不必说了，他便是依仗着无数马上健儿的铁蹄踏遍了欧亚大陆，为世界写下了至今仍令人震惊的血雨腥风的一页。马,自从挂上马镫之后便身价倍增了,人能够"马革裹尸还"竟也算死得其所了。故有学者评论清代的衰亡曰:马上得天下,马下失天下。由此不难看出,枪炮发明以前人类的历史几乎就是由马蹄踏出来的。

即以中国人引以为骄傲的万里长城为例,无论秦长城、赵长城、汉长城,以至明长城,依我看都是专为马修筑的。一个目的,挡住外来的金戈铁马。据说长城在月球上都可以看得见,但在历史上似乎却收效甚微。因而古代即有赵武灵王的觉悟,首先提出"胡服骑射",以马制马,以其人之道还治其人之身。但下场并不好,虽贵为一国之主,最后还是被困饿死于宫中。汉武帝也有所突破,故他的大将霍去病的墓前有了"马踏匈奴"的石雕。但不该"轮台诏"忏悔得不在点上,致使他的后人发现女人或者比马强,遂有了《昭君出塞》的故事。唐太宗不愧一代明君,这大概也与他的爱马是分不开的。虽然他也深知女人的魅力,也不断送公主去和亲,但却仍不忘从西域引进各种名马。乌孙进贡的汗血马就是一例,因而"唐宗宋祖"在中国历史上占了一席之地。

一句话,马在历史上的地位不同凡响。而且竟由此引发了一门学问:驾驭术!小至驾驭文字,大至驾驭人生、驾驭政治,故深埋于秦始皇地宫土中的马俑并不感到寂寞。瞧!还有一条条好汉和自己同埋于地下几千年了,连个名儿都没落下,只得了个共称:兵马俑。生和这些好汉冒死冲杀,死和这些好汉长埋地下,造就了"秦皇汉武,唐宗宋祖,一代天骄成吉思汗"等一代代"风流人物",还有那条孟姜女至死也哭不倒的万里长城。

但就不该开掘了使其重见天日,一匹匹骏马目瞪口呆"当今世界殊"。只见外国同行在雅典、罗马、佛罗伦萨等地至今仍高高在上,而自己竟这么久被长埋于地下。有一对两对的也偶尔在帝王陵寝的墓道两旁看到,但大多和石雕的文臣武将一般俯首帖耳,比外国的马匹有教养多了,好一派儒雅的忠恕风度。榜样的力量是无穷的,于是至今仍在秦兵马俑坑内痴呆呆地傻站着,绝没有哪匹敢抬腿弹蹄的。

凝固的骏马,永不倒的长城啊!

《冯苓植文集》（散文随笔集）：忆沪上

道　狼

在茫茫的大草原上，除了牛马驼羊之外，牧人们谈论最多的大约就是狼了。虽现已很难见其踪迹，但有关它的神话、鬼话、妖话仍层出不穷。似乎少了它，广袤的荒野上反而多了一份寂寞似的。

也难怪，自从有畜牧业以来，狼群就仿佛是上苍为牧人们设置的天敌。神出鬼没，狡诈凶悍。不但击杀怯懦的羊只屡屡得手，就连偷袭比它大几倍的驴子也毫不含糊。月光下，借着云影的隐蔽，陡然就飞蹿上了这位自以为是家伙的背部。前嘴紧咬鬃毛，后尾急赶驴屁股。犟驴虽仍不忘牢骚声声，但最终仍难免被赶回狼穴被众狼分食了。这就是狼王的风格，颇具阳刚之气，常令领群的雄马、头羊、驼王、种牛为之汗颜。

但只要你一深入狼的王国进行一番科学考察，这种阳刚之气定会使你大感惊诧。狼群绝不同于家畜社会：雄性做主！这是一个典型的母亲王国：雌性为王！阳衰阴盛，却凶悍无比，由不得使人想起了历史上吕后的当权、武则天的称皇。尚有两位似可"与狼共舞"：慈禧老佛爷和江青。但仔细想来又似对狼有点玷污。狼王只对六畜造成损害，尚且没有祸国殃民的记录。

作为统帅狼群的母狼，绝没有汉高祖、唐高宗垫底儿，只能靠自己的搏杀在狼群中崭露锋芒。精于谋略，善于布阵，而又勇于身先士卒。但更重要的却是必须具有极强的生育能力，以保证小狼崽子一代更比一代凶悍。绝无夫贵妻荣或其他关系网可说，完全靠的是自身所发出的那种狼性的独特魅力。为此，在狼的王国里组织颇为奇特，作为狼王的母狼在性关系上也搞专制。下属不论有多少公狼母狼，唯有它一个享有性爱和生儿育女的权力。奇怪的是群狼均无异议，私下里打情骂俏极少。普通母狼似自惭形秽竟没了这方面要求，而公狼则只知道在狼王面前献媚取宠一比高低。一般来说，狼王也只根据勇猛凶残的表现挑选两三位作为性配偶。不看资历，重在表现。能者得伴左右，弱者随时淘汰。这样，在狼的王国里就形成了一股特有的凝聚力。母狼如若想独享性爱就必须变得更为凶残,公狼如若想发泄欲火也必须更为强悍。难怪草原上以雄性为王的牲畜常常败在它们的手下。狼群不受阉割制约,靠的全是生存竞争!当然,留在人的心目中之印象,必然也只剩下了凶狠、残暴、疯狂和嗜血成性。

但狼王也有它的另一面,每当率领狼群血腥搏杀之余,它也在荒山野岭上的狼穴旁充分展示着它的母爱。那情景也是格外动人的。柔情脉脉,舐犊哺乳。而其他公狼和母狼也丝毫不含妒意,只是拄着前腿蹲坐着静静地瞅着,也仿佛怕惊扰了这圣洁的场面。狼崽是共有的,狼群都视之为己出。而狼王则不但爱子情深,且教子有方,幼时哺以乳汁,稍长即吞食猎物以哺之,再大便捕回羊羔之类任幼崽练习扑食。当然,既然当了狼王便很难专心去做贤妻良母,率领狼群东征西战仍是首要的职责。这样,每次出击便有一条亲信公狼留下任保姆之职。别看这条公狼对外凶悍无比,但对这顽皮的小狼崽子可真可谓"俯首甘为孺子牛"。陪群顽嬉戏,任幼狼撕咬,有时竟被撕咬得皮毛脱落口鼻出血。绝无怨言,一遇危险还得把小狼崽子一条条衔在最安全的狼穴里。有的甚至还为此献出了生命,不可不谓壮怀激烈。

草原茫茫,阵线分明,自古便形成了这种家畜和野狼各为一方的父系社会和母系社会的大搏杀。人当然是站在家畜一方,丝毫不考虑大自然设置这种天敌的意义。终于,人靠着现代科学把狼群彻底从牧场上消灭了,但随之而来的便是看到击碎生物链这一环所带来的消极后果。原来,狼群只击杀那些老弱病残的牲畜,在客观上有助于畜群的优胜劣汰。同时,狼群也捕捉那些破坏牧场的小动物,如旱獭、土拨鼠之类食草翻土的小野兽。现在狼群是销声匿迹了。而噬草小动物却泛滥成灾,不但和畜群争草,而且使牧场日渐沙化。这绝不是为狼辩护,而是经英、美、澳大利亚许多科学家考查得出的一种结论。君不见,美国西部地区某位哥们儿正在自己的牧场上试着豢养狼群吗?当然,干什么都得有个分寸,也不能把狼当成印度圣牛似的由它四处乱跑。杀还得杀,只是不要赶尽杀绝罢了。您一定记得当年割资本主义尾巴割得多么彻底,现在要重新长起来可是费老鼻子的事了。狼也一样,大自然绝不会莫名其妙地设这么个物种儿。

《冯苓植文集》(散文随笔集)：忆沪上

聊　　猫

　　过去，草原上是很难见到猫的。也难怪！牛马驼羊各司其职，唯独它好像是专门供人玩儿的，娇媚柔弱。且别说抓耗子了，就连大自然严酷的风霜雨雪，它也无法应付。因而中国玩猫虽已有几千年的历史，但至今它仍很难成为牧人的"宠物"。

　　但在城市里却绝对不一样了！

　　不但外国玩得邪乎。诸如举办世界性的猫展，全球性的猫赛，其盛况比人类的选美大赛只有过之而无不及，致使很多落选的美女娇娃恨不得把自己也变成了猫。而且在中国也玩得颇有特色。诸如给猫起名曰：雪里拖枪、枫林晚霞、彩云托月、泼墨梨花等等。古色古香，玩猫竟能玩出古老的诗意来。虽近代已逐渐开始洋化，但也足见中国养猫史的源远流长。

　　猫成为人类的宠物，实在是个奇怪的历史现象。可以说不用去翻阅有关它的动物专著，人类早就对它的习性了如指掌：好打呼噜，好睡懒觉，好挑食儿，还好招蜂惹蝶。每年一次的"嚎春"就更够人受。时如婴儿怪啼，时如怨妇哀叫。一惊一乍，常使生人彻夜难眠。尤其值得提出的是，它还涉嫌忠诚问题。嫌贫爱富有目共睹，溜出不归更是习以为常。如和犬那种"狗不嫌家贫"的高尚品质相比，原应受到"过街老鼠，人人喊打"的待遇。但人类却对它宠爱有加，这使某些落魄者百思不得其解。

　　其实只要查查历史的野史，就不难考据出猫儿受宠的缘由。一个字儿：媚！时而娇若无骨，时而憨态可掬。常伴主人膝上任抚任摸，又随主人入睡两情依依。就连那轻柔的呼噜声似窃窃私语，更使主人放心地进入那美好的梦境。故据明代笔记小说载，君王后宫多养猫。非为排遣寂寞，乃宫女竞相学猫之媚。目的在于取悦皇上，以独得龙身的宠幸。为此，我很怀疑俗言猫咪之咪应为媚，起码也应是迷。当然后宫纵容宫女养猫，始作俑者乃是皇上。媚，当权者所追求的一种最高级享受，更何况他还可借猫惩治那些当媚不媚者。据流传于民间的宫闱秘史所言,明代嘉靖皇上就是这方面的老手。这位一生只知炼丹成仙纵欲的圣上,惩治那些难使龙心大悦的宫娥就用的是猫。将其塞入那欠媚者裤裆之内,上系裤腰,下勒裤腿,任猫儿在这憋气的"洞天福地"里闪、展、腾、挪、撕、咬、挠、抓,致使明代宫女常常谈"猫"色变。而且因媚得宠的猫也不乏捧场者。君不见,《狸猫换太子》中那只猫被写得何等壮烈忠贞?媚者,忠也!

往事越千年!随着现代文明的逐步发展,皇帝老儿虽已没了,但猫的媚性却仍在延续。真可谓:江山易改,禀性难移。并已由后宫渐渐走入千万百姓家,致使媚态得以不断地扩散。只不该受"中国月亮不如外国的圆"之影响,似乎中国的猫儿也不如外国的媚了。洁白如银的波斯猫已跃居猫中的极品,本地猫倒给人以一种遗老遗少的感觉了。但尽可放心,玩洋猫儿只不过是为了时髦,手法却仍带着点古色古香的古典味儿。比如说,这些年某些大城市日渐兴起的"结猫亲家"便是一例,正在努力使洋为中用。好您哪!雪团锦簇似的洋猫儿多少钱一只?绝不能由着它那洋性子胡来!仁义之邦,仁义待之。于是便不仅整天瞧着它卧在身旁给自己解闷儿逗乐子,而是无微不至地关心它的吃喝,洗澡,挠痒,梳毛儿,进而乃至爱情生活。当然,提到这事儿就由不得想到了艾滋病,绝不能让自己的洋猫儿得上这种洋绝症。还是中国的老法子好,求的就是个相互知根知底儿。随之便是几瓶好酒,几条好烟,猫友之间,互搭鹊桥。既怡情养性,又广结人缘儿。既不致使谬种流传,又保证下一代的纯洁健康。猫结连理,人成亲家,何乐而不为呢?虽然,其间也难免有介绍人,也难免进行讨价还价。诸如,你别卡了我家的油儿啦,你别偷了我家的种儿啦,以至关于下代的分配方案等等。但也必须看到,洋猫儿的价格现已有回落,而且另一种社会关系网却正在逐渐扩大。猫亲家间,办事方便多了!

文化中有婚嫁文化之说。过去仅指人而言,现在猫竟拓宽了这一领域,足见其媚是如何的迷人!但媚超过了一定限度就近于妖,而受宠越深也越易代主人受过。古妲己不就是一例吗?现有关猫也有这样一个故事,足以提醒世人,媚必须掌握分寸。有一个颇有地位的家庭,年事已高的女主人只靠着一只波斯猫排遣寂寞。女主人死时,这只又肥又大的波斯猫也到垂暮之年了。可惜面对新的环境它仍故态重演,在发送女主人归来的子女前仍玩着旧的把戏。时而拉开冰箱自拿食品;时而跃上沙发抢占位置;时而睡觉时争夺女主人的枕头;时而夜静时学人发出声声咳嗽。尤其令人发怵的是,它还会深夜推拉屋里的门,在各房间之中走来窜去。子女们属现代派,相信西方的猫妖异之说。谁也不便明言,但影影绰绰之间却又仿佛看到了什么。或者正是这点救了这老洋猫的命,它只被当作不祥之物恭恭敬敬地被远远地抛弃了。但它好像还不懂这是媚得过了头。有一天深更半夜竟又悄悄溜回来举起爪子敲门。咚咚! 咚咚……终于被子女悄悄扼杀了。

猫真是一种至死不改的媚态动物,但有人还说可以照猫画虎,甚至称猫还是老虎的老师。说这种话的人或许也有他不得已之处,但尚有一点我绝不敢苟同。言者称,猫教老虎留了一手儿是没教后者窜房上树。我看则不然。虎不会窜房上树已是王中之王,会这一手儿倒有点显得轻浮。应该说,猫没教会老虎的绝招儿是:媚! 若不然老虎怎么会成了濒危物种,而猫却依然有人为它们料理婚事。

怪不得鲁迅仇猫……

侃　　狗

在六畜中,挨骂最多的大约要数狗了。什么走狗、疯狗、癞皮狗、夹着尾巴的狗等等等等。其实,人类的行为狗负什么责任? 究其原因,终于发现是因为和人类的关系太密切了。常言说得好:"打狗看主人!"倒霉就倒霉在它过于忠诚了。"走狗烹"是什么意思? 那就是说主人利用完之后也难免对它下毒手!

您哪! 心眼儿太实了绝没好处!

查查历史,甲骨文中就有犬字,那说明狗和人相处已成千上万年了。"子不嫌母丑,狗不嫌家贫",狗的种种好处是有史可查的。就连要求极严的儒家也不得不批给它个"义"字,遂有了"义犬救主"等等传闻。直至今日,它仍在草原上发挥着极大的作用。绝不同于牛、羊、马、骆驼,它在牧人心目中仍是少不了的助手。看门、护家、拢羊、赶马,甚至帮助照看孩子,尽心尽职地早就超过了某些浪荡子弟。我就在荒漠中亲自听到过这样一个故事：父亲外出了，妈妈去放牧，蒙古包前就留下三岁的孩子在和狗嬉戏。这时几条荒漠狼出现了，馋涎欲滴地对准了那胖乎乎的男娃娃。但狗却绝不因狼是近亲而睁一只眼闭一只眼，随之一场殊死的护卫战就开始了。等女主人归来一切已结束了，眼前只呈现着两条倒毙的狼，一条垂死的狗，还有那号啕着但完整无损的孩子。狗的身上除了裸露的骨茬、流淌的血，余下的还有凝视着主人的眼里那两滴泪……

狗在草原上很受尊重，不但牧人们把它当作无言的朋友，就连一代天骄成吉思汗对它也比孔老二大方多了。文字算什么？他把自己四员名震欧亚大陆的戎将命名为"四犬"，要的就是儒家那头一个字儿：忠！

但在当代，随着忠字意识的混乱，就连荒漠上的狗似乎也无所适从了。"文革"期间，就发生过这样一件令人啼笑皆非的事儿。边境地区要打狗，但绝非为了防止狂犬病，而据说是因在反修前哨狗的乱喊乱叫似通风报信。牧人们当然要"忠"，只能含泪眼瞧自己的无言朋友被打死。狗也比较糊涂，还以为狂吠猛扑是对主人的忠诚。结果最勇猛的狗全被消灭了，留下的往往是些只能充当玩物的怯懦的狗。十多年以后，牧人心头的余痛刚消，却又见有人到荒原来找那些早已消失的狗。据说是德国一警犬专家经多年研究，声称中国的藏狗——嘎尔斯乃狗类中的珍奇品种，多方面优于驰名于世的德国警犬，愿以一万美元一条的代价收购。而这种藏狗很可能仅存于漠北荒原和西藏腹地，来人正是到此调查了解的。但没了，没了！起码荒漠上已经没了。这才叫"老外一个屁，胜读十年书"！没德国专家的这研究，这些狗很可能死了就死了。有了老外这一万美元的评价，它却在众人的痛心疾首中得以名垂"狗"史了。这绝非杜撰，请查阅英国《大不列颠狗类百科全书》，其中就有关于它的条目。但这并不等于说狗就没了缺点。

比方说骂人"狗男女"，就和狗性有点沾边儿。据我考查，六畜中绝少不遭阉割的，就连肉鸡也难逃小刀那么一挑。但狗却往往例外，这就助长了它的性自由。老年间在大街小巷上经常可看到狗交配的情景，性解放到久久难以自拔。小孩子很爱中间插一杠子，抬起来以游街示众。为什么给予狗性自由？说法颇多。比如就连皇上也缺少不了狗肾、狗鞭作为壮阳药物。但我对另一说独感兴趣：广开门路，另育新种！君不见，现如今老少爷们儿就喜见千奇百怪的小狗儿，仅留下最伟岸的公狗传宗接代能达到这个目的吗？尤其那种似猫儿般妩媚，似猫儿般娇柔，似猫儿般听话，似猫儿般大小的狗最值钱，弄一条总赚个千儿八百的。由此看来，狗的缺点也似人造成的……

但不管怎样，这仍不失为一条门路。藏狗嘎尔斯绝迹了，咱们就在娇小、妩媚、娇柔、听话上下功夫。作家们也不妨试试，不是有人鼓励您也变变笔法吗？

怎么样？

猴文化的困惑

1

按说，在猴年我是应有所作为的。

须知，我这大半辈子尽写动物小说了，笔下尽和大大小小的动物打交道。大到写了昂首挺峰的傻骆驼，小到写了为主求荣的百灵子。干这行吃喝的，不琢磨这个成吗？于是八小时以外，研究动物就成了我最大的爱好。

但猴年已过，我却至今仍未写过一只猴儿。

非我不喜欢它，而似乎皆因感兴趣得过了头儿。幼年家居北京，叔叔大爷们常常带我进戏园子瞧名角儿的好戏。那时的马连良、谭富英、张君秋，甚至包括梅兰芳梅老板，我大体都有幸得以一睹风采。但除了武打之外，我竟如受刑一般。不是把大人们折腾得六神不安，就是在名家的唱段中酣然入睡。气得叔叔大爷们只好大骂我朽木不可雕也，充其量只不过是个配看耍猴的主儿。

说到点子上了！

不错！放着高雅的我不享受，一听见门外耍猴儿的锣声我就人来疯。偷抓上一把糖豆儿，再揣上几个小钱儿，逃过了母亲和奶奶设下的封锁线，一追耍猴儿的就是大半天。跟着穿胡同,钻小巷,过闹市,有时为此逃学挨板子也在所不惜。钱给了耍猴儿的,糖豆儿进贡给了猴子,直至夕阳西下仍然恋恋不舍。弄得猴主儿也颇过意不去,冲着我一个劲儿直嚷嚷:"小爷!您这是跟到哪一站算个了啊?莫非不是想当猴哥,就是想当我的徒弟?"

这正是我求之不得的!

最后,终于还是被撵回来了。但一顿好打之后仍痴心不改,夜里睡在母亲的怀抱里仍想着白天那演独角戏的小猴儿。太逗了!一会儿拿倒立,一会儿翻小翻儿。抓耳挠腮,蹦来跳去。圆圆的小眼睛,红红的猴屁股。人模狗样的,有几位名角儿能比得了啊!幼年的心目中,没有耍猴人手中的链绳儿,更不理解那频频敲响的锣声,有的只是小猴儿的诸般绝技。学!变着法儿在家里胡折腾。怪不得母亲经常责备我说:"你就是一只调皮的猴儿!"

这使我竟颇为得意。

成年后,我仍乐此不疲。耍猴儿的少了,就带着一双小儿女到公园里逛猴山。看猴儿们怪相百出,听孩子们欢笑声声。多亏了童年时的"返祖现象"及时地停止,我对猴儿的观赏才渐渐由"趣味性"转入"知识性"了。孩子们瞧的是小猴儿在猴山间的欢腾嬉戏,我瞧的却是老猴王在猴群间的欺男霸女。猴儿的社会颇为独特:等级森严,尊重权威。老猴王不但得吃、得喝、得居高临下,而且母猴们也心甘情愿地成为它的妻妾。其他公猴虽垂涎欲滴、跃跃欲试,但时机不成熟却绝不忘献媚、取宠、争着为老猴王搔痒理毛儿。也有个别偷香窃玉者,公猴们竟能够及时向老猴王检举揭发。当然,下场是可想而知的,天哪!在孩子们眼中的一片欢欣的童话世界里,原来竟隐藏着这么一位霸道的独占花魁的主儿。

我开始为猴儿们愤愤不平!

翻书,查资料,为公猴们的合法性爱寻找理论基础。但很快就发现自己失败了。须知,优胜劣汰、生存竞争,猴儿们也难得例外。若不如此,而让每个公猴儿都能搂着个母猴儿,说不定时至今日仍难进化成人呢。更何况,猴王也绝不同于公蜂和公蚁,除交配外责任还极其重大。在丛林里排难除险、扶老携幼,以保证猴群其乐融融,颇有王者风。多玩几个母猴儿,系小节。君不见,为此猴子王国里产生了多少动人的故事?赴云南抓金丝猴,行家往往只捉猴崽子。而母猴虽可逃之夭夭,却宁愿追随小猴儿身陷囹圄。驱之不舍,多么伟大的母爱呀!马来西亚密林中的猴儿,甚至还懂得为死者哀悼。一只猴儿死了,群猴就会挖坑将其埋葬。唯独将死猴的尾巴留在土外。不是作为丰碑,而是观其是否真正死了。若遇风吹草动,那尾巴偶然一摇,猴儿们便会欢呼着把它重新掘出。往复数次,绝不灰心。最后虽终属徒劳,但随之而起的哀啼不是更有人情味儿吗?

猴儿,挠人心肺的猴儿!

后来,我对这方面的专著更阅读得如痴如狂了。不但搞清了它们之间的科、目、属,而且搞清了它们为人类科学献身的伟大精神。不是这样吗?有人正试着给人类移植猴子的角膜,有人正试着给人类移植狒狒的心脏,有人还试着给黑猩猩安上一颗人类的脑袋。

小时候那耍猴儿的锣声又敲响了。

我摊开稿纸……

2

但随之而来的便只剩下困惑。

不是我收集的有关猴儿的故事不够多,而是源于我创作的是小说。文学作品么!不管你多么神通广大,你总得设法把猴儿领入现实生活。

得!麻烦也就跟着来了。

刚一动笔,这猴头就显得颇不顺从。抓耳挠腮,龇牙咧嘴,一连串儿就朝后翻了几个跟头。似知道我的小说大多以市井为背景,要领也只能把它领入凡夫俗子之中。俗气!还不如在童话中猴子捞月亮呢。跟着我的笔头子重沾人间烟火,掉价儿。

您哪!惯坏了。

也难怪,我们的老祖宗似乎比达尔文还高明。早在好几百年前,就不但把它进化成了人,而且进化成了神。

不信?您就瞧瞧!

一部《西游记》早就使孙悟空名闻中外。猴儿是猴儿,可任何英雄豪杰能比得了吗?吴承恩老先生绝难想到,他创造的这位泼皮猴儿竟数百年屹立神坛岿然不动。不但皇帝老儿曾为它立过齐天大圣庙,就连在"换了人间"后也威风不倒。一出《孙悟空三打白骨精》更使它成了政治暴发户,就连当代领风骚人物也带头向它顶礼膜拜。虔诚地诗云:"千刀当剐唐僧肉,一拔何亏大圣毛。"连根毫毛儿也动不得,足可见神到何等份儿上了。虽经训示可修改为:"僧是愚氓犹可训,妖为鬼蜮必成灾",但后果已经可想而知了。"文革"中有关猴气虎气之论一起,于是天下便涌现出无数的"金猴"和"千钧棒",而且成帮结伙成了"队"。一时间只砸得中华大地烽烟四起,满目疮痍,哀鸿遍野,白骨成堆,比大闹天宫还要有声有色。现如今金猴儿虽捂着红屁股大多另谋他就,但那留下的千钧棒却仍令有关学者专家笔杆儿发抖。怪不得猴儿不愿走进市井之中!

　　摘面儿! 就是不能成神,也得成魔、成妖! 虽和鬼字沾边儿,但也紧挨着女字有股脂粉味儿呀! 唐代即出现了此类小说,《补江总白猿传》便开了此例先风。据注释云:"述梁大同末欧阳纥妻为猿所窃,后生子询。《崇文目》以为唐人恶询者所为了。"但不管怎样,猴儿拥抱着名人的妻子,并有了个名人的儿子,是古有记载了。多么令人浮想联翩,足见中国古代文人也有艳绝一时的科学探索精祎。到后来《初刻拍案惊奇》中的"盐官邑老魔魅色,会骸山大士诛邪",那其间的猴头就不仅仅拥抱着一个名人的娇妻了,乃完全把猴类社会独占花魁的法则引入了人类社会。在山洞中掳来了众多的美女娇娃,自在得实在没边沿了。飘然若仙,酣畅淋漓。后虽被大士所诛,但也应了那句老话:"宁在花下死,做鬼也风流!"是的! 猴儿宁做鬼也不愿在凡夫俗子中当玩物。不信您就听听这个故事。"文革"后期,"四人帮"似乎也想夸耀夸耀他们造成的"大好形势",破例批准在某草原举办一次"那达慕盛会"。稀罕! 各类人物闻风而来,其间还交杂着一位衣衫褴褛的耍猴儿者。谁料因半途上车挤人杂,穿着小红衫的猴儿竟被惊窜下了火车。得! 于是在一处反修防修的前哨牧场上,便开始有鬼影儿飘忽频繁闪现。不但钻蒙古包掀帐篷打破坛坛罐罐,而且经常骑在头羊背上把羊群惊得四散。最后干脆和民兵捣起乱来,飞越马鞍彻底搅乱了反修的战略部署,使草原上的阶级斗争变得日渐复杂。草原上极罕见过猴儿,却常见一个穿红衫的小怪物。于是世风日下,反修者一个个神志恍惚。老太太们开始祈求于神佛,致使反修堡垒不攻自溃。只便宜了那猴儿,每夜都得以享受大量供果。它才不管鬼不鬼呢!

而现在有人却总想把它引入凡间。

您哪！逼人！万般无奈，舍了天界、鬼界，也非得去考"托福"。要到人间，也得争取到洋地面儿上闯荡去。不是外国的月亮比中国的圆，是人家在电影或小说里给猴儿的地位是没比的。似比孙悟空都强。不受儒、释、道三教管辖，也不受那么多条条框框限制。没有紧箍咒，没有五行山，也没有猪八戒那蠢货总在一旁打小报告，有的却是能和金发碧眼的美女大搞恋爱。《金刚》里的大猩猩就是这样，大闹纽约四处寻找它那失落了的爱。找不到那当演员的漂亮妞儿，一怒之下就摇撼着高耸入云的帝国大厦泻火儿。力大无穷，差点儿愣给摇散了。这也不枉在人世走一遭啊，有多威风！而《人猿星球》里就更邪乎了，干脆叫人类又灭绝了一次。愚昧嘛！因爆发战争相互残杀只能沦为次等动物，从而使人猿又控制了地球上的一切。得！哥们儿！跟着猿爷从头而进化起吧！在《人猿巴克斯》里，那就更玩玄玩得近于猫腻儿了。叙述一位女动物学家因研究人猿习性，竟和一只大猩猩日久生情。最后愣抛夫弃子，和这只大猩猩远去他乡终身厮守在一起。瞧！没把它拉入人类社会，倒让它拐骗走个妇女。最具有人性味儿的要属《人猿泰山》了。绝不涉及人猴间的情恋问题，可那也是把人带回了丛林间的猴儿窝里。虽最终得以重返人类文明社会，但总觉没有在猴群里活得自由自在。到头来还是抛弃了荣华富贵，再次回归大自然和猴儿一起生活。不过没忘带回一位柔情的美女，使公猩猩们俱都放心。一句话，在国外做猴儿也比国内风光。瞧咱那电视片里，猴儿顶多给个探长当当。有多大油水儿，还是考"托福"去吧！

难哪！天、地、人三界转了个够，现如今的猴儿都抖起来了。洋味儿十足，都不愿进入市井之中。

没辙！土气。

3

可我又压根儿不服！

神话，魔幻，或扮演外国的时髦猴儿，是好。可也不该忘本啊！不是我揭老底儿，自古还是和凡夫俗子做伴儿的多，真正能和洋妞儿打交道的猴儿没几个。既然被从深山野林里抓了出来，那就得供人玩儿，供人耍，供老少爷们逗乐子打哈哈。还必须指出,大多数还必须一辈子打光棍儿。

不信?回头再瞧瞧一开头提的耍猴儿。

据查《中国百戏考》,耍猴儿又称猴戏。既然称之为戏,就势必和文化艺术沾了边儿。但据我了解,操此业的猴子大都难高雅起来。整日里出没于市井之中,就只顾得跟着主人在芸芸众生中讨一口饭吃。绳链儿一拽,小锣儿一响,就得翻腾跳跃于茶楼酒肆之间,以博老少爷们哈哈一笑,忙得难有一点儿现代意识。更绝的是,为讨得凡夫俗子的一个碰头好儿,还必须人模狗样地大跳加官。主人一声吆喝,就得穿上小红袍,戴上乌纱帽,不住地往尖嘴猴腮的小脸儿上换面具。一会儿红脸儿,一会儿白脸儿,一会儿黑脸儿,一会儿三花脸儿。一个劲儿往官场里凑近乎,您说这俗不俗?这还不算,官是当上了,老少爷们还想要点儿意外的收获,非得要它撩起官袍来看看猴屁股。嘻嘻!红的。凡夫俗子就爱这个,让人高尚得了吗?最可悲的还在这儿,浪迹江湖,难免有个别耍猴的主人死了。猴儿获得自由,本该是件好事儿。谁料被好心人放归大自然后,竟变得惶惶然不可终日。没有绳链儿,愣晃晃悠悠站不稳当。没有小锣儿,就痴痴呆呆再难翻腾跳跃。入山林如入牢笼,见同类如见怪物。抖抖瑟瑟,哀啼不已,直至有另一耍猴者把它带回市井重操旧业,才得以在老少爷们的喝彩声中恢复生机。

您哪!绝无考"托福"的打算。

就算摆脱市井,落入非同寻常百姓家中,据我所知,此类猴儿也绝非个个善终。现成就有这样一个故事,或许正可说明高雅对猴儿的危害性。"文革"前,一位著名的电影演员赴西双版纳拍摄一部故事片。结束后,当地的傣族少女曾赠送他一只小猴子。情深意切,于是这位演员便把这只小猴子带回了上海。环境是优雅的,教养是高尚的,给予它的影响肯定也是深刻的。主人刮胡子,小猴子也学着往小毛脸上涂肥皂沫;主人刷牙,小猴也学着往嘴里挤牙膏;主人洗澡,小猴儿便蹲在抽水马桶上看开放冷热水龙头。小猴学得颇为认真,一步步向人类文明靠近。但谁曾料想,左邻右舍竟为此大倒其霉。这一日,突然飞流顺楼道而下,大有水漫金山之势。原来是这猴儿趁主人不在,正在卫生间里动用冷热水龙头也要洗澡。但只注意了开而未学会关,致使此种进化竟殃及池鱼。邻里岂能罢休,同声谴责主人令猴儿也学资产阶级生活方式。主人万般无奈,只好凭艺术家的声誉又把它送到公园里的猴山。适得其所,也算一种归宿。何况这位演员仍旧情不忘,有空儿就到公园看它。而工作人员也总会指着某只飘来荡去的猴儿告诉他:"瞧!那不是!"总算对得起那傣族少女的一片真情了,演员似觉着也得到了某种安慰。但他却绝没想到,"文革"中他竟因此被拉进了猴山当众批斗。在众多猴儿于四周的蹦跳蹿跃中,主持者当众宣布了他的罪状:"不但在银幕上放毒,而且还妄图在猴山中放毒!竟公然把一只患有丛林热的猴儿塞进公园,以图达到其不可告人的罪恶企图。是可忍孰不可忍!"他瞠目结舌了,下意识地寻找着那只猴儿。但主持者立即嗤之以鼻,傲然宣布道:"你以为真正的革命者会上当吗?我们当时就把这只瘟猴儿扔进了狮虎山!罪恶阴谋,只配给狮子老虎当小菜吃!"在猴儿的欢腾和人的口号声中,他只能站在猴山中目瞪口呆。

他在猴山里向猴儿们低头认罪了。

难以与人为伍,那就让它们自有一片天地。万一不幸落入凡尘,人也不要愣去搅和。您哪!还真有这地儿。虽处于市井之中,但确属猴儿们特有的领地。我的挚友王伯阳就曾在一篇小说里记述过这样一件真事儿,说的就是这么一块世外桃源,但又深深关联着中国的饮食文化。桃源前头就是以某大菜系闻名的酒家,猴儿们相聚一起,虽有网栏罩着,却待遇极高。香蕉鲜果等满足供应,要的就是它们在嬉戏中养得脑满肠肥。任何人都不允许来此打扰,偶尔光临者只有那位一代名厨。脑满的用处是让旷世名菜"猴脑"供人进补。虽从未有谁告诉猴儿们底细,但它们却一个个分外乖觉。只要名厨一到,顿时便停止了嬉戏。一个个呆若木鸡,抖瑟瑟地盯着名厨的眼神儿,目不转睛,战兢兢似等着末日的宣判。那温良恭俭让的神情,着实让人瞧着感动。但只要等那名厨一盯住了某个目标,其他猴儿顿时便是一片欢啸。不待名厨亲自动手,刹那间便群起而把那只相中的猴儿抛了出去。真可谓深通人性,善识人间的眼色心思也。待那倒霉猴儿被名厨提走之后,网栏里似又恢复了永庆升平。欢声不已,跳荡不已,有的猴儿竟激动地拥抱在一起。

真是别有一番天地!

瞧瞧这些事儿,能让人服吗?天、地、人三界都能受到高规格的待遇,能不让人产生怀疑吗?据说,现如今峨眉山的猴儿越来越蛮横不讲理,不仅挡道讨食儿,而且公然拦路抢劫,专门夺小姑娘的花头巾和照相匣子。但后经了解,过去它们可没这种邪招儿,纯属让人惯的。不信让它在那位名厨手下试试,和等着被吃猴脑的猴儿没什么两样儿。

  该怎么写就怎么写?

  可成吗?一时间我只觉得一只只猴儿正在向我挤眉弄眼儿。

  您哪!靠边了站就难以动笔,只能瞧着神猴、魔猴,走入人间的洋猴儿由着性子折腾。您还别说,瞧久了也就豁然开朗了。干吗呀,非牵着几只可怜巴巴的猴儿在市井里献丑?弄不好,不是得罪了猴儿,就是显得自己缺少现代思维。年轻人会说你陈腐,年老者又会说你轻浮,猴儿们也会嫌你对它欠尊重。

  烦人!难有所作为……

第十辑　艺苑拾穗

漫谈动物小说
——中国新时期《动物小说选》序

吴宗蕙同志来信告诉我说，一部名为《动物小说选》的选集，即将由宁夏人民出版社编辑出版了。

我为之感到激动……

在我的记忆中，这在我国仿佛还算得是第一部。

仅在十年前，这几乎还是不可能的。那时，即使作品里偶尔涉及一点花草，也常有"指桑骂槐"之嫌。如若进而专门去写动物，那稍一疏忽，就可能犯"狂犬吠日"之罪了。故而很长时间，中国文坛上竟没有动物小说的一席之地。也难怪，当作家们战战兢兢自身难保之际，动物也就自然而然地从纸笔下溜之乎也了。

其实，动物小说自有它独特的魅力……

据列宁夫人普斯克鲁卡娅回忆，列宁临终前要求在病榻旁读的最后一篇文学作品，就是杰克·伦敦的一篇写人和动物的短篇小说。

是的！动物小说不但有它独特的魅力，而且在文学史上也有它独特的地位。应该说，这正是某些作家独特的思考和探索的必然结果。

人和动物，在大自然中相互制约而又相互维系地共生着。其间，不但反映出一种微妙的自然规律，而且也包含着一种深刻的哲理关系。人生不仅仅是人！于是，在大多数作家到现实中寻求生活的真谛时，某些作家则因气质、教养、个性、经历等种种原因，转向这种哲理的关系中去探索人生的本源，为此动物小说便应运而生了。

　　固然，有些作家写动物只是表达了他对动物的爱，有些只是客观地记录了他对动物的观察，有的只反映了他对大自然的深挚的感情，有的只寄托着他某种缥缈的思绪，有的只牵连着他对往事的回忆，但不管怎样，大多数作家写动物却是为了更深刻地写出现实生活中的人。选集中所选的当代作家的作品，大多是这方面的作品。

　　要理解写动物小说的艰辛……

　　写动物小说中的动物，并不像某些人所想象的那样，可由作家随心所欲信笔而来。动物小说不是童话，更不同于寓言，那就要求作家不仅在创作前选好独特的角度，在创作中需要在哲学和美学上有独到的见解，而且必须对自己所写的动物要有独特的观察和真正的积累。因而一些动物小说作家，虽不能对他所写的动物进行条理性的科学总结，但凭自己独特的感受也算得这方面的专家。苏联一位远东作家写了一篇西伯利亚森林中白嘴鸦的小说，竟使一些鸟类学家惊叹不已，认为和他们十数年的观察结果完全相同。也或许正因为如此，动物小说作家才能充分发挥自己的想象，在创作中获得更大的自由。

　　但动物小说毕竟又不是动物的考察报告。

　　正由于动物小说是文学作品，作家便往往在创作过程中，自觉或不自觉地注入了自己的主观意识。为此，他笔下所产生的动物形象，也就往往只能扮演"这一个"的角色。但也正因为这样，作家笔下的动物形象却能反映出作家的个性气质和心理素养，甚至还有作家自身所渗透出的那种民族性。即以写狗为例，从屠格涅夫的《木木》到当代的苏联作品《黑耳朵白比姆》，虽然跨越年代久远，却仍可看出俄罗斯文学一贯的人道主义传统。凝重的忧郁，淡淡的哀愁，使狗的身上也始终涂抹着一层古老的悲剧色彩。而杰克·伦敦的《荒野的呼唤》等则反映出美国上升时期的民族精神，奔放、粗犷、充满迷人的野性。狗只承认双腿直立的是人，如果四肢着地那在狗眼中就算不得人了。至于谈到中国作家笔下的狗，即使如《聊斋》这样的伟大作品里，狗的形象也难脱俗于义犬救主等等，因而皮毛上便难免也蒙着一层传统的儒家色彩，时至今日还仿佛在试着夹起尾巴做人。

创作动物小说需要更深沉的思考……

我爱动物，也爱读动物小说，并且还曾动笔涉猎过这个领域。为此，拉拉杂杂写了一些议论。

权当作序……

蛰 居 呓 语

小说是迷幻剂，是共鸣箱。

小说是泄火药，是八音盒。

小说是老年人挠痒的老头乐，是青年人擦鼻涕的卫生纸。

小说难以一言兴邦。

小说也不会一语亡国。

小说还是牵线木偶，完全靠那幕后人的动作。

无论是大闹天宫的孙悟空，还是荷锄葬花的林黛玉，没有那操纵者的用心、用手、善于察言观色，总得扯出乱子来不可。

故有了小说技巧。

小说犹如太上老君炼丹炉里炼就的仙丹，均须是圆光溜滑的，据说可使人长生不老。但很难做到。

为此，起码应炼得没棱没角，喝起来不伤嗓子。痰里见了血丝儿，准捅娄子。

故有的小说家也被送进了炼丹炉。三昧真火果然不凡，有的被炼得魂飞魄散，有的被炼得油腔滑调，更有的被炼得终成正果，出炉后自己也设起了炼丹炉，深得太上老君真传，再去炼就他人。

往事悠悠！

但终难见几个显出仙风道骨，更何谈有人能长生不老？姜子牙临终尚在忏悔，到哪儿再续贴封神榜？于是随着太上老君的炼丹炉灭了火后，小说也就日渐贬值。

更何况科技发展也在跟着瞎掺和！

想当初，流放于澳大利亚的囚徒，急切地等待着英国数月才来的一次邮船。除了企盼亲人的来信，便是等候着报纸连载狄更斯小说的"下回分解"。

没别的解闷儿的法子！

现在可好，就瞧瞧为哥伦比亚毒枭在监狱里准备的那些豪华设置，小说也只能跟着掉价儿。电影、电视、激光唱盘，还有卫星转播，解闷儿的法子多着呢，谁还愿只顾着去翻书劳心费眼神儿？

当然，小说家的地位也就一落千丈了。

也难怪，科技还在发展，还在越来越深地往艺术领域里掺和。君不见，继电影、电视之后，当今国外正迅速发展着一种"三维影视"。不但能看得见，听得着，够得上，摸得住，而且可以使人能将想象变为现实，身临其境，直接参与。说不定发展到哪一天，你头顶眼前戴上那么个玩意儿，就能够亲临那好莱坞的艳星别墅，重睹那玛丽莲·梦露的芳容，劝她千万不要自杀！肯尼迪兄弟虽然薄情，可还有你呢！然后便是一个深深的吻，再不做那只替古人落泪的书籍奴隶。

多么香艳甜美！又可避免艾滋病。

但多亏了科学家兴头儿只在发展科技上，他只给你提供手段而不给你提供梦。没有小说家编的故事，你就难以身临其境，更难感受其情。即如艳遇玛丽莲·梦露之类三维影视，也需某类作家先勾画出个简单的蓝图来。正如探索到底是先有鸡还是先有蛋那样，总之两者是有某种承袭和转换关系。

只不过小说越来越被冷落了！

但冷落也有冷落的好处，有助于冷静的思考，更有助于探索今后小说的出路。众所周知，诸如艳遇玛丽莲·梦露的脚本每年成千上万，大多被影视界冷落。但一些中外古今的小说名著，却被数代人一而再、再而三、甚至数十次地搬上影视屏幕。但无论导演动用了多少科技手段,真正能讨好观众的还是没几部。谁曾把电影《红楼梦》当成过小说《红楼梦》?你再若在三维影视里去身临其境地拥抱林妹妹,非让众多读者连人带机器砸烂了不可。

小说自有其独特的魅力。

但无论是姓权还是姓钱都不成,你得姓理。须知,越高明的作家越深知自己只能完成小说的一半,另一半应留给读者在想象中去完成。智者见智,仁者见仁。《红楼梦》《阿Q正传》莫不如此。现代科技的发展也不例外,也是另一半创作的历史性延续。

小说家并不排斥科技!

怕,倒是怕自己的同行。一阔脸就变,难得地左右逢源。左可因一条狗不会叫使你成为危险分子,右可说原不是因为狗是因为你的文章读不下去。左你危险,右你无能,才使小说家只能"蛰居"。

问到小说,恍若隔世,惘然不知所答。问久了,才有这蛰居呓语:

小说是迷幻剂,是共鸣箱。

小说是泄火药,是八音盒。

小说是老年人挠痒痒的老头乐,是青年人擦鼻涕的卫生纸。

小说难以一言兴邦。

小说也不会一语亡国。

小说是他,是你,也是我。

小说只不过是小说……

文 如 其 人

——戏谈作家和作品的个性

从作家的个性,进而谈到作品的个性,还要讨论,天爷!好怕人的题目。

我不算作家。自从王蒙同志说，作家应该学者化，我就再不敢妄自尊大了。苍天在上！咱算什么呀？美学、哲学、这学、那学，一窍不通。外国话只会一句"Good——bye"，还不敢说，怕发音不准。

个性？我总琢磨着这玩意儿和每个人的生活经历、学识经验、家庭教养、社会环境、甚至和爹妈身上传下来的遗传因子有关系。你瞧瞧，蒋子龙像杜丘似的硬汉风格，冯骥才像公爵似的才气横溢。啧啧，人家多棒呀！但想学又学不来。个性？这玩意儿绝了。

我虽然平庸，却也有个性。常年生活在茫茫的戈壁草原上，有点粗野，有点莽撞，像一阵无拘无束的风，自由自在惯了。但我不敢骑着马硬往悬崖下跳，更不敢跨着骆驼愣往沙漠死海里闯。我明白，自由也得有个界限。

我写东西也一样。也曾想赶时髦，但总赶不上；也想找尖端题材，但也总搞不到手。我只能写草原，而且只能写我感动的、我能写的、时代允许写的。我绝不会写违背四项基本原则的，更不会在自由化的钢丝绳上去玩玄。

我守纪律，不但立场坚定，而且胆儿小。

我知道，我这辈子写不出轰动一时的作品来，这和我平平庸庸的性格有关系。拿破仑在威震欧洲前曾想自杀过，我压根儿就没想到死。这不但是因为老婆孩子可爱，更重要的是我没觉得屈才。生活满对得起我，写点小玩意儿挺知足。诺贝尔奖金我连做梦也没想过。干吗呀！我不知道那么多钱怎么花。买匹马？我们草原有的是，花不了多少钱。

我也从来不敢想，我是为了教育人民而写作的。老天有眼！周围的能人多极了，牧人们哪一个不比我朴实、高尚、聪明呀！首先是人民教育了我，我才受感动了，才写成了几篇东西。让大伙儿瞧瞧呀，给大伙儿念念呀，大伙儿点头了、来劲了、受感染了，我就乐了。如果有谁能夸两句：小子，还行！我就美滋滋地像喝了马奶酒。

我没出息，但又总在叹息。

我们的草原是很辽阔的，但我的眼界却是狭窄的。人家说，站得高望得远，我却往往跨在高高的驼峰上也看不出多少里。这就是个性呀！所以我写不出创业的英雄，也勾画不出宏伟的蓝图。但我不是反对，恰好相反，我认为这正是文学的正宗,只是我写不出来。在草原上我经常和牛、马、骆驼、羊打交道,不知为什么就对这有点迷上了。我写了骆驼、写了小黑天鹅、写了鹿、还写了一条叫巴尔卡的狗。

您可别埋怨我尽搞这玩意儿呀!

我生性虽然谦虚,却也要声明我这是爱国主义的!世界上写动物是一大流派,而中国作家写动物在国外为人所知者,听说只有台湾的三毛。恰好我熟悉这方面的生活,写好写坏,我也想试试。台湾只是咱们一个省,岂能只让一个三毛独霸一方呢?来吧!百花园里也需要这么一枝花。

您也别说我离着生活远呀!

我天天就在草原上和这些动物打交道,这就是我的生活,离我才近呢!再说,陈景润研究"哥德巴赫猜想",我至今没弄清楚2+1能打多少粮食?但我知道这是在数学领域里达到了新的高度,我高兴呀!钱学森研究力学,使我国国防工业日新月异,这我看到了,我也高兴呀!为现实的、为长远的;鼓舞四化的、陶冶情趣的;只要不违背四项基本原则,我觉得都需要!

还得拉回到个性和作品来。

有的人对我说,世界上没有两片完全一样的树叶,我看不出来。荒漠上树少。但我确切地知道草原上没有两匹完全相同的马,这主要是指脾性而言。只要不是离群、咬群、炸群、害群之马,牧人们大都不加管束,任它们活蹦乱跳地生长去吧!正因如此,草原上才显得欢腾喧闹、生龙活虎。试想,如果骏马都是属于威严伫立、迎风不动型,草原就有可能变为第二个秦始皇兵马俑展览馆,虽场面倒也宏伟,但过于划一,就难免有单调寂寞之感。这种比喻似乎有点不伦不类,却绝无丝毫辱及作家之意。不是有很多人自谓"千里马",而感叹生活中缺少伯乐吗?

拉拉杂杂就说到这里吧!这大概和我的个性也有关系,不懂理论,缺乏条理,还愿意说。但有一点我是明确的:写吧!百花齐放,为社会主义服务的路子宽着呢!

谢谢!(蒙古话是:巴依勒泰!英语是怎么说来着?Thank you?算了!没把握,且发音不准。)

《冯苓植文集》(散文随笔集)：忆沪上

择木《落凤枝》

玩鸟的写完了，我又写了玩驴……

但生活毕竟不是游戏，这里头或许有着对人生更深的思索。

我在想，我一直在想……

我在想自己所走过的坎坷的创作道路：从长篇小说《阿力玛斯之歌》，到中篇小说《驼峰上的爱》，直到现在所写的《虬龙爪》《落凤枝》等一系列市井小说。我感到生活总在逼着我一次又一次否定自己。我仿佛总在被生活推拥着一次次地重新寻找自我，寻找自己能够存在的那个角落。

痛苦的，但必须这样上下求索……

近两年来我一直在写一条叫大裤裆胡同里的系列小故事。这儿的四周虽然屹立着骤起的现代化高楼大厦，但小巷深处的古色古香味儿却那么浓。我似乎也被这里的市井风情迷住了，至今仍在这个"角落"里徘徊着。我写了玩鸟的、逗驴的、唱戏的、开茶馆的等等，写他们古老的梦和现实的挣扎。为什么？开头尚不那么清楚，但绝不是为了悠闲，更不是为了躲避尘世。更重要的是我发现这条胡同里不但有我熟悉的身影，还仿佛有我自己。

我想到了鲁迅先生……

鲁镇、咸亨酒店、阿Q和孔乙己、王须和小D……罗曼·罗兰说，他一闭眼睛，阿Q那愁苦的面孔就仿佛出现在他的面前。难道我们在现实中就没有这方面更深的感受么？鲁迅先生的一生不但在说明他是向敌人斗争的勇士，而且更应看到他也是致力提高民族素质的哲人。鲁迅的道路，应该是中国每一个作家遵循的路。

我学着写，我似乎有点明白了……

我又想起了巴老。他在回答法国巴黎《解放报》向全世界四百多位著名作家发出的"你为什么写作？"的来信时说："人为什么需要文学？他需要洗刷精神上的垃圾，他需要给我带来勇气、希望和力量……为什么我有文学的需要？我以文学改造我的生命,我的环境,我的精神世界。五十年文学生涯,我可以说自己从没有嘲笑过生活,歪曲过生活,也没粉饰过生活。"

我的心灵被震撼了……

我虽然只是个笨拙的作家,但我还是想学着这样做人,学着这样写作。即使我现在只是徘徊在这样一条"胡同"里,我还是想从头学起、努力去做。

终于写到了《落凤枝》……

我在这篇写玩驴的小说里,总感到自己和生活是贴得这么近。我不想单纯地去塑造什么好人或坏人,写什么黑的和白的。我只想老老实实地去跟随着我作品中人物的行动轨迹去动笔。这里面说不上什么虚伪和狡诈,反之每个人物都认为自己是最忠诚的。他们自觉或不自觉地用古色古香的思维方式在现实生活中挣扎着,有喜剧也会有悲剧。怎样判断他们?要相信读者。冰山的十分之七在水面下。

作家只需要把握感觉……

我写完了。我又突然想起了英国的名记者和名作家格林。他写过一本书叫《丑恶的美国人》,拍过电影,书名并被某些人套为公式。他在回答"你为什么写作?"的信时这样写道:

"我长了个疮,熟了,我就把它挤掉。写东西就是这么回事。"

一切都是为了健康的肌体!

写作是为了美好的明天!

笼子里的鸟和笼子外的人

我的一生是和草原息息相关的。有些是成正比例的,如,草原很辽阔,我的头脑也很空旷。没有哲学、有的只是草原通往迷茫远方那曲曲弯弯的小路。但有些又是成反比例的,如,草原坦荡无垠,而我的目光却非常短浅,即使跨在高高的驼峰间也看得不远。我很伤心，因为我知道这正是我创作中的致命弱点。

也正因为如此，我从不敢想什么我的作品是"教育"人民的，我算什么呀？人民、只有人民，才是创造历史的动力。我的写作总是战战兢兢的。我只想把自己的某种感受或感觉写出来，如果这种感受或感觉又能在一部分读者中引起某种共鸣，我就深深地感到满足了。我是由一个作者的这种经历使我模模糊糊意识到：作品不应是平面的，但又似乎很难成为立体的，作者应尽力把它搞成浮雕似的东西，剩下另一半仿佛应靠读者的联想来完成。从某种意义上来讲，作品应该是由作者和读者共同完成的。虽然有些时候读者和作者的原意不尽相吻合，但我觉得这也是完全正常的。这是补充、是修正、是发挥，好啊！

作者一定要相信读者，尊重读者……

《虬龙爪》的创作即是如此，现在正靠着读者、编辑、评论家们的修、补、填、充在逐步成形。从这一点上来说，我更感到作品应该是"提供"，而不应该是"施与"。回想我创作这篇小说的初衷，我似乎对这一点更有所理解了。

《小说界》提示中说我是写动物的。是的，我长期生活在草原上，是热爱大自然、热爱动物的。但我热爱的只是那些大自然中自由奔放的动物，却从来没想到把鸟儿关在笼子里。我由草原上调回到了呼和浩特市，那些作为玩物的鸟儿曾使我想了很多很多，朦朦胧胧，若明若暗，但脑海里始终理不出个头绪来。据说一些义愤者曾砸碎笼子想把这些鸟儿放归大自然，但初作尝试便遭到失败。放归大自然的鸟儿竟一个个头重翅软、茫然失措、不会觅食、不会飞翔，仅仅几个小时便栽到垃圾箱旁自毙了。

这使我感到惊讶，感到愕然。

但在我认识了几个养鸟者后，一种创作的欲望还是在我心头萌动了。但这绝不是在创作《驼峰上的爱》《沉默的荒原》《翅羽上的故事》时的那种心情。那时的心情是坦荡的浩渺的，甚至是有些苍凉的。人、动物、大自然的关系，使我心头充满了一种神秘的雄浑之感。而现在距离变得更近了，却产生了一种扭曲的、乖戾的、令人心烦意乱的感觉。这两种强烈的反差对比心情，又使我想起了很多很多，我首先想到了鲁迅先生所经常提到的"国民性"，想到了社会上种种令人琢磨不透的现象，想到了沙漠中海市蜃楼的光折射原理……我感到惶然，似乎想得越多就越糊涂了。我决定不去多想了，什么和什么呀？我猛然感到还是回到最初的起点最好：还是专心一意地研究笼子里的鸟儿和笼子外的人！我进入了养鸟界，力求自己和人及鸟儿做朋友。渐渐地几个养鸟者在我眼前越来越清晰了，几只鸟儿也仿佛在我心头雀跃不已。什么意念都不要有，我只想把养鸟界的一角介绍给大家。这期间有知识性、趣味性，也有人和鸟儿的悲、欢、离、合。写吧，就写这些吧！

好在我生活的这座塞外古城，虽然什么都比内地慢半拍，但仍不乏这方面祖宗留下的小情趣。生活在为我做补充，写起来心里就有个"底"。我动笔了，有时写得很舒坦，有时写得又很艰难。但草原人生活节奏慢，我也就压着性子写。磨吧！一天一点地磨，跟着文章中的几个主人翁的步子慢慢地磨。本来，养鸟界就容不得急性子的。但慢也有慢的坏处，写着写着就犯迷糊，有时竟分不清小说中到底是鸟儿是人的道具，还是人是鸟儿的道具。

按生活去写只是在纸上落下自己的感觉和感受。我坚信，只要符合生活内在的规律，即使自己不理解的，读者也会按自己的联想去补充。小说中的人和鸟儿愿怎么着就怎么着，常言说得好：林子大了，什么鸟儿都有；世界大了，什么人儿都有！干吗作者总要和他（它）们闹别扭呢？

我写完了，交给读者去完成另一半⋯⋯

临完我还得声明：我绝不反对养鸟儿，我只是写了几只鸟儿和几个人儿，与高雅的养鸟者绝无关系。谁让小说中的某些人抢"虬龙爪"——高枝儿呢？

玩什么都一样，绝不能过了头儿！

《轭 下》话 旧

谈虎色变的"旅蒙商"

山西，曾在我国历史上出现过许多理财能手。尤其在清朝中叶，山西商人的足迹曾遍布全国。仅拿内蒙古地区来说,他们就控制过整个草原的经济命脉,成为人们谈虎色变的旅蒙商。一些资力雄厚的旅蒙商号如"大盛魁""复盛公"等等,甚至左右过当时的政治生活。旅蒙商的极盛时期,不但控制过现在内蒙古偌大一个地域的经济命脉,而且其势力还延伸到西伯利亚一带,在现阿拉木图和海参崴等地均有很大的经济实力。作为中国民族资产阶级的先导,他们具有某种开拓冒险精神。

我的祖籍是山西,大学毕业后又一直生活工作在内蒙古草原上。我听过许许多多有关旅蒙商的故事,这个题材一直萦绕在我的心头。尤其在改革开放的今天,这个题材曾使我浮想联翩。例如,在内蒙古的呼和浩特乃至边远的城镇,我们都能见到不少来自南国的温州商贩,他们补充活跃了北疆的经济生活,看到他们,我常常想起远途跋涉的旅蒙商。又如,现在刊物上所介绍的日本企业"索尼"等经营管理经验,我似乎总影影绰绰可在旅蒙商身上找到一些原始影子。

骄奢淫佚的另一面

今春,《黄河》编辑部邀请我回故乡写作,他们不但陪同我采访,还陪同我参观了旅蒙商在故乡所建立的豪华城堡。我越来越感到冲动,但也越来越感到不足。随之,我翻阅了大约上百万字的有关资料,比如文史资料专集《旅蒙商大盛魁》等。

越深入研究越感到问题的复杂,似乎看到在旅蒙商豪华的城堡后,不但有骄奢淫佚的一面,而且也有血和泪的一面。旅蒙商都沿袭这样的规定,商号的高级人员直至总经理(暂用此名词)一律用"家生子",那就是说鼓励从业人员从学徒开始就忠于商号一直往上爬。为此在旅蒙商的故乡便出现了许多"公公骚媳妇""小叔子挎嫂嫂"的荒诞传说。一个人十三四岁便去"口外"当学徒,临行前父母一般都要为他娶个十八九岁的妻子。而商号规定学徒期间十年不许归家,出徒后先是五年,后隔三年才可归家一次,而且规定从业期间不得接近女人,尤其是不准娶蒙古族女人。因此,往往在他"熬"上去之后,不但牺牲了自己的人性,而且衣锦荣归后宅院内已丑闻暗伏了。代代如此,世袭罔替。除了在人性上受摧残的一面外,还应看到学徒期间受到牛马般的待遇。当时的草原是那样落后,荒漠、戈壁,全靠骆驼缓缓跋涉,一个往返常常需数月以至半年。中途人若得病,不到死便趁热折叠成驮垛,以便载运在驼峰两旁运回。因而有几个侥幸熬到高位,也就变得更冷酷无情了。草原上的人们是痛恨他们的,但现实生活中牧民又仿佛离不开他们。历代的统治者一方面歧视他们这帮"买卖人""土老财",逼着他们用大量金银重新买门第;另一方面又离不开他们,清朝后期曾把整个外蒙的税收交他们代理,军阀阎锡山甚至向他们借款购买军火。因而有位有识之士曾说,他们有的时候是狼,残酷剥削、狡诈无比,有的时候是狗,时常得灰溜溜地夹起尾巴。

爱情故事的侧影

材料是丰富的,事实是惊人的。但短期内要想用一个中篇小说表现又似乎是不可能的。这时我想到现在草原上早已消失了的一个特殊部落——他们不放牧牲畜,而是成年用勒勒车拉着盐湖中捞起的盐,追随着四处游牧的畜群以物易物为生。他们称得起游牧民族中的游牧民族。后来他们就是由于旅蒙商的出现而悲惨地消失的。他们有自己独特的价值观,显然和旅蒙商形成了鲜明的对比。而且他们和旅蒙商相遇过,产生过令人难忘的小故事。两个民族,两种文化,两种传统的观念,两种独特的心态和生活方式,促使我选准其中的一个小故事。文学毕竟无力全面论述中国民族资产阶级的发展史,因此,我这小说也旨在表现具体的个人。我是为了写不同的文化心态下的两个人。人的共同性使他们联系在一起,不同的价值观又使他们分开了。在各自的道德观念上,他们或许都是对的,但还是使他们那缠绵悱恻的爱情故事变成了悲剧。不过,如果从这个故事中能使读者看到旅蒙商生活的侧影,也就算不负《黄河》编辑部约请我写此篇小说的初衷了。

为青年作家之成就而欢呼
——兼评拖雷的中篇小说《叛徒》

一

在内蒙古文学界,这确实是件稀罕的喜庆事儿。由文联主办的文学刊物

《草原》所发表的本区青年作家之中篇小说,竟不但被全国极具影响力的《小说选刊》选中,且并以头条的地位给予转载。在我的印象中,这在近二十多年的内蒙古文学界来说并不多见,难怪"一石激起千层浪",文友们纷纷奔走相告——

这就是拖雷的中篇小说《叛徒》!

拖雷,原名赵耀东,典型的呼和浩特人。关于他用拖雷这个蒙古族名字为笔名,似乎和他景仰成吉思汗有关。拖雷乃一代天骄之幼子——即第四子,以英武神勇著称。而古代的蒙俗和汉俗大为不同,汉俗是"长子承业",但蒙俗则为"幼子守灶"。因此,赵耀东以拖雷为笔名,似也包含有甘愿当内蒙古文学"守灶者"之意。至于拖雷这个蒙古名字的本来意思,据美国著名蒙古史学者杰克·卫伏则(Jack Weorherford)考证,按汉语当译为"灶石"。为此,从这位青年作家所选的蒙古族笔名又可看出,他不仅愿当内蒙古文学的"守灶者",而且甘愿当那"薪火相传"矢志不移的"灶石"。

难能可贵!但尚待观察……

我是从去年偶尔读到拖雷的小说作品的。一开始我只是感到这个青年作家很有"灵"性,文字功力也不错,汲取国外的一些文学新潮也颇费过苦心。故而他的作品是阳光的,透明的,新潮的。虽然尚略显稚嫩,但是充满了诱人的青春激情。这就是他的中篇小说《阳光穿透你的身体》我最初之读后感——感叹时光流逝,这样的作品我们将永远写不出来了。青春就是人生最宝贵的财富,即使略显稚嫩也是最美好的。但在我读他的新作《上坟记》之后,对他的看法又有了很大的改观。原来他并不稚嫩,更不是只顾在青春中笔戏,在迷幻中调侃。而这个年轻人似乎还有着和年龄不相称的"阅历",以及冷静而有独到之对生活的观察。必要时他甚至可抛却了"玩"魔幻等新鲜玩意儿,而"老到"地以传统的笔触去面对现实。视角独特,临完还不忘来个欧·亨利式的结尾……记得,当时我即给他的责任编辑阿霞先生去了个电话:欢呼"起点绝对比老一代高,孺子可教也"!

"灶石"不愧是"灶石",果然不久他便又有佳作问世了——

这便是中篇小说《叛徒》!

二

阅读这部中篇小说,我是颇费了一番心力的。因为我一目已渺,一目尚动过手术。但我还是靠着放大镜,兴趣盎然地反复读了两遍。但掩卷之后,我还是被小伙子这种对文学的探求精神深深感动了。竟不由得使我想起了鲁迅先生为《彷徨》题用《离骚》的两句诗:路漫漫其修远兮,吾将上下而求索……但求索并不等于人人"必有所获",而更多的则往往是"事与愿违"。

所幸拖雷探索之路每一步都走得特别扎实……

他曾在青春系列中放荡过,最终又掉头回顾起抗日战争中故乡的这段历史——主要是老一辈传说中的那些人。绝非打彩碰运气,拖雷这回苦苦的求索终见成果:正如《小说选刊》编者按语中对他小说的评价所说:"本期的头条《叛徒》是一篇可读性强,人物形象生动的历史题材作品。作品塑造的一个'土匪',在当代文学人物画廊里委实不多见……"这个评价可够高的!要知道一个作家能在自己笔下留下一个"人物",就算在文学创作中取得了极大的成功。但也必须指出,拖雷的成功还是得益于编者按语中最后两句话:"好的小说植根于生活的厚壤,好的作家能够在小说之外、飞翔在厚壤之上叙述。"

而塞外古城呼和浩特便是拖雷植根的厚壤……

完全可以这样说,这座内蒙古自治区首府的文化积淀是得天独厚的。它背靠大青山,脚踏土默川,远眺着滚滚奔流的黄河水。这里既有一代天骄跨马傲视的成吉思汗大道,又有充满伊斯兰风韵的回民一条街,还有清朝公主下嫁留下的公主府,以及众多的藏传佛教召庙"七大召,八小召,七十二个面面召"等等。故而,呼和浩特得天独厚的优势在于,它那多民族的融合与和谐相处,它那各民族文化的相互包容与各自传承。历经近千年的沧桑巨变,最终形成了呼和浩特自己特有的民俗、民风、民情,致使一些民间故事得以广泛流传。尤其值得一提的是呼和浩特的旧城——即老归化城——昔日为旅蒙商汇聚之地,茶楼酒肆极多,至今仍为说客们聊天侃大山的地儿。聊得最多的是有关呼和浩特的逸闻趣事,比如有次我就听到一位正在讲"老年间萨、托二县出土匪"。颇令我惊讶:萨即萨拉齐,托即托克托,均为呼和浩特附近的两个最富庶的县,老年间怎么会以"出土匪"闻名呢？

但或许这就是拖雷写土匪唐五的源头……

查地方史志，老年间萨、托二县确实"出土匪"，并且千奇百怪也绝不乏传奇式的人物。但拖雷能别出心裁塑造唐五这样一个另类的匪首形象，似乎还和呼和浩特一种另类民风有关。明显的这里的人多受草原文化的影响，心胸相对均较开阔坦荡。比如评价一个人或一件事，绝不是"非黑即白"，而是创造了一种"灰"的中间色彩。因而写骂大人娃娃的话顶多也不过是"灰猴、灰人、灰圪旦、灰后生、灰老汉、灰折腾、灰拾翻"云云。很可能拖雷就是在潜移默化中受了这种灰色调的影响，在有意无意中重塑了这样一个"灰色"土匪的形象。既不同于水运宪笔下的"钻山豹"，又不同于曲波笔下的"坐山雕"，而是"盗亦有道"的土匪头子唐五。这或许仍然和拖雷所生活的"厚壤"有关。抗日战争期间的呼和浩特也很具有特色：大青山里有着八路军的抗日根据地，土默川上也处处燃起抗日烽火，萨托二县更是人称"匪患猖獗"，孤守在古城内的日伪军已日渐"捉襟见肘"。随之这些游离的土匪便成了敌我双方争取的对象。八路军争取他们成为抗日武装，日本人想收编他们成为汉奸队伍……这类故事老呼和浩特人从小就听得多了，难怪拖雷能得心应手地"飞翔在厚壤之上叙述"，并使一个另类土匪的形象跻身于"当代文学人物的画廊"之中。

《小说选刊》提醒得对啊！年轻作家更应扎扎实实"植根于生活的厚壤之中"！

沃壤才能结出硕果……

三

而我还要特别强调的是，拖雷作品的成功也恰好见证了他个人的成长和成熟。重要的标志便是，他的中篇小说《叛徒》里似乎已包含着一种"世故"。

在这里"世故"绝非一个贬义词……

正如现中国作协副主席王安忆在一次作品座谈会上所说："……这个世故绝不是什么坏的意思，我想指的是人生阅历。曾经有个作家对我讲过一句话，我觉得很有道理。他说，你们年轻作家写的作品里有很多诗，但没有世故。写小说要写出诗意，但世故确实很重要……"（详见《小说界》1985年6期228页）王安忆三十年前尚非常年轻,就已经注意到了"世故"在文学创作中的重要性,难怪日后成就为当代文学的大家。

而拖雷的小说中也绝不乏自己的"世故"……

比如说,《叛徒》的一开篇对土匪唐五形象"画龙点睛"之笔,并不是开头那简单的一二百字的笼统介绍,而是"我"去策反时土匪唐五那通"久别重逢"酣畅淋漓的"骂"。这就是别具地域性的"世故"。在内蒙古西部越是要好的朋友见面,往往越要相互先大"骂"一通。仿佛不骂就不亲,不骂就难道思念之情。显然拖雷是深谙这别具地域色彩"世故"的,随之便在一片骂骂咧咧脏话不断的谈吐中将唐五塑造得更活灵活现。当然,对于"我"也得写出"世故"。如小说中所写,唐五命"我"叫他:五哥!"我"却坚持仍叫他:师长!最终唐五竟说:日你妈的!师长就师长吧……其中,有关"世故"的学问就更大了去了,美滋滋的滋味必定油然而生。总之,我方有我方的"世故",日顽有日顽的"世故",唐五有唐五的"世故"。敌、友、我"犬牙交错",也像是一场在"世故"上的斗法。作为一个青年作家,拖雷竟能把这些"世故"娴熟地展现在读者面前,使整篇小说更显得深沉厚重且又引人入胜,确实是难能可贵的。

还应指出,小说的技巧似乎也和"世故"有关……

比如说,中篇小说《叛徒》的结局,就肯定大出读者的意料:篇名是《叛徒》,全篇也似乎在查叛徒,吊足了读者的胃口,最终却仍不知道谁人是叛徒……表面看来,这纯属一种写作技巧,但实质上却反映出了作家的"世故"。充分掌握读者们刨根问底的心态,一直似在"放长线钓大鱼"。长线放得是特别成功,但钓上的却是一个另类的文学人物形象——土匪头子唐五!悬念照样留着,作家却已完成了自己的写作初衷。

从这方面也可以看出,拖雷在写作上的"狡黠"……

而更应强调的是,绝不能把中篇小说《叛徒》的成功仅仅归咎于"世故"。差矣!拖雷是一位涉猎东西方文学极广的青年作家,"世故"只不过是其中的一个突出"亮点"。细读全篇,即可看出他采用了东西方多种写作手法,在"洋为中用"上,颇显功力。就拿小说的结尾来说,便既像中国古典式的"明修栈道,暗度陈仓",又像欧·亨利式结尾的"出其不意"。

四

  我已进入耄耋之年,之所以仍为一篇小说而重又舞文弄墨,皆因看到了内蒙古文学在沉寂多年后群体性的崛起,而且挑大梁的多为各民族的中青年作家。就拿拖雷的这部中篇来说,不仅作者尚很年轻,而他长期的责任编辑也很年轻。更难能可贵的还在于,团结在这位年轻责编周围的新进作家们也很年轻。而更令人欣喜的是,一批年轻的评论家也在加入这个以《草原》为基地的创作群体。比如,张志刚为拖雷中篇写的评论《到底谁是叛徒?》就极具见地,写得极为中肯也具有一定的深度。

  我喜见这种群体性的崛起,因为它使我看到了内蒙古文学的未来。

  祝贺《草原》,祝贺作者……

好友力格登其人其文
——点赞"蒙译汉文化工程"

一

  最近偶尔读到一部儿童文学长篇小说。起初我只不过是漫不经心地随手翻阅,但很快我便被这部小说生动的内容、幽默的情节、诙谐的语言、起伏跌宕的故事发展所深深吸引,最后竟欲罢不能而读完了。这部小说便是我的文学挚友力格登所著的《馒头巴特尔历险记》。

  一句话,我被它所具有的民族特色和草原风韵感染了……

  首先使我想到的是,自治区启动"优秀蒙古文文学作品翻译出版工程"是及时的,更是顺应时代潮流需求的。这项文化工程不但可以更进一步促进各民族文化的交融,也可以从心灵深处更进一步促进各民族的大团结。正如卷首那篇极具深度的"致读者"之中所言:"精神生活的基本需求是内容,而文学就是为了这一需求提供产品的心灵劳作。因有赤橙黄绿青蓝紫,世界才会光彩夺目。文学也应该这样。所以,我们大力倡导内蒙古的作家们创作出'具有草原文化内涵、草原文化特点、草原文化气派'的作品,以飨天下读者……"当然,这篇"致读者"是从广义上谈文学的,意蕴更加深远。而"蒙译汉"这项文学工程,则是为了贯彻这种具有"草原文化内涵、草原文化特点、草原文化气派"精神所必须先行的一步。现在已经初见硕果了,由作家出版社出版的"蒙译汉文化工程"第一辑短、中、长篇小说八卷集已经问世了。

《馒头巴特尔历险记》便是其中之一!

终于又说回到我的老朋友了……

二

力格登,内蒙古自治区杰出的蒙古族作家,曾多次荣获全国性文学奖和自治区文学奖,2009 年荣获自治区文学杰出贡献金质奖章,2010 年荣获国际图书(IBBY)奖。而难能可贵的是,他之上述种种令人钦羡的荣誉,均是靠用本民族的语言文字创作而取得的。

其实,他的汉语言文字也是颇有修养的……

我非常理解力格登的这种坚持。除了我国一贯鼓励各少数民族作家运用本民族的语言文字进行创作外,似乎还包含着一种对蒙古民族古老文化传承的责任感。须知,蒙古民族的文化即使是在世界上也是极具影响的,已形成一门独特的学科:蒙古学。从元代波斯的拉施德丁,到近代法国的格鲁塞、美国的杰克·卫伏则等等,莫不因研究蒙古学而闻名于世。而《蒙古秘史》近年被评为"世界非物质文化遗产",就更说明了它的博大精深。故而我对力格登坚持用本民族语言文字进行小说创作,不但理解,而且极为敬佩。力格登的文学创作涉及小说、诗歌、散文等诸多文学领域,现出版有《力格登小说选》、长篇小说《第三行星的宣言》《馒头巴特尔历险记》、诗集《史的赞歌》,其他尚出版有《儿童短篇小说集》《智力谜语》《甘露或米汤》等等,共计约三百余万言。真可谓"硕果累累,成就斐然"。但由于我的不通蒙文,无法拜读他的诸多作品,故而形成了"只识其人,不识其文"的奇怪现象。

按说，我们相识已近三十多年了……

但留在我脑海中的印象，力格登永远是一个标准的"谦谦君子"。虽然说，他绝对称得上继玛拉沁夫、扎拉嘎胡、乌兰巴干等之后，内蒙古自治区第二代蒙古族的优秀作家，但他却从来"不显山不露水"，为人行事均极其低调。在我的记忆中，似乎他从来就不热衷于评奖与评职称之类的"争夺战"，而总是甘愿默默无闻地置身于矛盾与是非之外。就连职务高低也仿佛总是置之于度外，几十年来一直埋首于蒙文刊物的编辑工作，似乎只顾了全心全意"为他人作嫁衣"。从不议论他人，也绝不炫耀自己，甚至连自己的文学作品也极少提及。谦逊、谨慎、虚怀若谷，给人留下的永远是一张真诚的笑脸。

但他又绝对算得上一条蒙古族汉子……

我年轻时在荒漠草原上生活过多年，深知如果只把蒙古族同胞的性格归结为粗犷、剽悍、豪放等，那就有点太简单化了。而力格登所展现的性格特点，或许正是马背民族更深沉的一面：淳朴、善良、真诚、谦逊与坦荡！总之，我之与力格登相交三十多年之后，对他得出的结论是：他是一个好人，他是一个具有蒙古民族风格的谦谦君子！

但读过他汉译的长篇小说之后，我已感到深深不足了……

掩卷之后，我感到非常惭愧。相交了三十余年的朋友，我似乎只看到了力格登的一些表象。不识其文怎知其人？通过阅读《馒头巴特尔历险记》的汉译本，我才算对老朋友力格登有了更深层次的进一步的认知。

这得感谢"优秀蒙古文文学作品翻译出版工程"的启动大获成功！

是这项文化工程使我更全面地认识了力格登！

文如其人嘛……

三

与力格登的为人一样，他的文学作品也极具自己的个性和特点。这就是文学界常说的：文如其人，人如其文。

虽然说《馒头巴特尔历险记》，仅仅是他众多作品中的一部长篇小说，但拜读后仍使我不由得感叹不已了:蒙古民族果不愧被称为马背民族,在各方面均策马扬鞭均领风气之先。就拿这"蒙译汉"文学工程首批出版的八部小说而言,就各有追求各具特色,在同期全国出版的各类文学作品中毫不逊色。即以《馒头巴特尔历险记》来说,我认为这部长篇小说在时下浮躁的文学环境里当居"独立寒秋"了。在一些作家纷纷追逐时髦时,他却选择了久久被冷落的儿童文学。

也难怪!有些人竟将其称之为"小儿科"……

但力格登却藐视这种目光短视的看法,放眼未来却一直坚持着对儿童文学的探索和写作。须知,这绝非是什么"小儿科",而是一门"大学问",有多少中外名家为其倾尽了毕生的精力?又创作出多少传世的经典著作?举不胜举,如美国文学巨匠马克·吐温的《汤姆·索亚历险记》《哈克贝利·费恩历险记》等,就被公认为美国现代文学"奠基之作"。而我国的文学大师冰心、张天翼、严文井等也均为我国的儿童文学付出了后半生……儿童文学并不好写,尤其在改革开放重新为其定位后。在以蒙文写作儿童文学的领域里,无疑力格登是开先河者之一。

这与他的人品相符,他不喜欢哗众取宠……

具体看《馒头巴特尔历险记》这部儿童文学的长篇小说,我个人认为写得相当精彩,可列入我国近些年优秀儿童文学之林。这部小说是以一个绰号叫"馒头"的蒙古族调皮孩子之经历为主线,生动地写出了他从宁静的草原到喧嚣的城市一系列曲折离奇之故事。既富有传奇色彩,又极具深刻的现实意义。而书中出现的正反面人物也不少,如同学"小兔子"、卧底"蒜头鼻子"、侦探"神夹子"、"诗人老板"、"酒坛子"大叔、老师"伯乐"等等,也均都写得栩栩如生,极具神韵。总之,没有扎实的生活和写作功底,是很难凭空想象而取得这样文学成就的。

况且,这部小说还极具草原特色和民族特点……

比如说,童真、童趣、童心是儿童文学必备的三大要素。但对于力格登来说,似乎更需在这个基础上更加深一步,还必须写出具有蒙古族儿童特点的童真、童趣、童心。但力格登做到了,一打开这部书便似觉得有一群草原上的孩子嬉戏着扑面而来。再比如说,在语言上力格登也在追求突显民族特点。即使翻译成了汉语,也难掩其对蒙古语言文学的苦心追求。既不乏诙谐幽默,又不乏那种如诗般的真情倾诉。更值得一提的还在于，力格登在叙述全篇曲折离奇的故事时，采用的竟是一个蒙古族儿童的独特的视角，从而通过草原和城市、宁静和喧嚣，正义和邪恶、和谐与纷扰等种种对比，充分展示了一个蒙古族儿童面对复杂现实的心路历程。

民族的即世界的，难怪他的作品曾获国际儿童图书奖……

重新阅读卷首那"致读者"的开篇语，我感到力格登确实是在遵循着内蒙古作家应创作出"具有草原文化内涵、草原文化特点、草原文化气派"优秀作品的倡导，一直在探索着本民族的文学之路，并且在"优秀蒙古文文学作品翻译工程"中得到了展现。我祝贺这项及时雨般的文化工程"旗开得胜"，也祝贺力格登作品"马到成功"。

但我却还有一项建议——

这项文化工程绝不能到此止步！在当下影视剧粗制滥造成风之际，在当前儿童影视剧奇缺的时刻，为什么不能进一步将《馒头巴特尔历险记》这样的蒙文原创作品改编为一部儿童系列电视剧呢？或许这样影响更深远，波及更广。

仅供参考……

第十一辑　老牛反刍

干杯！为我熬到退休

干杯！为我熬到退休……

回首往事，我能战战兢兢地走到这一站可真不容易。须知，我的家庭的历史包袱是如此沉重。祖父曾任过旧绥远省代主席，父亲曾被打成右派强劳改造过三年，两个叔叔家也曾有成员非关即押。在大学毕业被分配到草原之后，像我这样家庭复杂的人物实属"凤毛麟角"。每遇运动，不论表现如何总会被迫去充当"运动员"，挨过批、挨过斗，还曾在大漠深处长期改造过。日久天长，便养成了我惶惶然不安终日夹起尾巴做人的习惯。只不该在改革开放后我仍积习难改，在处理上下左右的人际关系上依然久久不知所措。惯性地挺不直腰板儿，即使在写作上也永远自觉地低人一等。比如在出访意大利时，我在张贤亮这位"大款"团长面前就似有点过于毕恭毕敬。同行年轻作家不解，我只能回答道：积习使然，而且他人也不坏！而现在可好了，退休之后完全可以"躲回家里成一统"。再不必见"长"就毕恭毕敬，也不必再面对复杂的人际关系了。完全可以从积习难改的复杂心态中解脱出来，从今后自由自在地活得更真实一些。

干杯！为我熬到退休……

如此而言，还有另一个原因，那就是我"两手墨迹，一身清白"地隐退了。虽

《冯苓植文集》(散文随笔集)：忆沪上

绝难在青史上留下一丝痕迹，但却给儿女留下个干干净净的老爸。再忆往事，我的的确确也在物欲横流的现实中挣扎过。十年前我被挂职到某个有九个分厂的大企业去当副头头，但我仅去过半天便再不去了。绝不是我高尚，而是我怕。一年后我去告别，秘书完全可以给我写个完美的鉴定，我却说，谢过诸位了，就请如实地写上三条：一、没拿厂内一分钱；二、没用厂内一次车；三、也没在厂内上过一天班。拿回之后不但贻笑大方，而且被某些同行视之为"坐失良机"。我也曾有过后悔，比如，起码也可以坐几次高级小卧车摆摆谱儿啊！这就说明，如果我继续"钻研"下去，或许也步步深入、难逃腐败。这回可好了，终于退休回家当普通老百姓了。再没有了任何机会和条件，想不保持晚节也得保持晚节了。六十已经出了头儿，就在儿孙面前摆摆谱儿得了。

　　干杯！为我熬到退休……

　　如此而言，还有个更深层次的原因，那就是我也可以试着"高尚"一回。过去得看领导意图，得看同行眼色，总怕不自量力出头冒傻气儿。现在不怕了，当了普通老百姓就没有那么多约束了。老诗人安谧中风失语，半身偏瘫，躺在床上的唯一愿望便是出他的诗集。我和著名编辑阿左拉泰同志齐心协力，总算完成了老诗人这一心愿。当我为他念我为诗集写的序时，望着他泪流满面激动的神情，我的心里也感到了从未有过的满足。前几天我又收到了包头诗人纪征民夫人寄来的《纪征民诗选》和《纪征民散文集》，并在两部书的后记中看到他的儿子特别写到了我。是的！我曾为这位逝去老友的遗作奔波过，甚至不惜再使用过去学会的点头哈腰。但我还是感到了这也"值"，因为总算祭上了怀念故友的一瓣心香。最近我还正在为故乡山西代县筹划出版一套《雁门文丛》，共十四卷，由山西作协的刘巩主编。是还得付出，是还得奔忙，但作为一个远方的游子难道不应对老家有所奉献吗？故乡虽穷，却人才辈出，趁还活着就该再为年轻人出把力。得"高尚"处且"高尚"，老而不为更待何时？总之，退休后反倒有一种"解放"之感，无拘无束地似正好去弥补过去的种种缺憾。海阔天空，优哉游哉！

　　干杯！为我熬到退休……

　　如此而言，还有个最根本的原因，那就是我的写作更精力集中了。有人说，作家反正不上班，退与不退并没什么两样。我却说不然，不退内心总有一种看不见的"坐班制"。而现在却好了,你不去主动"掺和"别人也绝不会找你来"搅和"。清净多了,完全可以从某种意义上去做个"纯作家"。仅以我为例,退休一年多来便写了大小各一个长篇。除此而外,尚在各类报刊上发表了不少的杂文、散文、科普随笔,以至一篇颇长的读史札记《克隆皇帝》等等。较之退休之前,只增不减。如今我正在写作一部长篇《澡堂子》。写一位修脚圣手的乍寒乍暖,写一位搓澡能人的骤沉骤浮。绝无干扰,写得颇有滋有味儿的。当然退休会少了不少工资,免了很多待遇,甚至连到北京开会的路费也没法报销了。但这好呀!绝对有助于你的清心寡欲,绝对有助于你了解普通老百姓的艰难。更何况!只有没人理了你才能真正体会老伴儿的可亲,儿女们的可爱,含饴弄孙的其乐无穷。一句话:退休千般好!既可以尽享天伦之乐,又可以借机重塑人生。就为了上述这一切,就请各位再一次……

干杯!为了我的退休!

蛰居顶楼,忙着呢

见此题目,请千万不要把我想成为一个到处乱跑,倚老卖老不甘寂寞的老头儿。

没错儿!我也算得一位三流作家,而且至今仍担着内蒙古作协副主席等虚名儿。但我却深知自己早已没有什么"余热",再到处跟着去瞎掺和就只能令人生厌了。好不容易盼来了60岁光荣退休,有这么个体面的台阶就该高高兴兴自觉地下来。再说了,退休后的"清福"也绝对享得有滋有味儿,再想让我"自投罗网",那可真没门儿!

我之所谓忙,绝对仅限于偿还亲情债……

您哪!也许把文坛视为一块圣洁之地,其实在这儿也很可能"功夫俱在文章外"。清水衙门并不清,一个人能从这个圈子里干干净净脱出来也不容易。怪只怪自己年轻时也跟着在里头猛"崇高"了一阵子,只顾了写作而欠下老婆孩子的情实在太多。比如对一双儿女,我愣对他们怎么完成学业怎么成家立业恍然不知,对妻子的无私奉献也常常估计不足。有人说,一个成功的男人身后肯定有一个坚强的女人。其实呀!像我这样窝囊的男人背后才更需要这样一个女人呢!好在老天待我不薄,老妻正是这样一位"嫁鸡随鸡,嫁狗随狗,嫁个棒槌抱着走"的温柔女人。

得!坐享其成,权且"躲进小楼成一统"……

谁料,退休后方显出在家庭中的地位实在不能与妻子相比。比如儿女来电话,只要我一接,听到的答复便总是:找我妈!找我妈!而小孙子的电话更是如此,对我的问话更是不屑一顾地只顾喊:找奶奶!找奶奶!虽奶声奶气,但绝不乏某种藐视。完了!完了!这足以证明自己不仅仅在文学上是个"棒槌",而且在家庭生活中也是个"棒槌"。没辙!只能端正态度,虚心向老伴儿请教,谁让她已经"抱着它走"了大半辈子呢?

没想到,老伴儿还真有使浪子回头的良方。她严格规定我退休必须有个退休的样儿,并约法三章:少瞎写、少瞎掺和、少瞎议论你们那些臭事儿!妻这些"断然措施"完全必要。文学的未来寄希望于青年,老头儿们更需要做的或许是反思和忏悔。起码也该像我一样什么也不想,退休后干脆服服帖帖地听从老伴儿的"分配",发挥"余热"偿还欠下的亲情债,好让儿女们放手安心去工作。目前,我的任务仅限于为小孙子和一条小狗服务。

夕阳西斜,任务重大……

首先说说小孙子。他10岁出头,就读于寒舍附近的小学,每日之恭迎恭送便成了我一大任务。但谁料这小子近日竟连连提出了抗议,愣当着他的女同学"训斥"我:免了吧您哪!尽添乱!但妻命不可违,我依旧坚守职责,比如为他请家教学英语,拜老师学游泳,围着这位"小爷"真可谓忙得不亦悦乎。再比如为了智力开发,孙子的电脑已买到奔腾Ⅲ了。可这小子却大发感慨:瞧瞧!这么简单的玩意儿您愣一窍不通,唉!要是您会玩就好了,也省得总跟着我的屁股盯梢!这一番奚落绝对让我感到无地自容。我原以为自己搞了一辈子写作必然影响到孙子,可他却这样回答:成天爬格子都爬了,奶奶不在愣不会自己做饭!要学也学奶奶当个会计师,要算也得算大账!……一年多过去了,现在我和小孙子的关系大有改观。退而不休,忙着哪!亲孙子,命根子,夕阳下我对这句话也有了更深的体会。

多么美好的归宿,浓浓的亲情……

再说另一位"服务"对象。女儿所养的一条叫"毛毛"的蝴蝶犬,浑身纯白如雪,只有两只耳朵像落下的褐色斑蝶。这家伙每天早上总是被主人放在筐里送到我这儿,晚上再被放在车筐里接回家去。寒舍成了它每天必来的"托儿所",但它却落落寡欢地丝毫不领情。只要女儿一去上班,这家伙就总钻在桌子下面摆出一副"别理我,烦着呢"的神情。每当我主动想亲近它时,这家伙竟敢龇牙咧嘴发出悻悻。典型的狗眼看人低,可你面对女儿的嘱托又有什么办法呢?还得好吃好喝地伺候它,还得一天两次带它去散步。而这家伙一出去还爱搞对象,有时愣敢在光天化日下对偶遇的小狗儿"耍流氓"。唉唉!实在有失教养,但比之成克杰、胡长清之流的"权色交易"尚属光明磊落得多。好长一段时间过去了,这家伙起码在锻炼身体上对我多有裨益。

退而不休,忙着哪!我还在牵着小狗在街上遛。夕阳西斜,我感受到了一种心灵的宁静和浓浓的亲情。

当然我有时还在写,比如这篇短文。

这是因为亲情在召唤……

心尖儿朝下长

听说东北有一位退休的老作家,疼孙女儿疼得可真够邪乎。不但晚年生活成天围着这命根子,身体挺结实的他竟为此提前立起了遗嘱。声称在自己百年之后,所留一切(包括房子、存款、忄珍藏、书籍以至于版权)完全归小孙女所有,其他儿女若敢染指当视之为忤逆!多亏了第二代都孝顺,竟俱唯唯诺诺声称"遵旨而行"。

《冯苓植文集》(散文随笔集)：忆沪上

有人称之为反常，我却视之为可以理解……

不瞒您说，在下也当属其"同类"。遥想当年，对儿女疼是疼却绝达不到这种程度。乍一听"亲孙子，命根子"之说，竟曾不屑一闻地嗤之以鼻。即使在小孙子诞生前夕，仍铁了心似的不准备找这个烦。但谁料初一见这刚出生的赤条条小婴儿，蓦地这一切便不可逆转地改变了。记得我曾在一篇散文里这样写道："天哪！只用可爱这个词儿能形容得了吗？恍然间，便觉得每根神经、每块肌肉、每条血管，以至每种情绪都和他焊接起来。心被小手儿挠着，肚子被小脚丫子踹着。那个舒坦啊，那个幸福啊，一下子感到热血奔腾到了二十一世纪！"（见十年前《散文》月刊海外版）没辙！从此就再没"解放"出来过，一直守着小孙孙"烦"了这么多年。情同前面那位老作家，竟使得小女儿为此斥责于小孙子曰：小坏蛋！自从有了你姑姑就失宠了！

好像还不止我们两个……

蒋子龙可算得文坛上最有男子汉气概的一位作家吧，下笔有如神助口头上却绝少流露婆婆妈妈的感情。去年到天津时恰逢他的夫人到珠海陪儿媳坐月子，见面便难免涉及"亲孙子，命根子"的话题。当时他似乎不露声色地尚有所保留，但到春节再通电话时他竟然说：抱着小孙女，这是我所过过的最幸福的一个年……爱孙之心，溢于言表。当然，我并不是说他会像我们这样犯傻，表达方式也只会有他的特点。但情同此心，只不过我显得有点儿没出息罢了。

更何况！有孙万事足……

此话绝对言此不谬！须知，有了孙子起码可以提醒你人生已步入"最美不过夕阳红"了。"老夫聊发少年狂"是没人拦着，但面对着活泼可爱的小孙孙似更应懂得寄希望于未来了。欢蹦乱跳的小家伙就像一本打开的《孙子哲学》，总能让你在欣慰之余对人生进行哲理性的深层次的思考。但愿某些人也能从中悟解到：少去造些孽吧，少去乱搅和吧，还是给小孙孙留下个朗朗乾坤清白世界为好！当然，也还必须有人已提到的《孙子疗法》。只要你想通了，只要你悟透了，《孙子疗法》绝对可以累见奇效。且不说每天领着你跑来跑去锻炼了身体，就单论心理调节所起作用也绝对功不可没。瞧瞧！孙子为你抚愈过去的伤痛，孙子引你畅想未来的美好。再说了！你也无须再面对着小孙孙装腔作势、弄虚作假，面对着那一双纯净的眼睛你的生活似也只剩下了真！有孙万事足，世界上还有什么想不开的呢？

当然，疼孙子也应该有个度……

但我这绝不是影射前面所说的那位老作家，我坚信他如此做必有他的道理。我甚至还想到东北去和他攀个亲家，告诉他我家这位小帅哥将来肯定辱没不了他的小孙女。由此可见我这个"度"就掌握得不怎么的，爱孙心切愣什么都胡思乱想。但我现在正在改，力求做严肃状以助其正常成长。比如有一天小孙孙竟突然问：爷爷！为什么有人把作家又叫作骗子？我也只能平等待之而回答：爷爷首先改还不成吗？不过你写作业从今后也不许弄虚作假！随之祖孙便达成高度共识，拉钩儿起谁也都得讲个"真金不怕火炼"。不当孙悟空，起码也不能变成猪八戒。您哪！教育总是相互的，有个小孙孙在身旁绝对有助于净化心灵！

难怪有人说，心尖儿朝下长……

最近读《中国老年》杂志，其中有一篇文章的题目竟会是：北京老人，"租"个孙子享天伦！由此可见，持这种"舐犊深情"者绝非我和东北老作家等少数人。老古话儿又说：隔代亲，亲煞人！在我看来，这似乎已经远远超越天伦之乐了。心尖儿朝下长着，仿佛只有在第三代出生后，你才会更理解什么是生命，什么是未来，什么是真正的人生！为了下一代的幸福，我们也应抛弃烦恼活得更加光明磊落。"最美不过夕阳红"，小孙孙或许就是亮丽的组成部分。

老头儿们！但千万要对孙儿孙女负责啊……

老笔杆蜕变为新文盲
——孙子评语

在读过我写的《别烦我，忙着哪！》《有孙万事足》《心尖儿朝下长》等文后，就有些好心的朋友来信告诫我说：打住！别把个孙娃娃惯坏了！

谢您了！我看不会……

现在社会上所云每家出了个"小皇帝"，我对此说颇不以为然。须知家家皆有"皇帝"，那"万岁爷"也就变得一个大子儿也不值了。只不过大多问题都出在不恰当的"关爱"上，即使有"望子成龙"的心思也俱都和"真龙天子"那"龙"毫不沾边儿。瞧瞧！这个逼孩子学书法；那个逼孩子学钢琴；这个逼孩子学绘画；那个逼孩子加班儿学外语，甚至还有多种兼学者，似大多没有什么要领孩子"独步龙庭"的迹象。我倒是常常为这些"小皇帝"喊冤，让沉重的书包和这么多的课外负担压得可真够苦的！

更何况！还有"龙生龙，凤生凤"此一说……

就拿在下来说，一辈子既没当过官，又没掌过权，就连儿女们也大都对受苦受难兼受气习以为常。第二代尚未培养出个"高衙内"，那第三代就更没指望了。毫无一点儿"霸气"的遗传基因，又得掐算着那点儿退休金过日子。至今仍居住在六十多平方米的蜗居里过日子，再惯也似乎很难惯出条"混江龙"来。平常百姓家只会出平常百姓，故而在我小孙孙身上尚未见种种"小皇帝"之"异端"。

再说了！近朱者赤，近墨者黑，近没出息者没出息……

我半生所写小说大多以动物为题材，小至写到那无声无息的沙原蜥蜴，大到写到了不吭不哈的荒漠骆驼。而我的小孙孙倒似深受其祖父这种不敢"指点江山，激扬文字"的影响，对大自然间的各种动物竟格外有兴趣。扮猩猩，学熊猫，模仿企鹅，顶多自称是长颈鹿。脖子是伸得长了点儿，可说到头了顶多也只不过是为了几片绿叶。我并不担心他将来为非作歹，倒怕这小子将来一不小心混入了绿色和平组织。好在他现在还小，我尚很乐于看每日一下学他便和奶奶进入了二人的"动物世界"：丹顶鹤咱们今儿吃什么呀？小猴儿你自己挑吧！

只不该"好景不长"……

小孙孙一天天长大了，已成为一位十一岁的小帅哥。现在似靠"平等对待"已绝对不成了，你还得提防着他不时的"突然袭击"。比如，我正在写一部以修脚生涯为主线的长篇小说《澡堂子》，他在听奶奶说后便不请自到地大肆对我进行"开导"说：那些陈芝麻烂谷子有什么意思呀？您应该写我一个猛子扎进了澡池子里穿越时空，又带着孙悟空和哈利·波特一下跃了出来。澡堂子改成了拳击场,当然也不能缺个漂亮妞……又比如,他前几天又公然杀到了我那张破桌子前,神态格外严肃地对我宣布:爷爷!您现在可成为一位"新文盲"了!昨儿电视里说是联合国规定的,不懂得电脑只能落个这下场!您今后就甭和我叨叨什么"好好学习天天向上"了,就先琢磨琢磨您自个儿吧!我一急之下便说:那我该写你还写你!谁料他竟长叹一声道:唉!写吧!谁让我摊上个文盲爷爷呢……我顿时被噎得哑口无言,没想到他那同样是"新文盲"的奶奶愣在一旁笑了个前仰后合。这是事实,我想学电脑已经十好几年了。家中不仅有两台台式电脑,甚至还有一台先进的"苹果"平板电脑。但不知为什么就是经高人指点也学不会。甚至连手机也不会用,打个电话还得求助老伴儿。但既然联合国有规定,那新文盲就新文盲吧!可你也不该让爷爷七老八十的还要"好好学习,天天向上"呀!

表面悻悻然,但暗中却不得心服口服……

似我这样的老头儿,大约都"活"了两个世纪了。好在一生尚可算得清清白白,自己这一页仿佛也该自觉地掀过去了。新文盲便新文盲吧!所幸小孙孙正如熊猫般憨态可掬地正趴在电脑旁上网,他似正在补足我们这一生的缺憾。夕阳下,我似乎望见了一条延伸向未来之路。从此便如山野老农一般心情恬淡,只在孙儿面前谈一些诸如"老实为本"之类不涉及现代科技的大道理儿。就像吃腻了洋面包再喝棒子面似的,这小子倒也并不反感。我绝没资格做"已是近黄昏"的感叹,但确实体会到了"夕阳无限好"!

全是因为有了下一代的下一代!

有孙万事足……

为防痴呆,衰年读史

——兼顾回报草原

我本来就属于那种该淘汰的作家……

《冯苓植文集》(散文随笔集)：忆沪上

须知，面对着现代科技的迅猛发展，早在退休前我已发现自己早沦为"遗老遗少"了。电脑一无所知，上网更是一窍不通，就连手机怎么用电视机有多少功能至今仍不甚了然。尤其面对急骤变化的纷繁现实，就更感到两眼迷惘手脚失措。真可谓"两鬓苍苍十指黑（至今仍用笔蘸着墨水写），到头空落作家名。"多亏平生没当过一天官，没掌过一天权，没管过一天钱，故而退休后"遗老"的日子倒也过得浑浑噩噩干干净净。

继续遵循伟大的教导：夹着尾巴做人……

但夹久了也累人，日久天长我竟患了嗜睡症。妻子儿女生怕我转成老年痴呆，便又齐声劝我找点事干：哪怕去洗炭！炭越洗越黑，还是去先补愧疚吧！随之，我便一头扎在历史的故纸堆中去了。要知道，既然作为"遗老"已被现实淘汰进历史中了，那就干脆随波逐流回到古代去寻得"安身立命"之空间吧！翻翻史籍，摘点逸事、消磨时光，权且借此静静地等候那最终的"归去来兮"。

我选中的是《元史》及相关的《蒙古史》……

说来惭愧！原来绝无一丝"发挥余热"的打算，之所以选择这段历史完全是因为心存一种负疚感。回想平生，大学毕业后一直便生活在茫茫的大草原上。虽喝了五十年的牛奶、羊奶甚至还有马奶和骆驼奶，而且和蒙古族哥们儿姐们儿相处得也算亲密无间，但我对于马背民族的历史——除了成吉思汗略知一二之外——竟很难理出个头绪。为此，面对区外采访作家的诸多询问常常是一问三不知。比如说，成吉思汗之后的历代大汗？游牧民族又是怎么入主中原的？蒙元王朝的历史地位又该如何评价呢？……多了！多了！似单凭一句"一代天骄"已难以应对了。

绝不能枉为一回内蒙古人……

从此，我便满头白发地在历史的故纸堆中越扎越深。《元史》《蒙古秘史》、波斯史学家拉施德的《史集》、法国史学家格鲁塞的《草原帝国》、意大利古代旅行家的《马可·波罗游记》、美国当代史学家罗沙比的《忽必烈和他的世界帝国》，以及我国著名的元史学者李治安先生的《忽必烈传》等等，均在我搜求苦读之列。即使为了回报草原，退休"遗老"也得补上这一课啊！但也有副作用，这就是长时间的"两耳不闻窗外事"也容易"走火入魔"。越刨根问底便越觉得深不可测，渐渐地我竟陷入了一种"不可自拔"的惘然境界,恍恍惚惚间竟觉得自己已经活了一千年了。每到草原,便总觉得成吉思汗的金戈铁马随时会呼啸而出。偶到杭州,又总会夜梦到其嫡孙忽必烈正在大军压境"围而不攻"。还似乎听到了元代大学者孔齐那声声叹息:"世祖(即忽必烈)能大一统天下者,用真儒也。用真儒以得天下,而不用真儒以治天下……"最终,历经几年,我总算把从草原汗国到大元王朝的来龙去脉初步理清捋顺了。

不亦悦乎!也算得另类"悠然见南山"……

但我却从未想到过"著书立说",也从未想到过出版或发表,更没想到涉足于史学界和学术领域。自知"根基太浅,功力不足"。开始,只不过遇到有趣处便写个条儿,贴到墙上以免遗忘。到后来,贴得满墙都是。确实"有碍观瞻",在妻儿反对下只好移在笔记本上了。谁料不经意间便是好几本,终于还是被一些哥们儿发现了。上海文艺出版社著名编审修晓林来组稿,一见这堆乱七八糟的札记便说:"好啊,好啊!秦、汉、晋、隋、唐、宋都不乏演义和小说,就元代这段历史比较朦胧,咱们就搞这个吧!"并且为了印证我国史学大师翦伯赞先生 1957 年视察呼伦贝尔留下的那段话:"这里曾是中国历史的大后台,北方少数民族一经在这里演练成熟,便先后冲向中原大地演出了一幕幕波澜壮阔的历史剧。北魏之鲜卑,辽之契丹、金之女真、元之蒙古、清之满族,莫不如此……"随之这小子竟把我最终"忽悠"到了遥远的呼伦贝尔大草原。从中俄边境的额尔古纳河开始,追寻着成吉思汗率领蒙古民族崛起的足迹。这小子边走边激发我,恍然间竟助我拉出了个大纲。但明显地是赶着白头鸭子上架,我似也只能讨饶地哀告说:"你小子知道,老哥这辈子只写过小动物、市井小人物,连个小科长小股长也不敢写,你为什么非忽悠我写皇上呀?"谁料这小子竟慨然而答:"不是我忽悠你,而是有人想忽悠咱们!这不,刚忽悠完了西藏又在忽悠新疆,这么美的草原咱也得早点防忽悠呀!"

盛情难却!我终于又被这小子"激"活了……

但"遗老"要重新"出山"必定面临重重困难,这时又多亏有亲如手足的蒙古族同胞出面相"挺"了。比如,蒙汉双语兼通的巴拉吉先生,竟买了相关的多部蒙汉语辞书,自动地充当起我的蒙语蒙文顾问;而内蒙古美术家协会秘书长托娅同志,不仅为我提供了大量古代游牧民族的历史资料,也自动地成为我蒙古民族民俗民风的顾问;还有学术期刊《传承》的学者阿拉腾巴根,凭借其渊博的蒙古学积淀也应邀成了我的史学顾问;但更重要的还在于有很多学识渊博的蒙古族哥们儿,也经常以蒙古民族特有的民族思维,为我解释元王朝每一个历史人物和历史事件……最终,我才得以"两鬓苍苍十指黑"。(还是手写)在上海文艺出版社出版了这部长篇历史小说《忽必烈大帝与察苾皇后》。而且为防老年痴呆症,这一读史便一发而不可收。十几年间竟相继应约出版了读史随笔《大话元王朝》(远方出版社)、《鹿图腾》(天津人民出版社),以及最近才完成的长篇历史小说《草原传奇皇后满都海》……但也必须指出,从某个角度来看,似也可称之为"集体创作"。因为在此期间,确实也反映了内蒙古各民族之间的"你中有我,我中有你"。

只可叹!人们见我成天迷迷怔怔,反倒说我出现了早期老年痴呆的症状!

殊不知!我正在神游古代草原上金戈铁马的战场呢!

老眼昏花看球
——兼聊足球和馒头

四年一度的怪圈啊,给球迷们带来了多少困惑、忧愤和失望。据说,除了泪流满面外,有的已开始摔电视机了。在这一点上可以说,我们已经冲出亚洲走向世界了。

这使我不由得想起了馒头!

中国有许多谚语是和馒头有关联的。比如说:"不吃馒头争(蒸)口气""冷手抓了个热馒头"等等,颇值得深思。尤其是在"心急吃不得热馒头"这一说上,就更值得足球官员们参考。

北方人都知道,蒸馒头学问大。首先面要发酵,随后面要揉。有些地方爱吃"杠面馒头",那就更不仅仅是揉了。为什么?有嚼头。但不管怎么着,从起面、下碱、揉面、形成,直至上笼。最关键的一招还在掌握火候。尤忌揭锅太早了。没蒸到时间,就取出,馒头准保给蒸"油"了。任你再盖笼屉、再重新加火,这锅馒头还是算"废"了。且不说没嚼头,还死面一团倒人胃口。别小瞧这个道理,这就是"心急吃不得热馒头"的真谛。

而我们的足球界不是正犯这个毛病吗?每四年一次,只顾听天由命地重蹈着一个怪圈:失败、指责、重换教头;再失败、再指责、再重换教头!而且往往是又一次大赛临近才仓促组成新的阵容。比如说这次亚洲地区分组赛。吵吵嚷嚷了好几年,直到一年多之前才决定聘请外国教练。而且就在人家挑选队员组成队伍时,就迫不及待地以中国队名义参加这个赛那个赛了。这等于没发酵就下碱,没揉面就捏馒头,没成形就上笼屉,没过火就揭锅。即使施拉普纳是个大鼻子神仙,他能受得了这不断的"大揭锅"吗?

不能失败一次就彻底否定一次,万里长城也是经秦长城、汉长城、明长城等而形成的。还拿施拉普纳说,我看就有很多成果可言。我们的球队过去除基本功外,最多谈论的便是心理素质。而心理素质又包含着一个重要问题:民族的文化形态和文化心态。现在我们的队员敢拼了、敢抢了、敢铲了、敢断了,这就是心理素质的提高。不要简单否认"凶"和"狠",这是冲破文化心态的一大成果。失败一次否定一次要不得,只能使中国足球更加灰溜溜的。

依我看,"火上浇油"和"雪上加霜"是同样要不得的,坏事就坏在有过多的事后诸葛亮。这里面也有个文化形态和文化心态问题,鲁迅先生早就做过入木三分的论述。应该摆脱这个怪圈了,再不应被牵着鼻子这么转下去了。我建议,找找苏永舜、曾雪麟、高丰文和施拉普纳,首先总结每任教头的成功经验,踏着前人的肩头才能看得更远。然后做到心中有数,尽早着眼于下届或再下届世足赛。气可鼓而不可泄,关键在于切不可揭锅太早了。

有一种办法值得考虑:既然大家都觉得中国目前尚没有领军的超级球星,是否国家队在条件不成熟时就暂可不组建了。像欧洲的三大杯那样,世足赛和亚足赛由国内精锐劲旅角逐争取。而苏永舜、曾雪麟、高丰文、老施等均可亲率一支球队施展其抱负,众多的事后诸葛亮也可"择木而栖"以形成固定的球迷群。但足球官员们要绝对做到心中有底,在其间择将择帅,待条件成熟之后,真正的中国队自会脱颖而出。君不见,卧薪尝胆关键在十年!如果勾践尝一口就跑到外头报一回仇,吴越春秋的历史恐怕就要重新写了。

足球与馒头,大有深思之处!

(此文写于施拉普纳率中国队参加世界杯足球外围赛失败之后。今年重蹈覆辙,但仍可参政。——附记)

第十二辑　大漠忧思

遥远的阿拉善
——我的青春祭

城墙上那个跑马，
掉呀不回那个头；
思想起那个包头，
我就那个心儿抖……

这是一首脍炙人口的西部情歌。抗日战争期间，曾被著名小提琴家马思聪改编为《思乡曲》，演奏遍大江南北。每当我的耳边回荡起这首名曲的旋律，确实总是由不得心儿在跟着颤抖。只不过不是为了附近的包头，而是那充满异域风情却又遥远的阿拉善。

须知，我的青春岁月早已留在了那里……

阿拉善，地处内蒙古自治区的最西端。北部和蒙古国交界，西部和甘肃省为邻，南部和宁夏回族自治区接壤。虽然它只是内蒙古自治区的一个"盟"——相当于内地的地市级，但其面积却比内地的许多省都大，甚至超过了西欧某些中等国家的面积。整整二十七万平方公里，相当于全国国土的二十五分之一。至今，

《冯苓植文集》(散文随笔集)：忆沪上

内蒙古自治区全区的各盟市均有铁路贯通,而唯独它却只能乘火车至乌海市和宁夏回族自治区,方可再转乘汽车穿越贺兰山到达其盟府所在地巴彦浩特。广袤无垠,风情独特,即使在绚丽的少数民族地区它也别具一格。而虽在全国地图上颇为醒目地占据了一席之地,但比起自治区兄弟盟市地知名度却稍逊一筹。比如鄂尔多斯(以羊绒织品誉满全球),科尔沁草原(以孝庄皇后与嘎达梅林名垂史册),呼伦贝尔(世界仍保留的三大原生态草原之一)……究其原因,说法颇多,但大多数人却都归咎于阿拉善四野无边无际的浩瀚沙漠。

一个永远无法回避的沉重话题。

这是事实,阿拉善确实被重重沙漠环绕着,而且都是世界级的。北部是巴丹吉林大沙漠。虽然它不如塔克拉玛干那样常见于报端,但它在沉默中却始终保持中国第二大沙漠的地位。巴丹吉林,似译为"远古的沙漠"较为妥帖。有史可考,《汉书》上就曾有过相关的记载。遥想当年,霍去病北击匈奴就是在这一带凯旋庆功的。泼酒于沙湖中与将士共饮,故而有了古酒泉城因此而得名之传说,这绝非附会。神舟五号六号的升空地虽名为"酒泉卫星发射中心",其实真正的基地却在内蒙古阿拉善的额济纳旗境内——巴丹吉林腹地的戈壁荒漠上。追古思今,在我看来,或译之为"承载着历史的沙漠"似更为恰当一些。再看阿拉善的西边,绵延起伏着的便是著名的腾格里大沙漠。腾格里,蒙古语中"天"的意思。好家伙,天大的沙漠！若论阿拉善东边,海海漫漫闪现的又是乌兰布和大沙漠。乌兰布和,可译为"红色公牛"。似想告诉你,这是一处如火红公牛一般横冲直撞的大沙漠。总而言之,沙漠、沙漠,阿拉善茫茫的戈壁荒原似被浩瀚的大漠禁锢着。南边是有高耸的贺兰山作为屏障,但狂暴的大漠却绝不乏"勇攀高峰"的锐气。坐火车途经宁夏与甘肃的时候,大风天常常可见山巅间飞流直下的沙暴。

还有那日益嚣张的沙尘暴。

虽说20世纪中叶就有过"内蒙古、内蒙古,天天尽吃土"或"内蒙古全年一次风,从春刮到冬"的民谚,但"沙尘暴"这一专业气象用语却尚鲜为人知,为此而造成人畜死亡的消息则更少之又少。进入20世纪末叶,"沙尘暴"便广为人知了,似南方沿海的台风一般很快就成为气象预报中警示人们的消息。君不见,狂风呼啸,黄沙搅得周天"浑"彻。日月无光,卷起上百万吨黄尘横扫大西北,再穿黄河流域,直袭京津一带,甚至跨海尘落于日本列岛。令今人触目惊心,但这也只是"外界"的感受。至于说到地处沙海中心的阿拉善的情景呢,有新华社记者采访当地目击者的报道:"起初还是天晴日朗,眨眼间狂怒的死海便复活了。风轰隆隆咆哮着由远而近,随后便转为令人毛骨悚然的尖叫声。瞬息间沙尘暴遮天蔽日,整个阿拉善笼罩在一片可怖的深褐色之中。"而且罕见地有了人畜的失踪、人畜的死亡,以及蒙古包的不知被卷向何处和土屋的被沙丘掩埋……但也有一个数字令我聊以自慰,当时的新华社在报道中还说:"仅仅从1993年到现在,就出现了四次这样骇人听闻的沙尘暴。"

1993年?而我初进阿拉善是1960年。

且不提从沙尘、扬沙到沙尘暴为何周期缩短、频率加快,暂不讲"安第斯山脉的蝴蝶拍动一下翅膀,孟买就会起龙卷风"是生态混沌理论的通俗概括,我只想说青春的记忆是永远难以磨灭的。至今在我的脑海里阿拉善仍是一片充满特殊魅力的神奇土地。

且听我说。

王城、王府、王爷的人生

荒僻、遥远,就连其名也有多解……

阿拉善,大多数蒙古学者认为系为"贺兰山"之音转。贺兰山故称卑移山,汉晋之后始有贺兰山之名。有的学者认为,是由于西晋太康年间匈奴族的贺兰部迁此而得名。有的学者则认为,是因见当时山中树木状如马(毛色青白相杂的马),突厥语称马为"曷拉",而音转为贺兰。

总之,这里自古便为边陲少数民族游牧之地。

也算有缘!当时以牧业为主的阿拉善地区和以农业为主的河套行政区,似乎是为加强凝聚力已合并成了一个"盟"——巴彦淖尔盟。而我当时尚不满二十岁,大学毕业后也随即被分配在盟府所在地——巴彦高勒当了一名中专教师。巴彦高勒原名磴口,为广袤的阿拉善最东部与河套行政区相接的一个小镇。据说,这是时任内蒙古自治区副主席、巴彦淖尔盟盟长、也就是最后一代阿拉善王爷——达理扎雅所坚持的:合并可以,但盟府必须在阿拉善境内。

虽未见过王府,却首次知道王爷的大名了。

是就在原阿拉善边缘地带工作,但毕竟相距那沙海腹地的戈壁荒漠还是太遥远了。常听下乡回来的人说,即使去附近的一个苏木(即乡),也往往得在驼峰间晃荡好几天。当时,我以为自己已经是在祖国最艰苦的地方锻炼了,却谁料教书不到一年就通知我还须下放。一般知识分子下放到附近的河套农村也就罢了,而像我这样天生罪孽深重的人(家庭出身极坏,社会关系复杂,不识领导眼色),似乎更需要下放中的下放来进行改造。几经辗转,于是我便和诸如右派等同类一起被放逐到了大漠深处的阿拉善。

遥遥无期,两眼迷惘。

但等刚一到达阿拉善王爷的王府所在地——今日的巴彦浩特市,我当即被眼前的景象惊呆了。天哪!瀚海中竟会深藏着这样一块风光无限的绿洲,大漠里竟会闪现这样一处古色古香的世外桃源。也可算作一块葱翠的谷地,王城就依势建筑在一处斜缓的山坡上。蜿蜒的城墙,齿状的城垛,苍劲中透出了古朴和凝重。王爷府就是王城内的核心,其他古风古韵的豪宅也多是世袭贵族的院落。再看,城外尚有三条流淌着潺潺溪流的小河横穿而过,纵向搭桥而形成一条别具西部风韵的小街。两旁的店铺也和内蒙古中东部风格迥异,大多有长长的彩漆长廊相连。小街的尽头高坡又起,高高低低的院落说明这才是昔日旗民百姓的居住区。一句话,颇有风水而又别具异域风情,足以使人暂时忘却四周那漫漫的戈壁和茫茫的沙漠。

我最想窥探王爷府,却尚没有这个自由。

好在当时我就被下放到王爷府近郊的一个山村里——一片西部农民逃生进入戈壁荒漠开辟出来的农田所在地。眼前的绿色一多,年轻人追求刺激的心态又死灰复燃了。一个阶段后,我终于在新结识的一位当地广播站朋友引领下偷偷进了王城。风物依在,却四处显得冷冷清清。听说达理扎雅王爷当了共产党的高官后,便久居于北京原清室为其祖先所敕建的罗王府。而王城内其他的世袭贵族官员,也因统战被任命为干部分散到各地去任职了。或许正因为空空荡荡,等我刚一踏进阿拉善王府便被其规模和构建所震撼了。典型的中国传统式建筑,决不输于北京任何著名的王府大院。厅、堂、馆、榭无处不是飞檐斗拱,前院后宅随时可见雕梁画栋。除了尚有一座颇具规模的家庙——汉名延福寺的喇嘛庙之外,后院沿山坡而上还有一座王府的"御花园"。依势而成,颇具匠心,曲径通幽、别有情趣。虽当时已"王"去园芜,但山坡上假山、流泉、数株直插云天的古松仍令人浮想联翩。阿拉善王爷好大的气魄啊!但我总觉得他又和那些一直土生土长在内蒙古的王公贵族有所不同。

处处可见的西部风韵,似过去游离在外。

多亏又是这位朋友为我收集史料,果然证实了我这种猜测。原来,元灭后阿拉善王爷的祖先属游牧于天山北路的四大部之一,史称和硕特部。清康熙十六年噶尔丹率准格尔部谋反,而其祖先和罗理却为维护祖国统一率和硕特部归附清廷。更因其协助平叛,康熙赐阿拉善一带为其部落游牧之地(可见当时水草尚属丰美)。史称阿拉善和硕特旗,和罗理便成了第一代阿拉善王爷。由遥远的西域归来,当然难免带回西部诸多风韵。再说到了达理扎雅这一代已是民国,王爷还承认你是王爷,但已采取了分而治之的手法。阿拉善时而划归甘肃管,时而划归宁夏管,因人员物流来来往往不断,当然就更会使这种西部情调得以延续了。直至1956年才完成了牧民多年的心愿,阿拉善终于划归回内蒙古自治区了。

还得回头从王府王城说起。

有着如此规模宏大带有王城的王府,在内蒙古的诸多王爷中实属罕见。若非和清室皇族有着非同一般的关系,就是"逾祖制"。事实也确如此。第二代阿拉善王爷阿宝就因远征巴里坤战功卓绝,于康熙四十三年"尚和硕格格",封"和硕额驸",成为阿拉善草原上头一位驸马爷。到雍正九年,更把新筑于此的军事要塞定远营划归其统辖,并赐银特准其在围城内重建王府,故巴彦浩特市的老名就叫定远营。到第三代阿拉善王爷罗布桑多尔济就更是亲上加亲了。乾隆十三年"尚多罗公主",封"多罗额驸",晋爵郡王,授参赞大臣。据传娶的就是乾隆之御妹,故还赐银为其在北京盖了豪华富丽的罗王府。按说传至达理扎雅这一代大清朝已经玩完了,但这种姻亲关系依然不断。民国之后,这位达王还是"尚"了逊帝宣统之堂妹、载涛贝勒之女金允诚为"福晋"。在当时众多的遗老遗少间,依然私下把他当作"额驸",称其为驸马爷。

九代十王就有三位驸马爷！至于他……

在阿拉善下放劳动改造期间，我极其希望见到这位内蒙古自治区的副主席——这片荒漠草原昔日的统领者——达王达理扎雅同志。但没有，好像他早永远游离于自己的旗民百姓之外了。据说就连"合并可以，但盟府必须在阿拉善境内"也是他的谈判代表以他的名义提出的。他则一直在北京的祖传王府内正循规蹈矩地力争做好一个高级统战对象。这也难怪！作为一位生不逢时的末代王爷，从小就因母亲宠爱弟弟差点继承不了王位。后来虽因偶然事故才得以回到阿拉善承袭封号，但又常受大西北各路军阀的盘剥和勒索。他本来从小就生长在北京，讲的是一口地道的"京片子"，受的是儒家仁爱教育，在乱世中必然养成左右逢源逆来顺受的性格。当王爷之后方知当王爷之苦，时而宁夏马鸿奎的兵抢掠直至王府城下；时而甘肃军阀把他挟持到兰州一软禁就是七年；时而日寇借口他是伪满的"皇亲国戚"要在阿拉善设特务站；时而大蒙奸德王临解放还裹胁着他在阿拉善成立了"西蒙自治政府"……所幸他在关键时刻做出了平生唯一一次果断的抉择——通电宣布和平起义。而1956年更实现了他平生最大的一个愿望——促使阿拉善合并到内蒙古自治区。至此，他又可以重新回到老北京的罗王府去，以安然度过后半生。

但他一生那个句号也画得太悲惨了。

我始终没在阿拉善草原见过这位风光一时的内蒙古自治区副主席，却在"文革"中当时盟府所在地见过这位临死前的末代王爷。在狂热的呐喊声中，他和夫人正被从北京"揪"回，押在"解放"大卡车上游街示众。他其时才年过花甲，但过早的老态龙钟似在身上罩上了一层灰暗的绝望之光。丝毫没有一点王者风范，弯腰驼背间竟只顾张开大口伸长舌头喘息。据说是汗腺失去了作用，这是在散热。而他的夫人更难得见一丝昔日格格的风韵，憔悴枯干，明显是一位重病缠身、随时可能晕倒的老人。果然，就在这古属阿拉善的边缘地带，这位末代阿拉善王爷仅几天就被批斗致死了。舌头还伸着，似乎还在等着"散热"。而他的"福晋"顿时便病势垂危，刚等着甩包袱似的被遣送回北京，也跟随王爷一命归西了。

也可算阿拉善九代十王的"终结篇"。

古刹、古韵、古远的西部风情

当时,我根本无法预料会是这样的结果。

那还是1960年,当时的王府尚在、王城尚在、王爷尚在,甚至还在当着内蒙古的副主席!而旗民百姓对这位"世袭罔替"的王爷也似乎有一种"世袭罔替"的敬仰,老人们竟然常以此为傲。绝对不会有人想到,这一切会在六年后的一场浩劫中灰飞烟灭。

还有那必须提及的北寺和南寺……

当时我虽尚稚嫩浅薄,但经友人暗助潜往一见之后,却仍为大漠深处有如此的古建筑深感惊讶。北寺屹立于王城北部远山的险峻奇峰上。虽属喇嘛召庙,却似仿北京雍和宫而建的汉式古典庙堂。加之藏式的各种饰件点缀,又使它颇具西部风情。穿青松翠柏攀山而至峰巅方可尽观全貌,庙宇之雄奇、规模之宏伟就更令人惊叹不已。而四周喇嘛们居住的重重院落,在山顶上排列有序,竟形成小街,形成了一处围绕古刹的古建筑群。可以说,就是在内地也极其罕见,难怪有位诗人惊叹之余竟脱口而颂:山妖掌中油松碧,石怪指头北寺雄……再看南寺,地处定远营以南峻岭之下,虽不需登高仰视,但其构筑之宏伟却绝不亚于北寺。而且庙堂深处尚隐没着一个神秘的历史疑案,即六世达赖桑央加措被废黜后之终了之谜。有关学者认为,这位活佛诗人是在解押进京途中圆寂于青海湖畔。而阿拉善牧民却坚信,被废黜的达赖六世是经人解救被大漠信众秘密迎回阿拉善的。这似乎只是个虔诚的传说,就连历代王爷也对此讳莫如深。而我却确实看到过南寺佛殿的重重帷幔后,特殊地供奉着一具"不败的金身"。

再没有诗,只留下个大大的问号。

不仅阿拉善牧民坚信不疑,相邻的额济纳牧民也常为此跨越沙海到南寺礼佛。说到这里似该暂放下这个神秘的"问号",先说说陌生的额济纳了。因现在的阿拉善盟就包括额济纳旗(其他两旗是原阿拉善分成的阿左旗和阿右旗)。如若不说清楚,就难得一现今阿拉善地区的全貌了。额济纳,按蒙语读音似也可以译为"母亲湖"。但相关学者却认为这是古西夏语,似译之为"黑"更为准确。因其境内的黑河水滋润万物而取其意,故依河而得名。虽其始终背靠着中国的第二大沙漠——巴丹吉林,但因黑河水的奔流不息,自古境内便有了烟波浩渺的居延海,随处可见的胡杨林,以及处处绿洲和沃野千里的牧场。据史载,汉代的居延郡就设在这里。人员物流来往不断,也曾经有过繁华的过去。绵延的时间很长,随后的古黑城也建在其腹地。只因为历史上不断的战争,甚至不惜断水将黑城变成一座死亡之城,到明末这里已变为一片人迹罕至的空旷荒野了。后来的旗民也同阿拉善部众一样长期游离在外,而且走得更远,竟直达俄罗斯的伏尔加河流域。系渥巴锡所率浴血东归的土尔扈特部族之一支,只不过他们躲过沙皇耳目借口游牧已先期回归祖国了。清康熙四十六年赐牧于额济纳河畔,划为额济纳土尔扈特旗。或许正是因为远离祖国游牧于天山北路,与阿拉善部众一样必然带回更多的西域风情。再加上南寺那神秘的"金身"成为纽带,随之两个兄弟旗的民俗民风也似交融一致了。有别于内蒙古的中东部,改革开放后另设阿拉善盟也就势在必行了。

　　二十七万平方公里,两个东归的部落。

　　但我真正对这片广袤大地蒙古族的了解,却似乎是在偶然结识一位当地的乌兰牧骑队员之后。她叫"姬姬",是一位娇小婀娜的舞蹈演员。当时她十六七岁,我也只不过二十岁。连手也没拉过,只能算作一种朦朦胧胧的"初恋"。典型的少年不识愁滋味,在身陷困境中尚敢触动这种敏感的民族关系。但她却鼓励我说,阿拉善地广人稀,从来就不排斥外来求生的汉人。牧民不排斥,王爷也不排斥。如果你娶了一位草原姑娘,三年后你就会获准入"旗",成为一个阿拉善蒙古人……当然,她这种"鼓励"是属时光倒流并且大有深意的,但当时我的确见到过诸如张巴特、李布赫、王布音吉日格勒等在"旗"人。大多来自甘肃民勤或宁夏贫困山区,似早已融入蒙古族而只留姓氏追忆祖先了。或许正因为如此,除了王族以外,这里的旗民百姓讲汉语时大多用的也是这种西部方言。

　　姬姬对我了解阿拉善的帮助太大了……

　　西部特色似不仅仅于此,就连他们讲本民族语言也仿佛有别于电台广播的标准蒙古语,似更古远而又掺糅了更多的大西北音韵。就连服装头饰也颇有自己的特点:蒙古袍已不那么肥大了,女性似已开始注意腰身。中坎肩更精美别致,似深受公主带来的服饰影响。但头饰还是东归民族自己的,镶边的柔软小帽两旁网辫子的纱网上缀满了珊瑚和玛瑙石。我在阿拉善时,牧区是已有了定居的土房子,但游牧时却不像中东部那样总是把蒙古包迁来搬去。好像老祖宗东归时积累的经验至今难忘,必要时才扎下蒙古包,平时只使用便捷的帐篷。而更大的西部特色却在于阿拉善人的包容和文化多元性,比如,至今在额济纳古老的胡杨林深处仍居住着一些信奉伊斯兰教的蒙古人——前期东归土尔扈特部之一支,史称"哈拉哈"。

时代不同了,我之忘乎所以必自食其果。

我和姬姬这种关系,很快就在古老的定远营四处传开了。不但为下放劳动改造政策所不容,并且也引起了乌兰牧骑内早已追求她的小伙子之不满。而我却仍想入非非地充满了浪漫主义,有空常徘徊于三道河沟沙滩上那座别墅式的房舍,即乌兰牧骑所在地四周。直至有一天到镇上开会,我被三个蒙古族小伙子拦截于别具西部风韵的长街之上。绝没动手,只是庄严地对我宣称"名花早已有主",暗示我若想"夺人所好",后果自负!政治的异化是很容易改变民俗民风的,果然仅仅几天后,我便由绿洲被放逐到腾格里大沙漠的边缘去劳动改造了。

严酷的死海绝对有助于冷却青春的激情。

但这段故事似乎尚未结束。后来乌兰牧骑深入基层演出,她还总想就近来看望我,期盼着当面向我解释或倾诉些什么。"文革"中我已成家,她也有了孩子,但她还是千里跋涉到盟府所在地的"牛棚"偷偷来探视我。当20世纪80年代我和于洋赴阿拉善为拍电影《驼峰上的爱》采景时,虽已过去二十多年,但她的形象还是在我的心头被激活了。只不该"相逢"是那样一种方式。一天,我正和于洋研究剧本,突然有谁激动地推门而入了,是她,是她!娇小婀娜、妩媚靓丽,似乎永远停留在十六七岁。但正当我停留在时光倒流的错愕中时,只听"她"叫了一声伯伯说:妈妈让我来看您了……这或许也是一种西部女性特有的行为方式,是姬姬使我避免了白先勇小说中所描写的那种重逢的尴尬。

这是后话,当时我只顾在沙海中挣扎了。

驼乡、驼道、驼群里的阳刚之谜

被迫,我开始了"一识大漠真面目"……

我所下放的地方叫哈依勒胡图格（即两眼井），是被腾格里大沙漠环绕的一块戈壁荒原。像一处延伸进瀚海的半岛，自然那起伏有序凝固的沙涛沙浪便抬眼可见了。也可称：凡有井水处，皆有放牧人！虽然那里井深得可怕，干旱年代需小毛驴拖着井绳往外拉水斗，年深日久致使石井口磨出了深深的沟壕。但牧人们却等闲视之，似乎要的就是这份"天高皇帝远"的自由。对我这个"异类"的到来还算热情，只是稍有点"敬鬼神而远之"。

毕竟我是个上面下来吃"皇粮"的人。

好在这段时间并不算太长。或许是因为我自惭形秽绝没有一丝向上的积极性，或许是姬姬从远方传来了某种讯息和嘱托。总之，在我"虱子满身，甩袖可得"之后，荒漠上的牧民们终于接纳我成为一名"公社放驼人"。并且在一峰骆驼走失后，终于有了一次跟随真正放驼人深入沙海的机会。但刚等跟着跋涉上一座沙峰，我便被眼前的景象深深地震撼了。广袤的大漠、死寂的沙海，雄浑静穆，神秘地板着脸，总是给你一个颜色看：黄沙、黄沙，永远是灼热的黄沙。海海漫漫，无边无垠。仿佛大自然把这里汹涌的波涛、排空的怒浪，刹那间凝固了起来，将其重塑成浩渺的死亡之海。沉默无声、了无动静，使你仿佛恍然置身于洪荒时代，顿时觉得自己是那么渺小。在神秘的大自然面前，充其量也只能算其间的一粒沙……更可怕的还是那烈日的灼烤，汗水不等流下就被蒸发掉了，身上只留下一层沙尘。太阳就像在贴着沙丘沙峰滚动，挨着你的嘴唇就会撕掉一层皮。再看人家真正的放驼人，似天生心中就安有罗盘，跨在驼峰间就犹如在沙海上悠然荡舟——别怪我！世人就将骆驼称为"沙漠之舟"，而我却产生了"晕船现象"，一恐惧竟从驼峰间栽了下来，顺着高耸的沙脊飞流直下，滚向谷底！

所幸大漠的胸怀是柔软的……

随后我才知道，牧人眼中自有他人看不见的驼道，而踏沙寻找失踪的骆驼也绝非"沙海捞针"。须知，死亡之海也绝非没有一点生机，附近的大漠深处就隐没着几个驼群放牧点。高耸的沙丘间会忽然闪现出一块块泛绿的开阔地，似一串串小岛般展示在凝固的沙涛沙浪之间。绝不缺少生命的迹象，就连附近的沙坡上也顽强地生长着沙蒿、沙棘、沙葱、沙枣，以至沙生的骆驼刺等类植物，只不过大多带刺。据我的放驼师傅说,它们大多不喜欢人,却喜欢骆驼。因为骆驼啃吃之后,会通过粪便将它们的种子四处播撒。而这大漠深处似乎也不缺动物,除了沙原狼建国后被猎杀,几近灭绝了,尚一直存在有沙原狐、沙原鼠、沙原蚺(蛇的一种),以及沙丘上随处可见的沙原蜥蜴种种。更难能可贵的是,沙漠腹地尚奇迹般隐没着一汪汪不可思议的湖水。水中有鱼,天上有飞鸟。怎么形成的?我很难予以科学的解释。但我确实看到了这里的牧人与大自然相处得很好。比如,他们极少砍柴伐树,因为住的是蒙古包,烧的是干牛粪和羊砖(也是干粪)。他们极少干扰鱼和鸟类,因为自古就敬畏天和推崇放生。他们还把动物真挚地当成朋友,因为狗是助手而迷途的鹿羔更被视为天赐吉祥。他们死后也愿天葬或称野葬,因为来自荒原当应回归或回报于荒原……而更应提及的是,直至上世纪50年代,阿拉善尚流传着一首长长的凄婉的民歌《九十九只黄羊》。黄羊,现在受国家保护的一种野生动物。这首民歌是通过最后一只小黄羊之口,悲戚地叙述了自己这个一百只黄羊的群体是怎样在豺狼的追逐、猎人的捕杀、水源的干涸、绝望的奔逃中一只只死去的。最后就连母亲为掩护它也倒于枪下,只留下它孤独地游荡在荒原尚作最后的哀鸣……据阿拉善本土作家李敬德回忆说,老年间"好来宝"艺人一吟唱就是几天几夜,常令听书的牧民唏嘘不已。难怪上世纪80年代著名作家白桦听我提及此事后,竟激动地对我说:深刻的环保意识,这是一首当属于全世界的独特的长篇史诗!

当时我没想到,只庆幸终于把失踪的骆驼找回来了。

后来我才知道,阿拉善的骆驼竟占了全国百分之七十以上,因而这里也被称为"骆驼之乡"。但我眼前却永远是茫茫荒漠与漫漫的戈壁,躺在游牧的帐篷里,生活变得是如此单调和孤寂。加之姬姬为了我似乎早已服从了"组织上的安排"。渐渐的,我竟幻想起《聊斋》中那些无拘无束的狐怪鬼魅能在我的身旁出现。多亏了附近的治沙站尚有一位"同是天涯沦落人",他告诉我说,若想得以"超度",就必须学会骆驼的忍耐、骆驼的保持沉默。

从此,我就开始拜骆驼为师了……

绝对的有道理!你常听说过有虎啸、龙吟、狮吼、马嘶、牛哞、羊咩、鸟鸣种种,可有谁听过骆驼是怎么嚷嚷的吗?沉默如金,忍耐力极强。若不然也不会由

《冯苓植文集》(散文随笔集)：忆沪上

它踏出了流芳千古誉满全球的丝绸之路,更不会踏出近代史上经蒙古国、越俄罗斯、直达英伦三岛的茶道。动物中真正的男子汉！没有一丝牢骚,只知道任重道远奋斗不息。好一身人间也难得的阳刚之气……但刚等我深入驼群探明真相之后,竟令我倒吸一口凉气,大跌眼镜了。原来各处的"骆驼王国"里只有一位"男性公民",因其独领风骚而成为"驼王"——领群的头驼。而其他的除了育龄母驼外大多是从小就被阉割了的公驼,俗称"使役驼"。创造上述历史奇迹的,又恰恰都是这些失去性势的家伙。绝不像人类中的太监,它失去了那方面的追求也就断绝了对权势的欲望。无阳而刚,恰似一个流动着的斯芬克斯之谜,着实令某些人类仿生学家激动不已。当然,偶有个别阉割未尽者,也难免哼哼唧唧在母驼间惹是生非。有人将其称之为驼群中的"歌者",但大多的驼峰很快就变成餐桌上珍馔佳肴了……"老师"不仅留下这些让我思考,而且还展示了许多类似《哥德巴赫猜想》的种种难题让我去探讨。比如,为什么发情总和季节逆向而行？越冷它越热,越热它越冷。盛夏绒毛脱得精光,本来可以赤裸裸地尽享欢乐,但双方却都视若无睹冷若冰霜。严冬绒毛长得厚密,本来应盛装在身更显端庄,但双方却都欲火中烧只顾交欢。是在体现"严肃、活泼"的高度统一？还是说明它们早就先知先觉文化有助于激发性感？再比如,为什么平时"驼王"大多对放驼人敬畏如"上帝",但一进入寒冬便疯狂地视若劲敌呢？不但对陌生人,就连对自己的"上帝"也敢又追、又撞、又喷、又咬,即使你慌不择路跳入枯井,它也会紧压井口试图将你闷死,情景十分恐怖。为此主人常在它发情前就将一面小镜系于其额头,借着强烈的反光以警示他人远避。是因为留下了性势就留下了隐患呢？还是主人对它色胆包天的后果估计不足呢？似乎都不是。瞧,驼群的远方大多都徘徊着一峰后备的年轻公驼,只要这位"播种机"的作用发挥完了,不但后备者会乘虚而入,而它的驼峰和驼掌也很快会被送上餐桌。许多难题直到今天也难以解答。但"老师"那不惜血本的教诲还是使我受益匪浅。我不想当驼群里的"歌者",只想学那些沉默向上的使役驼。夜思日效,似终于被荒漠上的牧民放心接纳了。证明之一,便是又有好些女孩子们骑马和骑骆驼来看我,而放驼人们也似乎正筹划给我在沙海旁安个家。

  我没反对,也准备就此献身驼乡了……

沙尘、沙暴、沙原上预演的天谴

山重水复疑无路,柳暗花明又一村……

纯属一个偶然的机会,我竟做梦一般突然被上调到巴彦淖尔歌舞团工作——这里我必须感谢一位知识分子出身的老革命、后调任宁夏大学校长的岩峰同志——是他看走了眼?还是 20 世纪 60 年代大学生确实稀缺?我不知道。但我总算脱离沙海又重新识文断字了。好在当时阿拉善和我工作的所在地同属一个"盟",就是"乐不思蜀"那深藏于心的大漠情结也是很难解开的。

悠悠岁月,难忘驼乡情……

即使两三年后,我在歌舞团成了家还有了自己的孩子,但在熟睡中也还常常闪现出这样的梦境:一块葱茏的大漠绿洲,三条清澈的溪流小河,还有那上面的王府、王城、寺庙、带长廊的小街、佛殿中供奉着的那座神秘的"不败金身"……只不该单单把"驼师"以身作则的无声"教诲"全忘了,致使随后在骤然到来的"文化大革命"中也陷入了灭顶之灾。姬姬的冒险探视"牛棚"是使我既激动又战战兢兢(多亏了"牛司令"是她的老乡),但她带来的有关阿拉善的消息就更令人不寒而栗。"破四旧"竟有如执行"焦土政策":王爷府被捣毁了,王城被拆垮了,山巅上的北寺被疯狂地夷为平地,南寺就连那"不败金身"也被拖出一起焚烧了。而且在斗死末代王爷达理扎雅夫妇之前后,还祸及祖宗掘毁了人家的历代王陵——当地总称老陵。据传,是为了验证第二位下嫁的格格是否是一位"单眼公主"而常插一支金钗"悬于左目以蔽之",进而更彻底揭示统治阶级的丑恶面目!

俱毁矣!数风流建筑,还看水泥高楼……

当我二十多年之后再进入阿拉善的时候,古老的定远营早消失得无影无踪。代之而来的是沿老陵向东一条长长的柏油马路,而且两旁已确实不乏钢筋水泥的高层建筑。但我却没一丝"逛新城"的欲望,惘然间只留下一种痛心疾首的失落感。人是物非,使我曾留在这里的青春往事竟也变得虚无缥缈起来。就连姬姬我也没有前去看她,不是为了避免尴尬,而是唯恐对阿拉善最后一丝美好的回忆也幻灭了。而更重要的还在于,过去相识的老友一见面就都会对我讲:阿拉善的汤沙天气越来越多了,四周的沙漠向草原的推进也越来越快了……而一些昔日的旗民竟敢公然对我说"刨了人家的祖坟,毁了人家祖庙,就连佛爷保存了几百年不败的金身也敢拉出去给烧了,阿拉善能不遭报应吗?"这里必须补充说明一点,被废黜的达赖六世逃匿于阿拉善之说,似乎渐渐已被众多研究者认可。据说是清廷与当时的王爷达成的某种默契,为平息各种传言和矛盾,以此解决了这个棘手的问题。如果南寺的金身能保存至今,通过现代的科技手段定能彻底解开这个重大的历史谜团。而当年的一些老红卫兵也颇心有余悸地对我说,其实报应早就在"文革"中期开始了,不是死海的复活,而是大漠中一种小动物的首当其冲的诡异报复!

解释,似只能称之为:天谴……

按说,沙原蜥蜴最大的也只不过两三寸,属荒漠间最为渺小的小动物。对人畜均敬而远之,常飞速窜动于死寂的沙丘沙峰之上。绝对的无声无息,只留下串串似密码的足印让人猜想。尤其是它那身上时常变幻的色彩颇为乖戾,竟被人视之为不祥而拉远距离。但最突出的特点似还在于其崇尚"孤独",形只影单、神出鬼没,绝少见几只同时协调行动。而此时的红卫兵已轰轰烈烈地完成了"破四旧"的历史使命,巨手一挥,又开始斗志昂扬地去完成"上山下乡"的政治任务。提线木偶一般,所幸自我感觉尚好。只可惜大漠深处的牧人"觉悟"竟不与他们同步,各苏木(乡)嘎查(村)均委婉拒纳。尤其有十几位曾使阿拉善"天翻地覆慨而慷"的革命小将更是如此,被推来推去只好单独组成个"道班"去维护荒漠公路。遥远、荒僻、风沙几乎三两天就会把路掩埋一次。人迹罕至,四野空旷,"革委会"却把他们当作"标杆"竖在这里。只有偶尔路过的卡车给他们丢下一些粮食蔬菜肉干以及生活用品,绝对有利于他们静下心来"斗私批修""灵魂深处闹革命"。起初他们尚能坚持,一个个争当那《沙家浜》中的"泰山顶上一青松"。但他们毕竟是一些才十七八岁的小青年,时间一久终于在这漫无人烟的地方再也熬不下去了。开头是失去豪言壮语陷入了久久的沉默,随后便有了痛苦不已的呐喊:诅咒"革委会"的卸磨杀驴,大骂这是走资派的阴谋诡计,最终在夜夜都哭唱一番"抬头望见北斗星,低头想念……"之后,绝望之余竟发疯似的"大开杀戒"了。血腥之极,但对象却只是上面提到的渺小的沙原蜥蜴。开头还只是拟人化的宣泄,诸如"×××让你再敢拿老子来开涮"!渐渐地竟演变成一种追求刺激的铲杀比赛。比谁的数量多,比谁的个头大,根本不把这种鬼头鬼脑的小玩意儿放在眼里……直到有一天深夜,大伙正在道班的蒙古包里为猎获一只超大的沙原蜥蜴欢呼不已时,突然有个外出撒尿的小将返回来惊恐地报信。只不该竟吓得语无伦次,逼得大家只好拿着手电一起外出去看。天哪!谁曾料想到这种一向崇奉"孤独"的冷血小动物,现在却无声无息群体性地向道班蒙古包四周涌来。手电光下,乖戾的眼珠折射出点点绿色的幽光。再看荒原,铺天盖地,简直难以数计。诡异莫测,令人顿时浑身起满鸡皮疙瘩。小伙子们起先还敢抡锹阻杀,随之又慌忙在蒙古包四周挖沟点柴以求用火吓退。但全没用,蜥蜴们还是前仆后继地从四面八方涌上来。夜色更加深了恐怖,最后小将们只好惊悸不已地退守回蒙古包,紧闭木门,严合毡壁,和衣钻进被窝里抖抖瑟瑟以待天亮。但令人不可思议的是,那些沙原蜥蜴的无声进攻竟没到此为止。它们或沿着毡壁爬上蒙古包的出烟口舍身往里掉,或顺着软沙钻进毡壁往蒙古包里拼命窜。顿时便密密麻麻铺满了所有的被褥,随后更进而瘆人地往小将们的衣服里钻。黏乎乎冷冰冰的,最终迫使这些昔日叱咤风云的红卫兵只能脱光衣服,边惊叫边拍打,赤裸裸地冲出蒙古包落荒而逃。第二天上午是几位路过的牧民发现他们的,全都一丝不挂,光屁股蜷缩在一个远方的沙丘上。

天谴!一次神秘的天谴。

这是阿拉善著名作家李敬德亲口对我讲述的。怕我不信,他还要找出一些亲历者和相关牧民加以证明。只可惜这位唯一在场的牧民仅补充了这么一句:要不是那位被撵回家的喇嘛爷为他们念经祈祷,小子们等着倒大霉去吧!而好多知情的朋友却这样对我说,这些年轻人也是阿拉善觉醒最早、忏悔最深、对"四人帮"最为痛恨的先行者。而对这种神秘的自然现象,我也曾有过深深的思索。有时竟由不得联想起那句生态混沌理论的名言:"安第斯山脉的蝴蝶拍动一下翅膀,孟买就会起龙卷风!"难道"文革"中这次难解的天谴,就预示着今日阿拉善频率加快、周期缩短、一次又一次的沙尘暴吗?

答案是否定的:早就开始造孽了……

绝境、转机、罕见的旅游宝地

严格来说,阿拉善的历史就是一部沙化史。

《冯苓植文集》（散文随笔集）：忆沪上

人类不思自己的造孽，往往把这一切归罪于水。其实过去的阿拉善并不缺水，曾有过波涛汹涌的黑河，也有过烟波浩渺的居延海。直至清末，诗人任伯年见到黑河仍是"巨浪滔天大石浮，龙形滚滚向东流"。而巨大的内陆湖居延海，最大面积曾达七百二十余平方公里，直到20世纪中叶最小时其面积也达三百多平方公里。完全可以这样说，除了周边的沙漠外，阿拉善曾有过绿色占主导地位的过去。水草丰美、沃野茫茫，称其"风吹草低见牛羊"绝不过分。直至20世纪50年代，老牧民回忆说："黑河两岸仍然是芦苇丛生，茇茇草铺天盖地。人骑在骆驼上，只见人影不见驼身。"

荒僻、遥远，似乎反而能使其"独善其身"。

而20世纪50年代之后的种种决策与运动却似又把大漠激活了。你极左它也极左，你冒进它也冒进，你只争朝夕它也只争朝夕，你斗志昂扬它更斗志昂扬！仅以"大跃进"与"学大寨"为例，为使粮食亩产尽快"跨黄河、越长江"，黑河上游地区就竞相修筑大中型水库达四五十座，致使黑河水在阿拉善境内彻底断流。随之存在于大漠深处古老的居延海也终于干涸了，变成了一片漫漫无际的龟裂板结地。从生态学的角度来讲，似也可算是一种"助纣为虐"，竟使得风沙更加肆无忌惮了。几乎与此同时，更有左派还提出了什么"牧民不吃亏心粮，定让草原变粮仓"，似仍嫌仅有的一些草原荒漠化还不够快。直至"文化大革命"达到了顶峰，不但斗死了王爷彻底毁灭了大漠中的历史遗存，而且把牧民那种与生俱来的潜在环保意识也彻底泯灭了。据新华社记者20世纪初的报道说：大漠中珍奇的胡杨林减少了85万亩，牧草由从前的一百三十多种减少到十多种。草场退化，腹地也在继续沙漠化。一些牧区的孩子只是在记忆中喝过牛奶，马背民族的后代七八岁了竟未见过马……触目惊心！难怪这两位记者奋笔发出了这样振聋发聩的呼吁——

"如果，阿拉善这27万平方公里变成不毛之地，那就意味着我们中国国土的1/25失去了人类生存的条件。这不仅仅是内蒙古和大西北的损失，也是中国和世界的损失，受害者将是全人类！"

遥远的阿拉善，魂牵梦萦的阿拉善……

天作孽，犹可生；人作孽，不可活！似已无可挽回，我早准备好把自己留在阿拉善的青春岁月永远尘封于大漠之中了。但终于有了转机,传来的消息竟如比令人激动。或许是因沙尘暴频频的警示,或许是因为两位记者的呼吁引起了高度重视,总之,由各省区协作已开始宏观地调控用水了。大漠深处又可见黑河水流滚滚,居延海上再现湖面波光粼粼。据说至2005年底,其面积已颇具规模了。在阿拉善有了水就有了希望,有了水就有了美好的未来。虽然即使达不到清末那种生态环境,也需要几代人甚至十几代人的不懈努力,但我还是想提前对你说,阿拉善就论现在也绝对是一块尚待开发的旅游宝地!

来吧!请跟我去到遥远的阿拉善……

大漠的雄浑静穆绝对是内地少有的一景。你可以跟随驼队去看沙湖映月,也可以沿着古驼道去探幽访古,有机会或许你还能看到沙漠中的海市蜃楼。还有那戈壁深处的古黑城遗址,绝对不像古楼兰那样面目全非。除了表层的砖瓦脱落,至今仍保留有夯土筑就的古代城郭、古代佛塔、古代的伊斯兰教堂等等,且经千年的风沙侵蚀,却至今屹立不倒,死寂无声,似只等你前来探访。还必须提及巴丹吉林腹地的古胡杨林群落。树冠巨大,浓荫密布,树干挺拔,苍劲峥嵘。似在无声地向你印证着有关它"三千年不死,死后三千年不倒,倒后三千年不朽"的传说。你完全可以在林中做民俗三日游,住蒙古包,喝驼奶,吃沙葱羊肉馅蒙古式包子,听少女们唱那别具西部风味的古老民歌。多了,多了,可令你耳目一新的地方太多了。比如敖隆布勒格那乍然闪现的魔幻峡谷,那天然巨石造化的"擎天一柱",以及相对应的两座神女石峰。再比如古兰泰盐湖的晶山玉海,驼乡驼道的异样风光,戈壁滩上的种种珍奇异石……更何况,听说那毁掉的王城、王府、南北两大寺等古建筑遗址上,也正在按规划重修,以逐步恢复它们的历史原貌。

来吧!现代环保意识正在滋润着古老的阿拉善!

但拒绝带入浮躁……